Diagnose und Förderung statt Notengebung?

Waxmann Verlag GmbH
Steinfurter Straße 555, 48159 Münster
info@waxmann.com

Münstersche Gespräche zur Pädagogik

herausgegeben von
William Middendorf

Band 28

Waxmann 2012
Münster / New York / München / Berlin

Christian Fischer
(Hrsg.)

Diagnose und Förderung
statt Notengebung?

Problemfelder schulischer Leistungsbeurteilung

Waxmann 2012
Münster / New York / München / Berlin

Bibliografische Information der Deutschen Nationalbibliothek
Die Deutsche Nationalbibliothek verzeichnet diese Publikation
in der Deutschen Nationalbibliografie; detaillierte bibliografische
Daten sind im Internet über http://dnb.d-nb.de abrufbar.

Gedruckt mit Unterstützung des Bistums Münster.

Münstersche Gespräche zur Pädagogik, Bd. 28

ISBN 978-3-8309-2665-8
ISSN 2193-7168

© 2012 Waxmann Verlag GmbH
Postfach 8603, 48046 Münster
Waxmann Publishing Co.
P.O. Box 1318, New York, NY 10028, USA

www.waxmann.com
info@waxmann.com

Umschlaggestaltung: Matthias Grunert, Münster
Satz: Stoddart Satz- und Layoutservice, Münster

Gedruckt auf alterungsbeständigem Papier,
säurefrei gemäß ISO 9706

Inhalt

Christian Fischer

Vorwort zur Dokumentation des 28. Münsterschen Gesprächs zur Pädagogik

Diagnose und Förderung statt Notengebung? Problemfelder schulischer Leistungsbeurteilung

In der Bildungspolitik und Medienberichterstattung werden die Ergebnisse der nationalen und internationalen Vergleichsuntersuchungen – bezogen auf Schülerleistungen – oft als Beleg für notwendige Veränderungen und Reformen im deutschen Bildungssystem angeführt. Darüber hinaus gibt es auch in der öffentlichen Diskussion ein deutliches Unbehagen im Hinblick auf die Praxis und Wirkung von Schulnoten. Schulische Leistungsbeurteilung scheint demnach ambivalent zu sein: Sie ist offenbar notwendig, zugleich gibt es Kritik in Bezug auf die Formen, Qualität und nicht zuletzt auch auf einzelne Ziele der schulischen Leistungsbeurteilung.

Neben einer angemessenen Beurteilung von Leistungsvoraussetzungen, -stand und -möglichkeiten des einzelnen Schülers gewinnt die Beurteilung der Leistungsfähigkeit von Schulen bzw. Bildungssystemen zunehmend an Bedeutung. Bezogen auf den einzelnen Schüler treten damit pädagogische Diagnostik und individuelle Förderung als Aspekte schulischer Leistungsbeurteilung verstärkt in den Blick. Die Kopplung von Diagnose und Förderung ergibt sich nicht zuletzt aus dem Verständnis von individueller Förderung als gezielte Anpassung der unterrichtlichen Lernangebote an die diagnostizierten individuellen Lernvoraussetzungen von Schülern.

Hierbei stellt sich auch die Frage nach einer geeigneten schulischen Leistungsbeurteilung und somit nach einer adäquaten Bezugsnorm. So erhält im Hinblick auf die individuelle Förderung auch die individuelle Bezugsnorm besondere Relevanz und, damit verbunden, die Frage nach alternativen Konzepten der schulischen Leistungsbewertung. Anstelle der traditionellen Leistungsmessung mittels Notengebung, die sich an der kriterialen Bezugsnorm orientiert, wird eine Feedbackkultur etwa mittels Kompetenzraster oder Lerntagebüchern gefordert, die auch die oft schwierige Unterscheidung von unterrichtlichen Lern- und Leistungssituationen relativiert.

Daraus resultiert auch eine Veränderung der Lehrerrolle, die Lehrpersonen als Lernberater bezüglich der persönlichen Leistungsentwicklung von Schülern betrachtet. Gleichwohl bleibt neben der individuellen Rückmeldefunktion auch die gesellschaftliche Allokationsfunktion der schulischen Leistungsbeurteilung erhalten. Dies stellt vor allem Schulen und Lehrkräfte vor große Herausforderungen, so dass sich das 28. Münstersche Gespräch zur Pädagogik dieser

Fragestellung gewidmet hat. Dabei wurden sowohl Problemfelder schulischer Leistungsbeurteilung näher analysiert als auch alternative Beurteilungskonzepte im Praxistest genauer diskutiert.

Wer, wie, was, mit welcher Zielsetzung schulische Leistungen von Schülern beurteilt, sind schulpädagogisch wie auch bildungspolitisch hochaktuelle Fragen. Beim Münsterschen Gespräch zur Pädagogik 2011 haben sich Wissenschaftlerinnen und Wissenschaftler, Bildungspolitikerinnen und Bildungspolitiker, Schulpraktikerinnen und Schulpraktiker diesen Schwerpunkten gewidmet und im vorliegenden Tagungsband zentrale Themenfelder der schulischen Leistungsmessung dokumentiert. Zielgruppen dieser Dokumentation sind Lehrpersonen aller Schulformen, Erziehungswissenschaftler, Bildungspolitiker, Schulaufsichtsbeamte, Elternvertreter sowie Personen, die sich für diese Thematik interessieren.

Die 28. Münsterschen Gespräche zur Pädagogik fanden in Kooperation mit der Akademie Franz Hitze Haus und dem Landeskompetenzzentrum für Individuelle Förderung NRW vom 16. bis 18. April 2011 statt. Besonderer Dank für die Konzipierung der Tagung gilt Herrn AOR a.D. Reinhard Schilmöller vom Institut für Erziehungswissenschaft der Westfälischen Wilhelms-Universität Münster, Herrn LGeD i. K. a.D. Klaus Herold von der Friedensschule Münster sowie Herrn Hauptabteilungsleiter Dr. William Middendorf und Herrn Dr. Stephan Chmielus, beide von der Hauptabteilung Schule und Erziehung im Bischöflichen Generalvikariat Münster.

Zudem gilt Frau Elke Surmann M.A. vom Landeskompetenzzentrum für Individuelle Förderung NRW besonderer Dank für die Redigierung und Lektorierung des Tagungsbandes. Frau Julia Fuchs M.A. vom Waxmann Verlag hat das Buchprojekt sehr engagiert begleitet, wofür ihr herzlich gedankt sei. Ferner sei den Autorinnen und Autoren Frau Prof. Dr. Silvia-Iris Beutel, Frau Gisela Gravelaar, Herrn Prof. Dr. Eiko Jürgens, Frau Dr. Angela Köhler, Herrn Dr. William Middendorf, Herrn Karsten Patzer, Frau Dr. Katrin Rakoczy, Frau Barbara Riekmann, Herrn Prof. Hansjörg Scheerer Ph.D., Herrn Mario ten Venne, Frau Dr. Karin Volkwein, Herrn Dr. Michael Wildt und Herrn Dr. Felix Winter für die vielfältigen Beiträge gedankt.

William Middendorf

Schulische Leistungsbeurteilung auf dem Prüfstand: einführende Betrachtungen zu aktuellen Aufgaben und Herausforderungen

1. Einleitung

Spätestens seit PISA 2000 haben wir nicht nur Kenntnis von der konkreten fachlichen Leistungsfähigkeit unserer Schülerinnen und Schüler auch im internationalen Vergleich, sondern verfügen zudem über eine belastbare Datenlage zur Korrelation von Milieuzugehörigkeit und Bildungsbeteiligung (besuchter Bildungsgang) eines Schülers/einer Schülerin. Und inzwischen können wir auch mit Blick auf weitere Studien von der empirisch gut belegten Erkenntnis ausgehen, dass die individuelle Förderung junger Menschen in der Schule insgesamt – insbesondere aber solcher aus bildungsfernen Milieus – nur unzulänglich gelingt, also Handlungsbedarf besteht. Hier mögen zwei eher plakative, aber empirisch abgesicherte Hinweise genügen, die in der Zusammenschau diesen Handlungsbedarf indizieren: Erstens ist nach der sog. Länderstudie aus dem Jahr 2009 die Wahrscheinlichkeit für den Gymnasialbesuch eines Kindes aus der sog. obersten „Dienstklasse" 4,5 mal so hoch wie die entsprechende Wahrscheinlichkeit für das Kind eines Facharbeiters (Köller et al., 2010, S. 188ff.). Und zweitens kann festgestellt werden, dass die Grundschulempfehlungen für den weiterführenden Bildungsgang (Hauptschule, Realschule, Gymnasium, Gesamtschule) sich keineswegs immer auf valide Urteile über die Kompetenzen der begutachteten Schülerinnen und Schüler stützen können: Denn nach Auswertung der sog. IGLU-Studie wird über ein Drittel der Grundschülerinnen und -schüler nicht in die Schulform empfohlen, die ihrer gemessenen Kompetenz in Lesen und Mathematik entspricht (Bos et al., 2004, S. 194f.).

Diese Befunde stellen Handlungsherausforderungen für Schulpolitik (z.B. Frage nach der Bildungsgerechtigkeit), Schulpädagogik (z.B. Reflexion der schulischen Praxis individueller Förderung im Kontext einschlägiger empirischer Erkenntnisse und plausibilisierter Theorien und Modelle) und Schulpraxis (z.B. Entwicklung und Implementation schuleigener Förderkonzepte) dar. Ein zentraler Aspekt dieser Handlungsherausforderungen betrifft die schulische Leistungsbeurteilung.

Denn die o.g. Grundschulempfehlungen sind ebenso wie individuelle Fördermaßnamen in Schulen Konsequenzen aus Urteilen und insbesondere Leistungsbeurteilungen von Lehrkräften. Daher ist auch die schulische Leistungsbeurteilung auf den Prüfstand zu stellen, wenn die individuelle Förderung junger Menschen in der Schule verbessert werden soll. Es gilt, sich der Ziele und Aufgaben schulischer Leistungsbeurteilung zu vergewissern, ihren Gegenstandsbereich festzulegen, ihre Methoden und Kriterien zu beschreiben, im Hinblick hierauf ihre Praxis zu analysieren, Entwicklungsperspektiven aufzuzeigen und Verfahrensweisen zur Sicherung und Weiterentwicklung der Qualität schulischer Leistungsbeurteilung zu formulieren.

All diese Aspekte schulischer Leistungsbeurteilung können im Rahmen dieses Aufsatzes nur unter Hinweis auf weiterführende Betrachtungen skizziert werden, wie sie sich insbesondere in den anderen Beiträgen dieses Bandes finden.

2. Zu den Zielen und Aufgaben schulischer Leistungsbeurteilung

Eine am schulischen Bildungsauftrag orientierte Leistungsbeurteilung dient in erster Linie der individuellen Förderung junger Menschen. So soll sie etwa eine *Diagnoseaufgabe* wahrnehmen, indem sie dem Lernenden Stärken, aber auch Defizite und Schwächen in seinem Lern- und Leistungsverhalten aufzeigt, auf Lern- und Leistungspotenzial sowie geeignete Lernhilfen verweist und zu kompensatorischen Lernbemühungen anregt (Motivation). Dieser Diagnoseaufgabe wird die schulische Leistungsbeurteilung in der Praxis indes nur unzureichend gerecht, wie der Aufsatz von Eiko Jürgens in diesem Band verdeutlicht. Für ihn steht die diagnostische Tätigkeit auch mit Blick auf die Kohärenz von Diagnose und Förderung unter dem Anspruch vollständigen pädagogischen Handelns in einem komplexen Gegenstandsbereich. Im Unterschied zu diesem Anspruch zeigt Jürgens für die schulische Praxis jedoch ein „Handlungs- und Professionalitätsdefizit" auf, das die Anwendung der Diagnosefunktion in einer „verantwortungsbewussten" und „auf hohem Niveau sachgerechten" Weise verhindere. Geboten sei daher insbesondere die Stärkung der Verantwortung der Lehrkräfte für die eigene Professionalisierung.

An fachlich-konzeptionellen Ansätzen für eine solche Professionalisierung fehlt es dabei nicht: Leistungsrückmeldesysteme, Formen der Schüler-Selbsteinschätzungen etwa mit Hilfe von Kompetenzrastern stellen hier geeignete und in einzelnen Schulen auch praktizierte Möglichkeiten dar.[1] Kompetenzraster sind tabellarische Einschätzungsraster, die auf verschiedenen Kompetenzstufen „Ich kann …"-Statements formulieren und es damit den Lernenden ermöglichen sollen, ihren Lernertrag mit den formulierten Kompetenzen in Beziehung zu bringen. Indem Lernende individuelles Können mit einem Referenzwert, einer Bezugsnorm, abgleichen, positionieren sie sich in einem Bezugsrahmen graduell

---

1   Vgl. hier auch die Aufsätze von Barbara Riekmann, Michael Wildt und Karsten Patzer in diesem Band.

abgestufter Kompetenzbeschreibungen und erhalten somit auch Auskunft über den Stand ihres Lernprozesses.

Allerdings sind für die jeweilige Schulpraxis adaptierte Konzepte an vielen Schulen nicht vorhanden, geschweige denn umgesetzt. Es fehlt vielmehr an einer durchgängigen Entwicklung solcher Konzepte und ihrer Implementation auf der systemischen Ebene von Schule.[2]

Eng verbunden mit der Diagnoseaufgabe ist die *Berichtsaufgabe* schulischer Leistungsbeurteilung: Erziehungsberechtigte des Lernenden werden über Lern-stand, -schwierigkeiten und -hilfen unterrichtet, um dessen Lernprozess ziel-gerichtet und wirksam unterstützen zu können. In kumulierter Form ist diese Berichtsaufgabe überdies für Schulleitung und Schulaufsicht bedeutsam, inso-fern sie zu einer Erkenntnisgrundlage für gezielte Maßnahmen der Qualitäts-entwicklung in Schule und Schulsystem führt.

Aber auch für die Lehrkraft selbst hat die Feststellung und Beurteilung schu-lischer Leistungen von Schülerinnen und Schülern als Rückmeldung Relevanz, sind doch diese Leistungen in besonderem Maße (wenngleich nicht ausschließ-lich) auf den Unterricht und damit maßgeblich auf die didaktischen Leistungen der Lehrkraft zurückzuführen. Gerade in Verbindung mit diversen Formen eines Schülerfeedbacks kann die Lehrkraft durch die Feststellung von Lernständen, -fortschritten und -schwierigkeiten Erkenntnisse für die Optimierung des Unterrichts sowie für die Planung und Durchführung kompensatorischer Maß-nahmen bei festgestellten Defiziten gewinnen. Zwar sind Schülerinnen und Schüler keine Experten für Fachdidaktik oder Lernmotivation; Hinweise auf lernhemmende und lernfördernde Faktoren können Lernende aber sehr wohl geben.[3]

Von diesen auf die Förderung individueller Lernprozesse gerichteten päda-gogischen Aufgaben schulischer Leistungsbeurteilung sind deren gesellschaft-liche Funktionen zu unterscheiden, zu denen insbesondere die der Allokation zählt: Schulische Leistungsbeurteilung in Form von Zensuren und (Abschluss-) Zeugnissen zertifiziert Qualifikationen, die für den Zugang zu weiterführenden Bildungseinrichtungen bedeutsam sind und von denen berufliche und soziale Entwicklungsmöglichkeiten abhängen. Indem schulische Leistungsbeurteilungen als Berechtigungs- und Platzierungsentscheidungen wirken, übernehmen sie eine Allokationsfunktion.

Diese Allokationsfunktion ergibt sich aus dem institutionellen Verständnis von Schule: Als gesellschaftliche Einrichtung ist sie nicht nur pädagogischen Zielen verpflichtet, sondern nimmt im Interesse der Gesamtgesellschaft ne-

---

2   Vgl. hierzu auch die Ergebnisse schulischer Qualitätsanalysen zu den Leistungskonzepten und ihrer Umsetzung in Schule: Defizite finden sich in mehr als 50 % der untersuchten Schulen. Quelle: Ministerium für Schule und Weiterbildung des Landes Nordrhein-West-falen (2009), S. 50.

3   Für weitergehende Betrachtungen vgl. u.a. die Beiträge von Angela Köhler und Mario ten Venne in diesem Band.

ben genuin pädagogischen auch Aufgaben wahr, die sich aufgrund der Anforderungen des Beschäftigungssystems (z.B. Qualifizierung) oder zur Bewältigung gesellschaftlicher Herausforderungen (z.B. Demokratiefähigkeit) stellen.

Aus pädagogischer Perspektive dürfen zwei Hinweise zu einer solchen Allokationsfunktion nicht fehlen: Zum einen ist das Verhältnis von am individuellen Bildungsbedürfnis ausgerichteten pädagogischen Aufgaben der Leistungsbeurteilung einerseits und ihren an überindividuellen Interessen orientierten gesellschaftlichen Funktionen andererseits nicht konfliktfrei, so wenn etwa gesellschaftlich motivierte Platzierungsentscheidungen angesichts einer begrenzten Aufnahmekapazität weiterführender Bildungsinstitutionen selektiv wirken und damit dem pädagogischen Fördergedanken entgegenstehen. Dies gilt insbesondere, wenn die Leistungsbeurteilung den notwendigen Gütekriterien nicht genügt. Und tatsächlich zeigen verschiedene Untersuchungen, dass es um die Objektivität, Reliabilität und Validität schulischer Leistungsbeurteilung nicht zum Besten bestellt ist. Auf den Aspekt der Gütekriterien im Zusammenhang mit schulischer Leistungsbeurteilung wird noch einzugehen sein. An dieser Stelle mag ein erster Verweis auf den Aufsatz von Hansjörg Scheerer genügen, der in diesem Band Unzulänglichkeiten in der Qualität schulischer Leistungsbeurteilung vor allem im Hinblick auf das Gütekriterium Objektivität aufzeigt und damit auch die Frage nach der Legitimität des schulischen Berechtigungswesens aufwirft: Wenn schulische Leistungsbeurteilung den allgemein anerkannten Gütekriterien nicht gerecht wird, dann sind auch die mit den Ergebnissen schulischer Leistungsbeurteilung verbundenen Berechtigungs- und Platzierungsentscheidungen höchst problematisch. Für Scheerer sind Bildungsstandards und einheitliche Prüfungsanforderungen (z.B. Zentralabitur) richtige Ansätze, um die Güte der Leistungsbeurteilung zu erhöhen.

Der zweite Hinweis zur Allokationsfunktion bezieht sich auf die Beurteilungsgrundlage schulischer Zeugnisse. Diese zertifizieren lediglich (unterrichts-)fachliche Leistungsergebnisse der Lerner. Außer- und überfachliche Qualifikationen bleiben demgegenüber weitgehend außer Betracht, obwohl auch sie ausdrücklich und sogar mit Verfassungsrang ausgestattet vom schulischen Bildungsauftrag erfasst sind.[4] Zwar hat es in den vergangenen Jahren Bestrebungen gegeben, auch überfachliche Qualifikationen zum Gegenstand der formellen Beurteilung (auf dem Zeugnis) zu machen. Als Beispiel mag hier die Bewertung des Arbeits- und Sozialverhaltens in NRW dienen. Doch sind diese Bestrebungen Gegenstand heftiger politischer Auseinandersetzungen gewesen,[5] die Pro- und Contra-Argumente waren vornehmlich eine Reflexion der (partei-)politischen Auseinandersetzung über die Allokationsfunktion

---

4   Vgl. hierzu die schulischen Erziehungsziele wie Toleranz oder Respekt vor der Würde des Mitmenschen in Artikel 7 der NRW-Landesverfassung.

5   Vgl. hierzu etwa die erbitterte Landtagsdebatte am 19.06.2008. Quelle: Landtag Nordrhein-Westfalen. *Plenarprotokoll 14/95*, S. 11346ff.

von Schule; genuin pädagogische Begründungen drangen in der Debatte nicht durch mit der Folge, dass die Chancen für eine Profilierung des pädagogischen Bildungsauftrags von Schule auch im Bereich außerfachlicher Qualifikationen gesunken sind. Eine solche Profilierung dürfte folglich auf der Basis einer parteipolitischen Auseinandersetzung um angemessenes Sozialverhalten kaum gelingen; sie muss vielmehr Folge eines auch im politischen Raum geführten pädagogischen Diskurses sein, der explizit und vorrangig Bezug nimmt auf ein erweitertes Verständnis schulischen Lernens, schulischer Leistungen und schulischer Leistungsbeurteilung.

3. Zum Gegenstandsbereich schulischer Leistungsbeurteilung

Schulische Leistungsbeurteilung ist immer auch auf die pädagogische Aufgabe der individuellen Förderung der Lernenden und das pädagogische Ziel der Sicherung und Optimierung individueller Lernprozesse gerichtet. Damit schulische Leistungsbeurteilung zu dieser Sicherung und Optimierung beitragen kann, kann sie sich nicht auf Lernergebnisse beschränken, sondern muss sich auch dem Lernprozess (Lernvoraussetzungen, Lernbarrieren, Lernfehler, Lernwege und -umwege usf.) zuwenden. Denn für die Qualität des Lernprodukts, also den Erfolg des Lernens, ist der Verlauf des Lernprozesses selbst entscheidend; Maßnahmen der individuellen Förderung sind folglich stets Maßnahmen der Lernprozessunterstützung, deren Wirksamkeit von der Diagnose dieses Prozesses abhängt. Neben dieser Prozess und Produkt einbeziehenden vertikalen Betrachtung schulischer Leistung ist eine horizontale Dimensionierung schulischen Lernens und Leistens zu beachten: Im Sinne des Erwerbs umfassender Handlungsfähigkeit zielt schulisches Lernen nicht nur auf die Förderung fachlicher Kompetenzen, sondern ist auch auf den Erwerb von Methoden-, Sozial- und Selbstkompetenz sowie Wertorientierung im Handeln gerichtet.

Ein derartiger Lernbegriff stellt eine Beurteilung und Bewertung schulfachlicher Leistungen nicht in Frage, erfordert aber ein über kognitive und produktbezogene Orientierungen hinausgehendes ganzheitliches Verständnis schulischer Leistung, die von verschiedenen Gelingensbedingungen abhängt, wie etwa
– eine für Lernprozesse bedeutsame vertrauensvolle Beziehungsstruktur unter Lernenden und Lehrenden,
– eine institutionelle und systemische Unterstützung für individuelle Förderung,
– ein differenziertes und vielfältiges Anregungspotenzial zur Individualisierung des Lernens,
– kooperative und solidarische Arrangements für den Erwerb von insbesondere Sozial- und Selbstkompetenz oder

— der Möglichkeit zur Reflexion eigener Leistung, da erst durch die Reflexion Unzulänglichkeiten der eigenen Leistung aufgearbeitet und produktiv für den Erwerb von Kompetenzen genutzt werden können.

Für die Formulierung, Erhebung, Beurteilung und Förderung von in Lernprozessen erworbenen Kompetenzen bieten sich Kompetenzmodelle und die Ausweisung abgeleiteter Teilkompetenzen an. Für viele Unterrichtsfächer liegen entsprechende Kompetenzmodelle, Bildungsstandards und kompetenzorientierte Lehrpläne vor. Dagegen sind für die außerfachlichen Kompetenzen wie etwa die Sozialkompetenz die Hinweise in schulischen Lehrplänen und Richtlinien zumeist noch recht allgemein und wenig differenziert, so dass hier im schulischen Kontext noch umfängliche pädagogische Entwicklungsarbeit zu leisten ist. Allerdings kann dabei auf Vorarbeiten zurückgegriffen werden, wie etwa Kanning für den Bereich der Sozialkompetenz zeigt (vgl. Kanning, 2003). Und auch für andere Kompetenzbereiche sind bereits Wege aufgezeigt. So kann die Beurteilung methodischer Kompetenzen als Diagnose methodischer Performanz betrachtet werden, indem kriterienorientiert festgestellt wird, welche Handlungsschritte ein Lernender in Anwendung einer Methode zur Bewältigung einer Anforderung erfolgreich realisiert hat. Aus einer solchen Diagnose im Sinne von „erreicht/nicht erreicht" lassen sich dann Förderbedarfe ableiten. Zudem können methodenbezogene Raster dem Schüler ein Instrument liefern, um eigene methodische Kompetenzen beurteilen zu können, sofern die Raster hier Niveaustufen ausweisen (vgl. Füchter, 2010).

Unabhängig von der Kompetenzdimension bleibt die Unterstützung des Lernprozesses von zentraler Bedeutung für das Zusammenspiel von Leistungsbeurteilung und individueller Förderung. Dementsprechend hat der begleitenden Unterstützung dieses Lernprozesses durch die Lehrkraft eine besondere Aufmerksamkeit zu gelten. Insbesondere stellt sich in diesem Zusammenhang die Frage, inwieweit es gelingen kann, bereits lernprozessbegleitende Rückmeldungen zur Verbesserung laufender Lernprozesse zu geben. Aufschlussreich ist hier das DFG-Projekt „Conditionsand Consequences of Classroom Assessment", mit dem sich der Beitrag von Katrin Rakoczy in diesem Band befasst. Dieser Beitrag zum formativen Assessment mit den beiden Kernkomponenten Leistungsdiagnose und Leistungsrückmeldung referiert auch die bisherigen Ergebnisse dieses Projekts, wonach u.a. lösungsprozessbezogene Rückmeldungen die Entwicklung von (hier mathematischer) Kompetenz und die intrinsische Motivation eher fördern als sozial-vergleichende Rückmeldungen.

4. Zu den Methoden und Kriterien schulischer Leistungsbeurteilung

Die einführenden Betrachtungen zu den Zielen, Aufgaben und dem Gegenstandsbereich schulischer Leistungsbeurteilung dürften auch deren hohen Stellenwert im Kontext des schulischen Bildungsauftrags verdeutlicht haben. Dieser hohe Stellenwert erfordert Professionalität des Lehrpersonals. Hierzu gehören etwa Beobachtungs- und Beurteilungskompetenzen, die aber keineswegs als selbstverständlich vorausgesetzt werden können. So sind Lehrkräfte nach einschlägigen empirischen Studien zwar in der Lage, mit hoher Zuverlässigkeit die leistungsbezogene Rangreihe ihrer Schüler einzuschätzen. Hingegen gelingt es ihnen nur unzureichend, die Kompetenzen des einzelnen Schülers, seiner Lernvoraussetzungen und Lernmöglichkeiten zu beurteilen (Praetorius et al., 2010, S. 121).

Auch die Wahrnehmung des Unterrichtsgeschehens durch die Lehrkräfte ist von erheblicher Subjektivität geprägt. So weist Helmke nach Auswertungen von Videografien im Zusammenhang mit der Schulleistungsstudie „DESI" (KMK) auf die erhebliche Diskrepanz zwischen Selbsteinschätzung und tatsächlichem Anteil der Sprechanteile von Lehrkräften im Unterricht hin (vgl. Helmke, 2011).

Es besteht demnach Anlass, sich der Gütekriterien für Beobachtung, Auswertung und Beurteilung zu vergewissern und deren Beachtung sicher zu stellen.

An dieser Stelle sollen folgende knappe Hinweise zu den Gütekriterien genügen: Um die mit der schulischen Leistungsbeurteilung zusammenhängenden pädagogischen Aufgaben wie die Rückmeldung an Schüler und Lehrkraft, die Diagnose von Lernvoraussetzungen und -schwierigkeiten oder die Evaluation der Unterrichtsqualität fachlich fundiert wahrnehmen zu können, müssen Erhebung, Feststellung, Messung und Beurteilung von Schülerleistungen verschiedene Gütekriterien berücksichtigen, zu denen insbesondere die Objektivität (Messergebnisse sind unabhängig von der Lehrkraft), die Reliabilität (Zuverlässigkeit im Sinne der Sicherheit/Genauigkeit, mit der ein bestimmtes Merkmal gemessen wird) und die Validität (Gültigkeit des Messverfahrens insofern, als auch tatsächlich das gemessen wird, was gemessen werden soll) zählen.

Diese Gütekriterien haben auch für die Praxis schulischer Leistungsbeurteilung Geltung, wobei sie hier aus zeitökonomischen und fachlichen Gründen nicht mit derselben Strenge zur Anwendung gelangen können wie in wissenschaftlichen Forschungsprojekten.

In der schulischen Praxis finden aber diese testtheoretischen Gütekriterien keineswegs immer das notwendige Mindestmaß an Beachtung, wie der bereits erwähnte Aufsatz von Hansjörg Scheerer in diesem Band anhand empirischer Befunde zeigt.

Neben den quantitativen Gütekriterien hat das qualitative Gütekriterium der sog. kommunikativen Validierung für die schulische Leistungsbeurteilung hohe Bedeutung (vgl. Grunder et al., 2001, S. 19). Im Idealfall werden bei kommunikativer Validierung Beurteilungsverfahren und -kriterien im Dialog zwischen den Lehrkräften und im gemeinsamen Gespräch mit den Schülern entwickelt und angewendet, um so Transparenz, Flexibilität und Reflexivität schulischer Bewertungsprozesse zu erreichen.

Dies bedeutet z.B., dass Lehrkräfte ihre Vorstellungen hinsichtlich der Beurteilungsverfahren und -kriterien den Lernenden vorstellen, detailliert erläutern und offen sind für Anregungen. Ältere Schülerinnen und Schüler könnten bei der Formulierung von Kriterien wie auch bei der Beurteilung mitwirken, z.B. durch Übernahme von Beobachtungsaufgaben.

Zudem können Unterrichts- und Beurteilungsprozess regelmäßig gemeinsam reflektiert werden, um Unzulänglichkeiten zu erkennen und Weiterentwicklungen zu befördern (vgl. Paradies et al., 2009, S. 46).

Diesem Anliegen trägt auch eine Unterrichtsdiagnostik Rechnung, die auf eine differenzierte und realistische Unterrichtswahrnehmung im Hinblick auf fachübergreifende Merkmale (z.B. effizientes Klassenmanagement, lernförderliches Klassenklima, Klarheit, Kompetenzorientierung, Schüleraktivierung usf.) und jeweils fachdidaktische Merkmale zielt.

Eine solche Unterrichtsdiagnostik erfordert eine angemessene Selbstreflexion, die die Explizitmachung impliziter Unterrichtstheorien sowie die Bewusstmachung eigener Unterrichtsfehler einschließt. Sie verlangt weiter einschlägige basale Kompetenzen im Bereich Empirie/Statistik. Als exemplarische Stichworte seien genannt: variablenorientierte Sichtweise des Unterrichts, Operationalisierung, statistische Kennwerte, Grafiken, Messfehler oder Gütekriterien.

Zudem muss Unterrichtsdiagnostik zur Absicherung einer hinreichenden Erkenntnisgrundlage externe Perspektiven (Kollegen, Schüler/innen) einbeziehen und auf datengestützte Unterrichtsentwicklung durch Erfassung von Veränderungen und deren adäquate Interpretation gerichtet sein.[6]

---

6 Zur weitergehenden Erläuterung sei hier verwiesen auf das KMK-Projekt „UDiKom", das auf die Aus- und Fortbildung der Lehrkräfte in Hinblick auf Verbesserung der Diagnosefähigkeit, Umgang mit Heterogenität, individuelle Förderung zielt (vgl. www.udikom.de).

5. Erweiterte Formen der Leistungserbringung, -feststellung und -beurteilung

Eine angemessene Leistungsbeurteilung, die sich nicht auf die Vergabe von Zeugnisnoten für produktbezogene unterrichtsfachliche Leistungen reduziert, erfordert Formen der Leistungsermittlung, -beschreibung und eben auch -beurteilung, die sowohl auf Prozesse wie auch Produkte Bezug nehmen, die Fremdrückmeldung (durch die Lehrkraft) wie auch Selbstrückmeldung (durch den Schüler etwa anhand von Kontrollfragen oder Bewertungskriterien) vorsehen, die vornehmlich diagnostischen Charakter zur Steuerung des eigenen Lernprozesses oder zur Optimierung didaktischer Arrangements besitzen.

Neben den herkömmlichen Formen der Leistungserbringung wie Klausuren, Tests und mündlichen Prüfungen werden in Schulen zunehmend andere/neue Formen der Leistungserbringung, -feststellung und -beurteilung erprobt, zu denen etwa Portfolios, Lerntagebücher und Arbeitsprozessberichte zählen.

Das Portfolio stellt eine Art Mappe dar, in der Leistungsdokumente und selbst erstellte Produkte des Lernenden sowie hierauf bezogene Selbst- und Fremdbeurteilungen (des Lehrers) zielgerichtet gesammelt sind. Portfolios dokumentieren damit unmittelbar und authentisch Schülerleistungen, so dass z.B. Eltern oder potenzielle Ausbildungsbetriebe sich selbst ein Bild von der Leistung machen und ein eigenes Urteil bilden können. Weil das Portfolio in der Regel Reflexionen des Schülers über seinen Lernprozess einschließt, kann sich auch die Beurteilung des Lehrers auf diese Reflexionsbelege und damit die Intensität der Erarbeitung und die Durchdringung des Lerngegenstandes beziehen.

In Lerntagebüchern werden Ergebnisse, Beobachtungen und Gefühle im Zusammenhang mit einem Lernabschnitt in einer persönlich gehaltenen Form durch den Lernenden selbst festgehalten. Das Lerntagebuch selbst ist ein eigens dafür vorgesehenen Heft oder eine Sammlung gesonderter Vordrucke. Die Einträge in das Lerntagebuch werden lernbegleitend oder retrospektiv in Berichtsform verfasst und orientieren sich üblicherweise an Leitfragen, die die Lehrkraft vorab formuliert hat. Für Lehrkräfte geben (dialogische) Lerntagebücher Rückmeldungen über Lern- und Verstehensprozesse der Lernenden. Sie bilden eine wichtige Erkenntnisgrundlage für die Verbesserung des Unterrichts und die Vorbereitung von Beratungsgesprächen.

Im Arbeitsprozessbericht dokumentieren und reflektieren die Lernenden ihre Erfahrungen unter inhaltlichen, methodischen und sozialen Aspekten. Anders als das Lerntagebuch ist der Arbeitsprozessbericht stärker kriterienorientiert und weniger auf individuelle Empfindungen bezogen.

Neben Portfolios, Lerntagebüchern und Arbeitsprozessberichten sind etwa (schul-)öffentliche Präsentationen, Zertifikate und Rückmeldebögen weitere alternative Formen der Leistungserbringung, -feststellung und -beurteilung. Mit diesen alternativen Formen setzt sich Felix Winter in seinem Aufsatz für diesen Band grundlegend auseinander. Dabei stellt er den Zusammenhang zwischen „den Bedingungen der Leistungserbringung einerseits und der Lern- sowie Unterrichtskultur andererseits" heraus und plädiert für eine Lernkultur, die durch einen „offenen reflexiven Lernstil" und ein „vertieftes Verstehen der Fachgegenstände" geprägt ist. Anliegen müsse dabei auch sein, die „Leistung zu verstehen" und „inhaltlich zu einem Gegenstand der Kommunikation zu machen", die dem Lernprozess zugute komme. Die Prüfung und Bewertung von Schülerleistungen müssten stärker für das Lernen selbst und die Entwicklung des Unterrichts genutzt werden. Die Lehreraufgabe der Pädagogischen Diagnostik könne dann darin bestehen, Lernarrangements zu ermöglichen, „innerhalb derer das Lernen, die Leistungen und das Leistungsvermögen der Schülerinnen und Schüler sichtbar werden und gemeinsam untersucht sowie besprochen werden können."

Zu den Möglichkeiten einer schulpraktischen Realisierung solcher Formen der Leistungserbringung, -feststellung und -beurteilung sei auf die Beiträge von Gisela Gravelaar, Karin Volkwein und Christian Fischer in diesem Band verwiesen.

6. Schluss: Herausforderung für Forschung und Schulentwicklung

Bereits diese einführenden Betrachtungen zu diversen Aspekten schulischer Leistungsbeurteilung haben Herausforderungen für die praktische Schulentwicklung wie auch ihre wissenschaftliche Reflexion deutlich werden lassen. Sie haben vor allem die Frage aufgeworfen, ob angesichts des begründeten Plädoyers für einen erweiterten Lernbegriff, angesichts der Prozessorientierung von Lernleistungen die bisherige Dominanz der Zertifizierung schulfachlicher Lernergebnisse in Form von Zensuren nicht zugunsten erweiterter Beurteilungsformen aufzugeben ist, um pädagogischen Belangen einen größeren Stellenwert zu geben. Ausgehend von einem ganzheitlichen Bildungsverständnis, das sich nicht auf den Erwerb fachlicher Kompetenzen reduziert, sondern auch den Erwerb außerfachlicher Fähigkeiten und reflektierter Werthaltungen fördert, und angesichts der inzwischen als Allgemeinplatz geltenden Erkenntnis, dass für das gelingende Zusammenleben in der Gesellschaft und die erfolgreiche Arbeit in der Beschäftigungsgesellschaft Sozialkompetenz, Teamfähigkeit, Kooperationsbereitschaft usw. einen hohen Stellenwert haben, erscheint die bisherige Fokussierung auf die unterrichtsfachlichen Lernergebnisse gerade in Form von Ziffernnoten unzulänglich, zumal diese „informationsarm sind" und „Lernen dekontextualisieren", wie Sylvia Beutel in ihrem Beitrag für diesen Band schreibt. Sie plädiert unter Verweis auf eine entsprechende Praxis erfolgreicher

Schulen für eine differenzierende und beteiligende Leistungsbeurteilung, die nicht nur der individuellen Förderung Rechnung trägt, sondern auch „die kommunikativen Aspekte einer der Individualität der Lernenden verpflichteten und differenzierenden Leistungsbeurteilung" beachtet und Ausdruck eines professionellen Lehrerhandelns ist. Zudem verweist sie mit Blick auf eine „demokratiepädagogisch fundierte Schulkultur" auf die „pädagogischen Chancen, die sich mit Beteiligungsformen der Lernenden an der Evaluation der Leistungsentwicklung verbinden".

Die hier skizzierten Herausforderungen an die schulische Leistungsbeurteilung verstehen sich auch als Aufgaben der Schulentwicklung. In ihrer Mehrheit fällt es den Schulen und ihren Lehrerkollegien bislang offenbar noch schwer, angemessene Konzepte der Leistungsbeurteilung auf Schulebene zu entwickeln und abzustimmen, auf der Ebene der Fachkonferenzen fachspezifisch zu konkretisieren, im Unterricht umzusetzen und das entsprechende Konzept für Eltern und Schüler/innen transparent zu machen (MSW, 2009, S. 50).

Hier stellen sich vielfältige Aufgaben für die wissenschaftliche Schulpädagogik und die Schulen, aber auch für die Schulpolitik und Schuladministration, die die Entwicklungsarbeit in den Schulen durch entsprechende Rahmenbedingungen und Ressourcen zu unterstützen haben. Die Beiträge in diesem Band bieten hier wichtige Orientierungen.

Literatur

Bos, W. et al. (2004). Schullaufbahnempfehlungen von Lehrkräften für Kinder am Ende der vierten Jahrgangsstufe. In Bos, W. et al. (Hrsg.), *IGLU. Einige Länder der Bundesrepublik im nationalen und internationalen Vergleich.* Münster: Waxmann.

Füchter, A. (2010). *Diagnostik und Förderung im gesellschaftswissenschaftlichen Unterricht. Didaktische Konzeption und unterrichtspraktische Ansätze für die Unterrichtsfächer Politik, Wirtschaft, Geschichte und Geographie.* Reihe: Theorie und Praxis der Schulpädagogik. Band 1. Immenhausen bei Kassel: Prolog-Verlag.

Grunder, H.-U., Bohl, T. & Broszat, K. (2001). *Neue Formen der Leistungsbeurteilung an Sekundarstufen I und II.* Hrsg. vom Landesinstitut für Erziehung und Unterricht. Stuttgart: Schneider Verlag Hohengehren.

Helmke, A. (2011). *EMU – Unterrichtsdiagnostik. Studienbrief. Version 2.02* [01.02.2011]. Verfügbar unter: http://www.unterrichtsdiagnostik.info/media/files/Broschuere_2.02_30.01.2011.pdf [01.09.2011].

Kanning, U. P. (2003). *Diagnostik sozialer Kompetenzen.* Göttingen: Hogrefe-Verlag.

Köller, O., Knigge, M. & Tesch, B. (Hrsg.). (2010). *Sprachliche Kompetenzen im Ländervergleich.* Münster: Waxmann.

Landtag Nordrhein-Westfalen. *Plenarprotokoll 14/95,* S. 11346ff.

Ministerium für Schule und Weiterbildung des Landes Nordrhein-Westfalen (Hrsg). (2009). *Qualitätsanalyse in Nordrhein-Westfalen. Impulse für die Weiterentwicklung von Schulen.* Düsseldorf.

Paradies, L. et al. (2009). *Leistungsmessung und -bewertung.* 3. Auflage. Berlin: Cornelsen.

Praetorius, A.-K. et al. (2010). Lehrkräfte als Diagnostiker – Welche Rolle spielt die Schülerleistung bei der Einschätzung von mathematischen Selbstkonzepten? *Journal für Bildungsforschung Online, Volume 2 (2010), No. 1.*

Problemfelder schulischer Leistungsbeurteilung

Eiko Jürgens

Diagnosefunktion: Fehlanzeige
Ist eine Neuorientierung der Beurteilungspraxis nötig?

1. Einleitung

Unabweislich ist mit der Berufsrolle von Lehrerinnen und Lehrern aller Schulformen im allgemein- und berufsbildenden Schulsystem die Beurteilungsaufgabe verbunden (vgl. Bremer Erklärung, 2000; Sekretariat der Ständigen Konferenz der Kultusminister der Länder in der Bundesrepublik Deutschland, 2004). Doch unabhängig davon, dass der Sache nach die Wahrnehmung von Beurteilungsprozessen so alt ist wie systematisches unterrichtsdidaktisches Handeln (vgl. Ingenkamp & Lissmann, 2005, S. 12), weil die beteiligten Akteure verständlicherweise ein Interesse daran haben, den Erfolg ihrer Lehr- und Lernprozesse ab- und einschätzen zu können, gewinnt die Beurteilungsaufgabe erst klare Konturen durch die Bestimmung ihrer Handlungsfelder. Auch die Klärung, in welchem Verhältnis diese zueinander stehen und ob es wechselseitige Abhängigkeiten gibt, wird eine wichtige Prämisse zur Klärung und Begründung der Diagnosefunktion sein. Während auf den ersten Blick der bloße Begriff ‚Beurteilungsaufgabe‘ vielleicht nahe zu legen scheint, dass es beim Beurteilen hauptsächlich um Klassifizierungs-, Differenzierungs- oder Zertifizierungsvorgänge ginge, gelingt es mit der Verwendung des weitgefassten Fachausdrucks ‚Pädagogische Diagnostik‘, eine derartige Engführung von vornherein zu vermeiden. Die Beurteilungsaufgabe als Diagnosefunktion stellt primär auf den (pädagogischen) Erkenntnisgewinn ab, nicht auf formalisierte Ausleseprozesse. Die Darstellung der Definition wird folglich belegen müssen, welches Gewicht pädagogisch-didaktischen Tätigkeiten in diesem Kontext beigemessen wird.

2. Was ist Pädagogische Diagnostik?

Als äußerst aufschlussreich für die inhaltliche Bestimmung dessen, was mit dem Begriff der Pädagogischen Diagnostik gemeint sein kann, stellt sich die Kompetenzbeschreibung im Bereich ‚Beurteilen‘ in den Bildungswissenschaftlichen Standards für die Lehrerbildung dar. Wenn es dort nämlich heißt: „Lehrerinnen und Lehrer diagnostizieren Lernvoraussetzungen und Lernprozesse von Schülerinnen und Schülern; sie fördern Schülerinnen und Schüler gezielt und beraten Lernende und deren Eltern" (Sekretariat der

Ständigen Konferenz der Kultusminister der Länder in der Bundesrepublik Deutschland, 2004, S. 11), dann wird sofort offensichtlich, wozu bzw. worauf sich die Tätigkeit des Diagnostizierens, also des Erkennens und Unterscheidens, beziehen soll. Und weiterhin welche Maßnahmen pädagogischen Handelns mit den diagnostischen Befunden begründet und ergriffen werden sollen. Gemäß dem schulischen Erziehungs- und Bildungsauftrag (vgl. Jürgens & Sacher, 2008, S. 9ff.) steht demnach im Fokus der Pädagogischen Diagnostik die ‚Verbesserung' des (individuellen) Lernens der Schülerinnen und Schüler (vgl. Ingenkamp & Lissmann, 2005, S. 20).

Da die Verbesserung des Lernens nicht ausschließlich von internen Bedingungen auf Seiten des Lernenden abhängig ist, sondern sowohl externe als auch moderierende mit hineinspielen (vgl. Hesse & Latzko, 2009, S. 278ff.), ist es nur konsequent, wenn es ebenfalls zu den Aufgaben der Pädagogischen Diagnostik zählt, aus den gewonnenen Daten Hinweise für die ‚Verbesserung des Unterrichts' zu bekommen. Damit wird zugleich einsichtig, was das genuin ‚Pädagogische' der Beurteilungsaufgabe ausmacht, und warum es weder ‚Schulische Diagnostik' noch einfach ‚Diagnostik' heißt, sondern vollkommen zu Recht *Pädagogische* Diagnostik'. Die diagnostische Tätigkeit in schulischen Entscheidungssituationen stellt unter pädagogischen Gesichtspunkten einen Handlungsspielraum dar, der genutzt wird, um fachlich und überfachliche Lernkompetenzen möglichst optimal bei allen Kindern und Jugendlichen aufzubauen, d.h. Pädagogische Diagnostik ist unmittelbar mit dem schulischen Förderprinzip verbunden, und zwar für hochbegabte Schülerinnen und Schüler genauso wie für leistungsstärkere oder leistungsschwächere oder Heranwachsende mit sonderpädagogischem Förderbedarf. In präziser Weise haben Ingenkamp & Lissmann (2005) diese Leitlinien in ihre Definition zur Pädagogischen Diagnostik einfließen lassen: „Pädagogische Diagnostik umfasst alle Tätigkeiten, durch die bei einzelnen Lernenden und den in einer Gruppe Lernenden Voraussetzungen und Bedingungen planmäßiger Lehr- und Lernprozesse ermittelt, Lernprozesse analysiert und Lernergebnisse festgestellt werden, um individuelles Lernen zu optimieren. Zur Pädagogischen Diagnostik gehören ferner die diagnostischen Tätigkeiten, die die Zuweisung zu Lerngruppen oder zu individuellen Förderprogrammen ermöglichen sowie die mehr gesellschaftlich verankerten Aufgaben der Steuerung des Bildungsnachwuchses oder der Erteilung von Qualifikationen zum Ziel haben" (ebenda, S. 13). Zu den Teilaufgaben, denen die Pädagogische Diagnostik im Kontext der Verbesserung des Lernens genügen sollte, gehören beispielsweise so wichtige wie diese: Selbst- und Fremdkorrektur falscher Lernergebnisse; Erkennen von Lerndefiziten; Bestätigung erfolgreicher Lernschritte; Planung nachfolgender Lernschritte; Motivierung durch Hinweise auf Lernerfolge und Steuerung des Schwierigkeitsgrads (besser: der anschlussfähigen Kompetenzniveaustufe – E.J.) der nächsten Lernschritte; Verbesserung der Lernbedingungen" (ebenda, S. 21). Diese Liste ließe sich fortsetzen, doch wichtig ist die Schwerpunktsetzung auf die Grundsätze ‚förderorientierter' Diagnostik, die Hand in Hand geht mit unterrichtsdidaktischen Maßnahmen. Ein auf die heterogenen Lernvoraussetzungen und Lernstände reagierender Unterricht ist nämlich ohne vielfältiges Repertoire diagnostischer Instrumente und Verfahren gar nicht zu realisieren.

Somit lässt sich zusammenfassend konstatieren: Im Mittelpunkt der Pädagogischen Diagnostik steht die Verbesserung des Lernens. Daneben kommt der Pädagogischen Diagnostik als ‚Orientierungshilfe' zur individuellen Bildungs-biografiebegleitung eine weitere entscheidende, nicht selten folgenschwere Funktion zu. Diagnostik zur Erteilung von Qualifikationen ist gewissermaßen eine stark gesellschaftlich geprägte Aufgabe, die „von den jeweiligen gesellschaft-lichen Strukturen und Forderungen abhängig" ist (vgl. Ingenkamp & Lissmann, 2005, S. 20/22). Beide Aufgaben setzen unterschiedliche Akzente und liegen deshalb quer zueinander. Darum ist es umso bedeutsamer, die diagnostische Tätigkeit am Primat des Förderprinzips zu orientieren. Diese Vorrangstellung des Förderbezugs gegenüber dem Vergabeprinzip von Qualifikationen bedingt auch Bildungsgerechtigkeit. Wenn nämlich alle Heranwachsenden ihre schuli-schen Bildungschancen mit Hilfe optimaler Fördermaßnahmen wahrnehmen können, werden ‚selektive' Entscheidungen unter bestimmten Voraussetzungen zumindest ihren bildungsbenachteiligenden Charakter verlieren.

3. Diagnostische Tätigkeit als vollständiges pädagogisches Entscheidungshandeln

Um das Lernen der Heranwachsenden in der Schule erkennen, verstehen und verbessern zu können, ist es Aufgabe der Pädagogischen Diagnostik, um we-der bruchstückhaft noch isolierte Informationen zur Verfügung zu stellen, si-cherzustellen, dass der Zusammenhang von Diagnose, Prognose und pädagogi-schem Handeln, d.h. die Verbindung zwischen Erkenntnis und pädagogischer Interventionsentscheidung, nicht unterbrochen wird.

Die Realisierung pädagogischen Diagnostizierens als vollständiges päda-gogisches Entscheidungshandeln umfasst mehrere Phasen oder Stufen: genaue Diagnose und Bewertung, sachinformative Rückmeldung und angemessene Beratung, zielführende pädagogische Maßnahmen, fachliche und überfachliche Planung und Vorbereitung von Lernarrangements, aufgaben- und themenbezo-gene Lernvorgänge und Leistungsvollzüge in den praktizierten Mikroprozessen des Unterrichts. Damit das individuelle Lernen eines Heranwachsenden verbes-sert werden kann, ist es unerlässlich, dass sich sowohl die Lehrkraft als auch der Lernende selbst einen detaillierten Überblick über die Lernvoraussetzungen, beispielsweise das gegenstandsbezogene Vorwissen, verschaffen. Erst dann ist

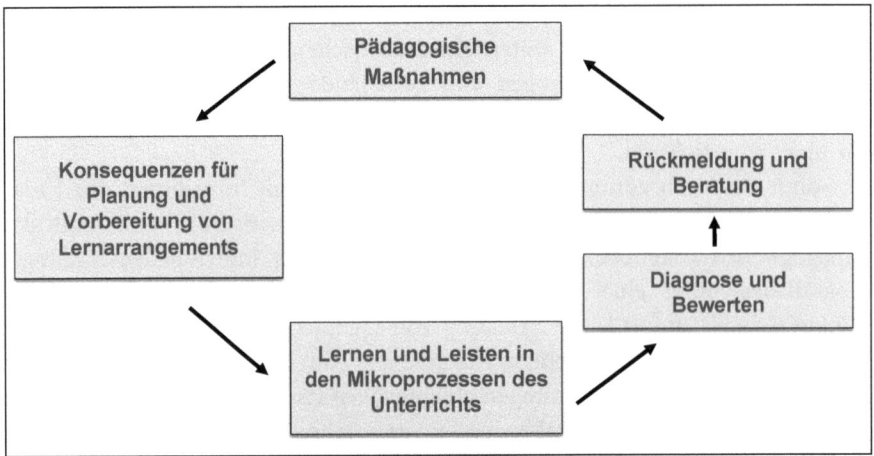

Abbildung 1:
Diagnostische Tätigkeit als vollständiges pädagogisches Entscheidungshandeln

es möglich, das Lernen bzw. die Lernumgebung gezielt und ‚passungsgerecht‘ zu planen und vorzubereiten. Schließlich sollte für eine effektive Unterrichtsgestaltung eine möglichst gute Passung zwischen Unterrichtsangebot und den Lernvoraussetzungen der Schülerinnen und Schüler bestehen, wie es u.a. sowohl die Pädagogische Psychologie als auch die wissenschaftliche Unterrichtsdidaktik (vgl. Meyer, 2004, Helmke, 2005) nahe legen (vgl. Hesse & Latzko, 2009, S. 35).

Die Prüfung und (Selbst-)Beurteilung der Lernprozesse und -ergebnisse sichern den Lernerfolg und die Planung einer weiteren Lernsequenz oder ggf. bei verzeichnetem Misserfolg rechtfertigen sie das erneute Durchlaufen einer Lernschleife. Formative und summative Evaluationen sowie die daraus hervorgegangenen Diagnosen gewährleisten sachangemessene, reflexive Rückmelde- und Beratungsprozesse, ohne die die Voraussetzungen für die ‚richtigen‘ pädagogischen Maßnahmen wohl kaum gegeben wären.

Über den ‚Wert‘ der Pädagogischen Diagnostik für die berufliche Arbeit der Lehrerschaft an sich konnte damit bereits Grundsätzliches ausgesagt werden. Doch stellt sich in diesem Kontext noch ein anderes Problem, das unmittelbar mit der ‚Qualität‘ diagnostischer Informationen zusammenhängt. Das Gegenstandsfeld der Pädagogischen Diagnostik stellt sich im Allgemeinen als relativ komplex dar, was zum Wirksamwerden des sogenannten ‚Bandbreite-Fidelitäts-Dilemma‘ führt. Dieses ergibt sich aus der Tatsache, dass Pädagogische Diagnostik sowohl einerseits eine große Breite von relevanten Daten erfasst als auch andererseits zugleich zielgenau und tiefauslotend erfolgen soll. Um die für die individuelle Förderung der Schülerinnen und Schüler ‚richtige‘ Auswahl von pädagogisch-didaktischen Interventionen zu gewährleisten, wird die möglichst exakte Zuordnung von Informationen und Befunden zu Ursachen von

Lernproblemen benötigt. Je exakter durch den Einsatz diagnostischer Methoden eine pädagogische Fragestellung aufgeklärt werden kann, desto zutreffender dürften die pädagogischen Entscheidungen ausfallen. Doch Lernen findet nicht nur häufig in sozialen Relationen statt, sondern wird darüberhinaus durch verschiedene Faktoren bedingt. D.h., wenn beispielsweise Lernschwierigkeiten auftreten, dann soll durch eine fundierte Diagnose geklärt werden, auf welche Ursachen der festgestellte Sachverhalt zurückzuführen ist.

In theoretischen Modellen zur Erzeugung von Schulleistungen (vgl. Zielinski, 1995) werden drei Bedingungsfaktoren unterschieden: zu den ‚internen‘ werden mangelndes Instruktionsverständnis, Vorkenntnislücken und ungünstige Lernmotivation gezählt; zu den ‚externen‘ die nicht ausreichende Lernzeit und die mangelnde Unterrichtsqualität; zu den ‚moderierenden‘ u.a. ein ungünstiges Klassenklima, gestörte Beziehungen zwischen den Schülerinnen und Schülern (vgl. Hesse & Latzko, 2009, S. 279). Somit wird evident, dass Lernen und Lernprobleme multifaktoriell beeinflusst werden und demzufolge sich die diagnostische Tätigkeit auf eine gewisse Bandbreite in einem komplexen Feld erstrecken sollte, um eine genaue(re) Diagnose zu erstellen.

Auf das Bandbreite-Fidelitäts-Dilemma wird üblich mit einer sequentiellen Diagnosestrategie reagiert, indem in einem ggf. mehrstufigen Verfahren zunächst das Gewinnen vieler diagnostischer Informationen im Vordergrund steht, d.h. in die Breite recherchiert wird. Der Nachteil einer zwar ungenaueren Diagnose wird kompensiert durch das Erfassen eines größeren Faktorenspektrums. In einem oder weiteren Schritten erfolgt dann ggf. der Einsatz von Instrumenten zur Präzisierung der Informationen. Im Grunde gilt, dass je mehr von einer Diagnose für den individuellen Bildungsverlauf abhängt, umso umfassender und gründlicher muss sich die Datenlage erweisen.

Der Verweis auf die multifaktorielle Bedingtheit des Lernens hat nebenbei klar erkennbar gemacht, dass Pädagogische Diagnostik generell als ‚systemische‘ Diagnostik zu verstehen ist. Die diagnostische Tätigkeit von Lehrerinnen und Lehrern und der Einsatz von diagnostischen Verfahren und Instrumenten dienen u.a. der Offenlegung und dem Verstehen von Bedingungen des Umfelds, vor allem des gesamten Unterrichtsgeschehens als Lernumgebung, die das individuelle Lernen und die individuelle Entwicklung des Heranwachsenden befördern oder behindern können.

4. Kohärenz von Diagnose und Förderung

Da sich mit dem ,Recht auf Bildung' für alle Kinder und Jugendlichen einer nachwachsenden Generation ein unmittelbarer Zusammenhang mit dem ebenfalls für alle Schülerinnen und Schüler geltenden ,Recht auf optimale Förderung' zur Ermöglichung von Bildungsgerechtigkeit und sozialer Chancengleichheit ergibt, bedarf es für die Implementation systematischer Förderangebote einer strukturellen Grundfigur mit dem Ziel, inhaltslogisch gestufte Verfahrensschritte zu steuern.

Aus der Tatsache, dass es sich bei der Zielstellung der diagnostischen Tätigkeit, zur Verbesserung des Lernens der Schülerinnen und Schüler beizutragen, um eine prinzipiell unabschließbare Aufgabe handelt, weil ein Ende der Verbesserung des Lernens bei jedem einzelnen Kind oder Jugendlichen nicht zweifelsfrei erweisbar ist, ergibt sich die Konsequenz, dass ebenfalls individuelle Förderung ein permanenter Prozess ist. Unter diesen Vorzeichen stellt letztlich jedes schulische Lernen eines Heranwachsenden einen potenziellen Anlass für das Auslösen von Fördermaßnahmen dar. Auf der Grundlage diagnostischer Informationen und deren Bewertung werden Hypothesen zur Klärung der Bedingungsfaktoren des in Frage stehenden Lernverhaltens aufgestellt und sowohl für die Prognose der weiteren Lernentwicklung als auch zur Planung des Handlungsbedarfs herangezogen. Zusammen werden die gewonnenen Erkenntnisse genutzt für die Entwicklung einer individuellen ,Förderperspektive'. In einem weiteren Schritt werden daraus ableitend individuelle ,Förderbereiche / Förderziele' begründet, die nach pädagogisch-didaktischen Erwägungen je nach Wichtigkeit und Dringlichkeit in eine Rangreihe gebracht werden und den inhaltsstrukturellen Kern des individuellen ,Förderplans' bilden (vgl. Abb. 2).

Als ein zeitliches und inhaltlich gestuftes Verfahren enthält ein Förderplan auf das Individuum und seine Lernentwicklung abgestimmte Bildungsziele (Erziehungsziele und fachliche wie überfachliche Lernziele), die mit geeigneten Förderinterventionen in adaptiven Lehr-/Lernarrangements umgesetzt werden. Die Zielbeschreibungen sollten kurz und knapp, beschränkt auf den inhaltlichen Kern, formuliert werden. Weiter sollte die Anzahl der anvisierten Ziele eher niedrig gehalten werden, um das pädagogisch Vernünftige praktikabel zu machen. Ebenso sollten die Ziele realistisch sein, damit sie in einem überschaubaren Zeithorizont zu erreichen sind. Nicht zuletzt sollten die Maßnahmen und Verfahren zur Evaluation der Förderprozesse mit geplant werden, indem Prüfkriterien (Indikatoren) aufgestellt werden.

Förderpläne definieren individuelle Lösungen für individuelle Prozesse und Kernkompetenzstufen. Sie beinhalten zudem didaktische Strategien, um es jedem Lernenden zu ermöglichen, die nächstliegenden Zu-Mutungen erfolgreich bewältigen zu können. Das gilt gleichermaßen für alle Schülerinnen und

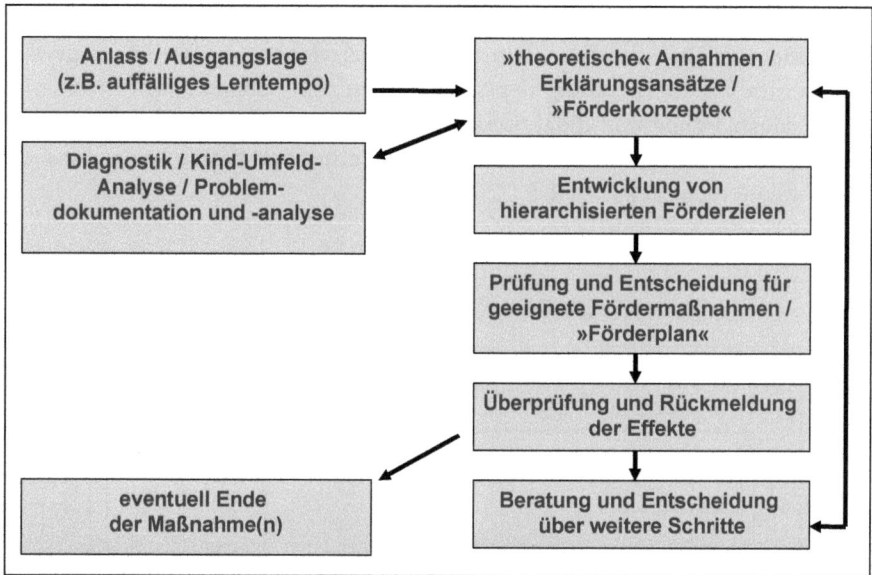

Abbildung 2:
Grundmodell der Einheit von Diagnose und Förderung

Schüler in einer Bandbreite von Hochbegabung bis zum sonderpädagogischen Förderbedarf.

5. Konzept, Hauptgrundsätze und Verfahren der Adaptiven Pädagogischen Diagnostik

Anlässe zur Förderung ergeben sich gewissermaßen immer dann, wenn ein ‚Passungsproblem' besteht. Der Handlungsbedarf wird umso dringender, je größer das Passungsproblem ist. Dabei sollte es vom Grundsatz her gleichgültig sein, ob es sich um eine Lernschwierigkeit, ein Lerndefizit oder das Erreichen der nächsthöheren fachlichen oder überfachlichen Kompetenzstufe handelt. Pädagogische Diagnostik ist insofern als adaptiv zu verstehen, und zwar in direkter Analogie zu ‚Passung' und ‚Adaption' als Universalprinzipien lernwirksamen Unterrichts (vgl. Jürgens & Diekmann, 2007, S. 32ff.), als ihre Verfahren und Instrumente danach ausgewählt bzw. ausgestattet werden, ob und inwiefern sie imstande sind, jeden Schüler und jede Schülerin wirksam dabei zu unterstützen, die eigenen Lernpotenziale wahrzunehmen und weiterzuentwickeln.

Im Konzept der Adaptiven Pädagogischen Diagnostik (APD) wird Leisten als Ergebnis von Lernen aufgefasst. Die Lern- und Leistungsevaluation zielt dabei in erster Linie darauf ab, eine kontinuierliche Informationsrückkopplung und Orientierung über das Erreichen bzw. Nichterreichen von Zielen zu gewährleisten, die für die Beratung der Schülerinnen und Schüler und das Ergreifen von pädagogischen und didaktischen Interventionen genutzt werden (können). Sie soll vor allem „Informationen für den Lernenden liefern, nicht über den Lernenden" (Schreiner, 1970, S. 226).

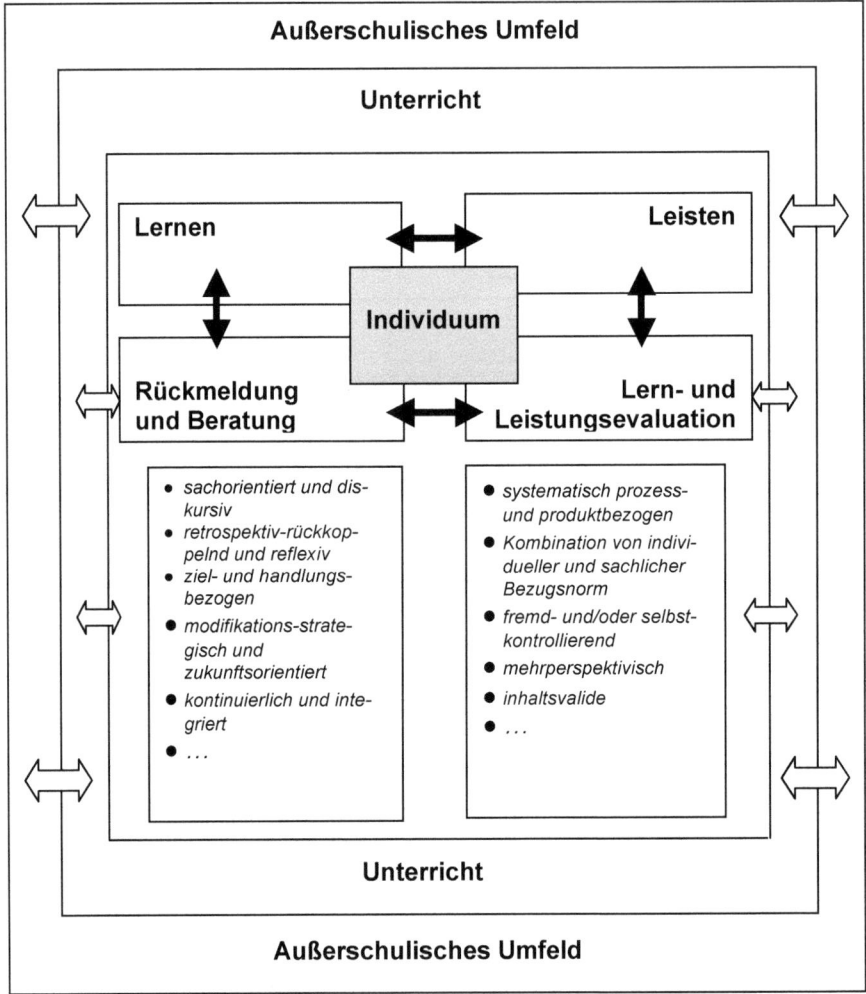

Abbildung 3:
Konzept der Adaptiven Pädagogischen Diagnostik

Mit der unterrichtlichen Implementation der Kernprinzipien der APD können Lehrerinnen und Lehrer auf die Lern- und Leistungsheterogenität ihrer Schülerinnen und Schüler situations-, sach- und personenangemessen reagieren und damit zu fundierten Beurteilungen gelangen. Besonders gewinnbringend sind förderdiagnostische Analyse- und Entscheidungsprozesse auf der Basis des vorgeschlagenen Konzeptes insbesondere dann, wenn sie *regelmäßig* und *lernprozessintegriert* stattfinden.

Lern- und Leistungsevaluationen geben nicht nur den Heranwachsenden und Lehrkräften Rückmeldungen über die Wirkungen eigener Maßnahmen, um zu erfolgreicher Lehr-/Lernzielbewältigung zu kommen, sondern auch Orientierung für weitere Aktivitäten. In Unterrichtskulturen, die der (Weiter-) Entwicklung selbstregulierten bzw. selbstbestimmten Lernens dienen, sollte neben der Fremdevaluation der Einsatz selbstevaluativer Verfahren breiten Raum einnehmen. Dafür lassen sich vor allem drei Aussagen heranziehen, mit denen sich besonders eindrucksvoll der ‚pädagogische' und ‚diagnostische' Wert der Schülerperspektive belegen lässt:

„Durch Selbstbeurteilung lernen die Schüler ihre eigene Struktur der Leistungserbringung kennen. Die übliche Lehrer-Fremdbeurteilung bahnt ihnen dazu kaum einen Weg […].

Selbstbeurteilung schärft bei den Schülern die Wahrnehmung auch bereits kleinerer Lernfort- und -rückschritte, längst bevor sich diese in einer Änderung der erzielten Noten niederschlagen […].

Die Fremdbeurteilung der Lehrkraft ist zunächst einmal nur Bestandteil der äußeren Lernsituation eines Schülers. Sie wird nur in dem Maße lernwirksam, wie sie auch in seiner inneren, von ihm selbst konstruierten Lernsituation vorkommt. D.h., das Lehrerurteil gewinnt erst größeren Einfluss, wenn die Schüler es sich zu eigen machen. Selbstbeurteilungen aber sind von vornherein Bestandteil dieser lernwirksamen inneren Lernsituation des Schülers! *Die Selbstbeurteilung der Schüler ist gewissermaßen das Nadelöhr, durch welches das Lehrerurteil hindurch muss, wenn es Auswirkungen auf ihren Lernprozess haben will*" (Sacher, 2009, S. 233).

Selbstbeurteilungsprozesse sind demnach unentbehrlicher Bestandteil in didaktischen Konzepten, die auf den Aufbau und die Ausgestaltung ‚schülerzentrierter' und ‚schüleraktiver' Unterrichtskulturen abzielen (vgl. Jürgens, 2006, 2009, 2010). Als Mittel zur Verbesserung des individuellen Lernens sind sie einzig der Förderdiagnose zuzurechnen. Für Strategien der schulischen ‚Personenselektion' sind sie weder geeignet noch pädagogisch angezeigt.

Die im Folgenden gegebene Auflistung der bekanntesten Verfahren und Instrumente der APD ist in erster Linie als Anregung für eine selbstständige Einarbeitung bzw. Vertiefung zu verstehen. Das Grundkonzept und die Hauptgrundsätze Adaptiver Pädagogischer Diagnostik können insofern eine Hilfe sein, als damit sowohl eine Prüffolie für die Beurteilung der Qualität ge-

- Informelle Tests zur Lernstandsdiagnostik
- Schülerbeobachtungsbogen
- Diagnosebogen
- Selbstbeurteilungsbogen, Selbsteinschätzung, Lerninventur
- Bewertungsbogen für schüleraktive Unterrichtsformen
- Lern- und Leistungsjournal (Lerntagebuch)
- Diagnose- und Entwicklungsportfolio (Direkte Leistungsvorlage)
- Kompetenzraster (fachlich/überfachlich)
- Rasterzeugnisse
- Berichtszeugnisse

Abbildung 4:
Verfahren und Instrumente Pädagogischer Diagnostik

wählter Verfahren und Instrumente der Leistungsmessung und -beurteilung als auch zur Entwicklung einer ‚modifikationsstrategischen‘ Rückmelde- und Beratungskultur vorliegt.

Gleichwohl wird nicht unterschieden zwischen sogenannten ‚traditionellen‘ und ‚alternativen‘ Verfahren, weil nach unserer Auffassung derartige Zuschreibungen weder tragfähig noch besonders hilfreich sind. Zwei kurze Anmerkungen sollen das Gemeinte verdeutlichen. Erstens bemisst sich der Wert eines Verfahrens ausschließlich nach seinem Verwendungszweck, der wiederum davon abhängig ist, welche ‚Theorie‘ dem Verfahren zugrunde liegt. Zweitens können einzelne Verfahren methodisch nicht das gesamte Feld diagnostischer Tätigkeit abdecken. Zu vielfältig sind die Anlässe der systematischen Informationsgewinnung. Wichtig hingegen ist insbesondere, dass sich die eingesetzten Verfahren und Instrumente nach Möglichkeit nicht ausschließlich auf die Produkte des schulischen Lernens beziehen. Sie sollten gleichermaßen Lernprozesse und die individuelle Kompetenzentwicklung abbilden. Weiterhin wichtig ist, dass ein schulpraktisches verwendbares Instrumentarium vorliegt, mit dem die Lehrkräfte und ggf. ebenso die Heranwachsenden fach- und situationsgerecht arbeiten können.

Auf wenige Grundsätze im Konzept der APD im Aufgabenfeld ‚Lern- und Leistungsevaluation‘ soll etwas tiefgründiger eingegangen werden, weil es sich dabei um theoretische Zusammenhänge handelt, die in der Schulpraxis häufig unterschätzt oder falsch eingeschätzt werden und deshalb zu fehlerhaftem Berufshandeln führen.

5.1 Bezugsnormorientierung in der schulischen Diagnostik

Leistungen bewerten kann man nur, wenn das Urteil auf eine Norm bezogen wird, d.h. die gemessenen Daten anschließend unter den spezifischen Auflagen des herangezogenen Maßstabs eingeordnet und miteinander in Beziehung gesetzt werden. Weil die Bezugsnormorientierung einen erheblichen Einfluss auf die Erziehung und Bildung der Schülerinnen und Schüler und die Gestaltung des Unterrichtens hat, kommt der Wahl der Bezugsnorm(en) eine wichtige pädagogisch-diagnostische, pädagogisch-didaktische und damit tangierend – wie Sacher (2009) ausführt – sogar politisch gesellschaftliche Funktion zu. Beispielsweise werden interne Faktoren wie Erfolgszuversicht, Kontrollüberzeugung, Selbstzuschreibung von Wirksamkeit und Kompetenz (vgl. Lindenberger & Schaefer, 2008, S. 398ff.) und Leistungsmotivation (vgl. Holodynski & Oerter, 2008, S. 550ff.) von den der Leistungsbewertung zugrunde liegenden Bezugsnormen beeinflusst. Grundsätzlich lassen sich für die schulische Leistungsbewertung drei Bezugsnormen unterscheiden:

– Die individuelle Norm: Bei dieser (intraindividuellen) Maßstabsorientierung werden Lernzuwächse mit den früheren Leistungen der Person verglichen. Ausschlaggebend ist der individuelle Lernfortschritt, der allein auf den bisherigen Leistungsstand des betreffenden Individuums rückbezogen wird.

– Die sachliche Norm: Bei dieser (kriterialen) Maßstabsorientierung werden die Leistungen mit allgemein gültigen und sinnvollen schulischen Lehrplananforderungen verglichen, d.h. es wird geprüft, ob lehrplan- bzw. curriculumkonforme Lernziele von den Schülerinnen und Schülern ggf. auf welcher Kompetenzstufe vollständig, teilweise oder gar nicht erfüllt werden.

– Soziale Bezugsnorm: Bei dieser (kollektiven) Bezugsnormorientierung werden die individuellen Handlungsergebnisse mit den Leistungen der eigenen Lerngruppe (Klasse), dessen (zufälliges) Mitglied man ist, konfrontiert.

Die pädagogische Entscheidung über die Wahl der Bezugsnorm unterliegt selbst einem Bewertungsprozess. Demzufolge sollte kritisch durchgespielt werden, welche Konsequenzen und Risikofaktoren mit dem Einsatz der jeweiligen Bezugsnormen verbunden sind.

Die sachliche Bezugsnorm hat den unbestreitbaren Vorteil, dass sie den lehrplangeforderten Zielanspruch und ggf. Kompetenzgrad absolut, d.h. als Standard, für alle Schülerinnen und Schülern einer Lerngruppe setzt. Da systematisches schulisches Lernen sich hauptsächlich auf verbindliche Lehrpläne und Curricula bezieht, ist diese Bezugsnorm nolens volens unverzichtbar und durch keine andere zu substituieren. Ein Vergleich der Schülerleistungen mit allgemein gültigen Lehrplanzielen entspricht darüberhinaus der Sachlogik der Schule, allen Schülerinnen und Schülern bestmögliche Förderchancen zu eröffnen. Doch die Außenbestimmtheit der Leistungsanforderungen erweist sich dann als besonders problematisch, wenn diese undifferenziert für alle gleichermaßen gelten sollen, denn eine generelle Lernzielhomogenität würde zwar formal den Lehrplanvorgaben entsprechen, nicht aber dem pädagogisch-psychologischen Theoriewissen zur Erklärung menschlichen Lernens (Lefrançois, 2006) und ebenso nicht den Determinanten der Entstehung von Schulleistung (vgl. Weinert, 2001). Die Heterogenität interner und externer Lernvoraussetzungen macht nämlich einen ‚zieldifferenten‘ Einsatz der sachlichen Bezugsnorm erforderlich. Lehrplananforderungen sind somit verbindliche ‚Orientierungsmarken‘, die zwar nach Möglichkeit von allen Schülerinnen und Schülern einer Lerngruppe erreicht werden sollen, es aber nicht alle bis zur höchsten Kompetenzstufe schaffen werden. Um trotzdem allen Heranwachsenden die Chancen auf individuelle Höchstleistungen offen zu halten, bedarf es der Verwendung einer Bezugsnormorientierung, mit der sämtliche Erfolgserfahrungen der Schülerinnen und Schüler abbildbar sind. Damit kommt eine weitere Bezugsnormorientierung ins Spiel. Bei Anwendung der individuellen Bezugsnorm wird der Heranwachsende an sich selbst und seiner Lern- und Leistungsentwicklung gemessen, was insbesondere positive Wirkungen auf die Selbstbewertung von Erfolg hat. „Da man mit der Zeit (…) dazulernt, führt dies zu der Erfahrung, durch eigene Anstrengung (ein internal-variabler Ursachenfaktor) kontinuierlich höhere Leistungen erbringen zu können, eine Erfahrung, die die Erfolgszuversicht und die Attribution der eigenen Leistungen auf internale Faktoren (Anstrengung und Fähigkeit) stärkt" (Holodynski & Oerter 2008, S. 548). Evident dürfte sein, dass individuelle Bezugsnormorientierung einen differenzierten bzw. individualisierenden Unterricht voraussetzt.

Aufgrund der obligatorischen Gültigkeit der Lehrpläne, d.h. der Aufrechterhaltung außenbestimmter Lernziele, erfolgt stets die Verwendung des individuellen Bezugsmaßstabs rückgekoppelt an das sachliche Bezugssystem. Von daher beruht der Einsatz der individuellen Bezugsnorm auf nichts anderem, als der Herstellung von bestmöglicher Passung zwischen sachlicher Bezugsnorm und individuellem Lernentwicklungsstand bzw. internen und externen individuellen Lernvoraussetzungen.

Für die Realisierung des ‚Rechts auf Bildung‘ für alle Kinder und Jugendlichen bedarf es keiner weiteren Bezugsnormorientierung. Aus pädagogisch-diagnostischer und pädagogisch-didaktischer Perspektive liegt damit ein optimales Instrumentarium vor, um Lernerfolge für alle Schülerinnen und Schüler zu ermöglichen und genau zu diagnostizieren. Negative Bezugsnormeffekte können vermieden werden (vgl. Jürgens, 2010a, S. 48ff.).

Im Unterschied dazu stellt sich die soziale Bezugsnorm als stark problembehaftet und für die konkrete Erziehungsarbeit als dysfunktional dar (vgl. Sacher, 2009, S. 90). Vor allem für die Entwicklung der Leistungsmotivation von leistungsschwächeren Schülerinnen und Schülern hat sie negative Konsequenzen.

Bei dieser Schülergruppe führt nämlich der Vergleich mit den Mitschülerinnen und -schülern zu der Erfahrung, „dass sie trotz Anstrengung im Vergleich zu den leistungsstärkeren wiederholt schlechter abschneiden. Dies veranlasst sie dazu, Misserfolge auf mangelnde Fähigkeiten (…) und Erfolge auf eher zufällige Gegebenheiten (…) zurückzuführen und die Konsequenz zu ziehen, dass es sich nicht mehr lohnt, sich anzustrengen. In der Folge wird Leistungsanforderungen möglichst aus dem Weg gegangen, da man sowieso schlechter abschneidet als andere – eine misserfolgsängstliche Leistungsmotivation hat sich gebildet" (Holodynski & Oerter, 2008, S. 549).

Davon abgesehen wird der klasseninterne, konkurrenzorientierte Vergleich oft auf den Leistungsdurchschnitt der Klasse bezogen, was jedoch einen klaren Verstoß gegen die Verbindlichkeit des Lehrplans bedeutet, weil Durchschnittswerte sich als Testresultate ergeben und demzufolge von Test zu Test schwanken können, während lehrplanbezogene Lernziele fachlich und überfachlich begründete Zielmarken darstellen, mit deren Erreichen anschlussfähiges Vorwissen für das weitere Lernen gesichert wird. Lehrplanbezogene und unterrichtslogische Sachzielentscheidungen sind didaktisch begründet, die nicht nachträglich durch einen klasseninternen Leistungsbeurteilungsmaßstab verzerrt bzw. in ihrer Geltung für erfolgreiches Weiterlernen ausgehöhlt werden dürfen. Diagnostische Urteile, die sich auf den Testdurchschnittswert der Klasse beziehen, können zu Fehleinschätzungen führen, vor allem bei niedrigen Durchschnittsleistungen (Big-Fish-Little-Pond-Effekt).

Schon allein diese skizzierten Erkenntnisse führen zu der Einsicht und Empfehlung, auf die soziale Bezugsnorm im Zusammenhang der schulischen Diagnostik zu verzichten. Sie wird weder für die Beurteilungsaufgabe noch für die Unterrichtsdidaktik gebraucht noch liefert sie irgendwelche positive Hilfe bei der Implementation des schulischen Erziehungs- und Bildungsauftrags. Auch der etwaige Einwand, mit sogenannten ‚normorientierten Schulleistungstests' würden schließlich ebenfalls „individuelle Testergebnisse mit den an einer Bezugsgruppe ermittelten Ergebnisse verglichen" (Ingenkamp & Lissmann, 2005, S. 156), greift nicht, weil es hierbei um die Einordnung individueller Leistungen in eine Rangreihe geht, die als Norm über eine Eichstichprobe für eine bestimmte Fragestellung gewonnen wurde. Der Einsatz derartiger Verfahren dient hauptsächlich einem Systemmonitoring, das zudem ausschließlich sachzielorientiert angelegt ist.

Auf zwei weitere Aspekte soll im Kontext der APD noch näher eingegangen werden, weil diese sowohl die Diagnostik als auch das schulische Lernen insgesamt negativ beeinflussen können.

5.1.1 Relevanz der Gütekriterien

Die durch diagnostische Instrumente gewonnenen Daten können unterschiedlich informativ und von unterschiedlicher Qualität sein. Beides hängt miteinander zusammen. Somit stellt sich auch für die schulpraktische Diagnostik die Frage, wie man die Güte einer Datenerhebung (Messung) erkennen, beurteilen und sichern kann. Dazu benötigt man zuerst das Grundlagenwissen über den Einfluss von sogenannten ‚Gütekriterien' auf den gesamten Prozess der diagnostischen Tätigkeit in der Schule. Die theoretischen Anforderungen, die an die Lehrkräfte gestellt werden, beziehen sich nicht auf sozialwissenschaftliches Arbeiten auf dem Gebiet der klassischen Testtheorie (vgl. Ingenkamp & Lissmann, 2005, S. 51), sondern für Lehrerinnen und Lehrer ist es hinreichend, aber auch unbedingt notwendig, die Bedeutung der Gütekriterien zu kennen. Diese „bieten den Lehrkräften einen Orientierungsmaßstab an, um einerseits die eigenen Messungen danach auszurichten und deren Messqualität erhöhen zu können. Andererseits ist die Kenntnis der Anforderungen, die Gütekriterien an Messinstrumente stellen, notwendig, um beurteilen zu können, ob die verwendeten diagnostischen Methoden den Kriterien des wissenschaftlichen Arbeitens (im Sinne einer sachgemäßen Durchführung der Diagnose – Anm. E.J.) genügen" (Latzko & Hesse, 2009, S. 70).

Die drei wichtigsten Gütekriterien können und sollen an dieser Stelle nur umrisshaft und mit Blick auf bedeutsame Charakteristika für die Diagnostik beschrieben werden. Außer den zentralen Gütekriterien der Objektivität, Validität (Gültigkeit) und Reliabilität (Zuverlässigkeit) gibt es noch sogenannte Nebengütekriterien wie Ökonomie, Nützlichkeit, Testfairness. Das für die Pädagogische Diagnostik wesentliche methodische Kriterium ist u.a. das der Inhaltsgültigkeit bzw. curricularen Validität (vgl. Ingenkamp & Lissmann 2005, S. 62). Denn es ist für die Qualität einer Messung fundamental, ob mit einem Instrument tatsächlich das gemessen wird, was gewiss Gegenstand des durchgeführten Unterrichts war. Die Einhaltung dieser Forderung ist nicht nur ein Gebot der Testfairness, sondern auch sachlogisch begründet. Wie anders sollten überhaupt quantitative und qualitative Aussagen zum Erreichen von Lernzielen und der Anschlussfähigkeit des Gelernten (Vorhersagegültigkeit) gemacht werden können, wenn nicht sichergestellt werden kann, dass das Testinstrument Aufgaben, die das Lernziel inhaltlich präsentieren, erfasst.

Da beispielsweise Sacher (2009) nachdrücklich in seiner Einschätzung zugestimmt werden soll, dass „die traditionelle Schulpraxis nur einen Bruchteil der prinzipiell möglichen Formen der Leistungsüberprüfung und -beurteilung" benutzt (S. 227), und es insbesondere im Zuge der Weiterentwicklung schüleraktiver Unterrichtskulturen (vgl. Standop & Jürgens, 2010, Mandl, 2010, Jürgens, 2010, Bohl & Kucharz, 2010) notwendig wird, einen „anderen Umgang mit Schülerleistungen" zu pflegen (vgl. Winter, 2004) und demzufolge neue Wege zu einer erweiterten Pädagogischen Diagnostik zu beschreiten, stellt sich auch noch einmal die Frage nach den Gütekriterien aus einer anderen Sicht. Selbstverständlich werden die testtheoretischen Ansprüche grundsätzlich weiterhin gelten, jedoch ist zu erwägen und zu begründen, inwieweit qualitative Gütekriterien die Pädagogische Diagnostik ergänzen sollen und können. Das wichtigste methodische Kriterium, die Inhaltsvalidität, bleibt von derartigen Überlegungen übrigens völlig unberührt, weil jede Messung ihre Funktion in der schulischen Leistungsevaluation verfehlte, wenn sie sich nicht auf das inhaltliche Gegenstandsfeld des realen Unterrichts bezöge. Naheliegenderweise kaum anders verhält es sich beispielsweise vom Grundgedanken her bei der Nutzung des qualitativen Kriteriums der ‚kommunikativen Validierung' (vgl. Bohl, 2006, S. 76): „Über Sprache und Interaktion wird das Bewertungsverfahren in einem gemeinsamen Prozess kommunikativ validiert. Über die kommunikative Validierung wird in einem nie abgeschlossenen Prozess versucht, schulische Spannungsfelder zu minimieren, z.B. Schülerbeteiligung und Lehrerverantwortung, Fördern und Bewerten" (ebenda). Als weiterer Aspekt, der über die klassischen testtheoretischen Gütekriterien hinaus ein Merkmal für die Qualität sein kann, nennt beispielsweise Bohl (2006) ‚Transparenz und Beteiligung'.

Auch wenn die ‚alternativen' Gütekriterien zum Teil erheblich von den ‚testtheoretischen Gütekriterien' abweichen, sollte das nicht zu der Fehleinschätzung führen, dass testtheoretische Gütekriterien generell verzichtbar oder ersetzbar seien oder dass Tests, die einem testtheoretischen Gütekriterienprofil entsprechen, nicht mehr eingesetzt werden sollten. Im Gegenteil: Der Anspruch, testtheoretische Gütekriterien als Orientierungshilfe für die Qualität der diagnostischen Tätigkeit heranzuziehen, bleibt ungebrochen, wird aber ergänzt und ggf. ersetzt durch die Nutzung ‚alternativer' Gütekriterien.

5.1.2 Unterscheidung von Lern- und Prüfungssituation

Lernen impliziert immer auch, Fehler zu machen. Der Fehler ist nicht der Gegenspieler des Lernens, sondern sein ‚treuer' und ‚hilfreicher' Begleiter. Konstruktiv ist der Fehler beim Lernen, weil er dazu beiträgt, neue (Lern-)Wege zu finden und erfolgreich auszuprobieren, oder dabei hilft, bereits Gelerntes aus unbekannter Perspektive zu betrachten und neu zu bewerten. ‚Fehlerfreundlichkeit' im Sinne der ‚Fehlerermutigungsdidaktik' (vgl. Oser & Spychiger, 2006) ist Ausdruck sinnvollen Lernen, des Lernens durch Fehlerbearbeitung mit dem Ziel künftiger Fehlervermeidung.

Schülerinnen und Schüler müssen allerdings sicher sein können, das ihr gesamtes schulisches Lernen im ‚geschützten' Raum stattfindet, d.h. sie vollkommen darauf vertrauen können, dass Fehler, die in Phasen der Aneignung und Festigung schulischen Wissens auftreten, nicht für eine Diagnostik zur Erteilung

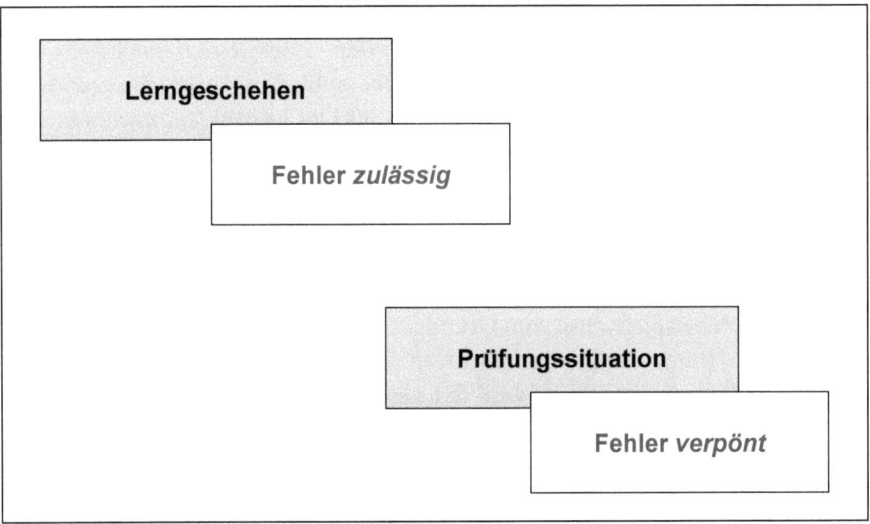

Abbildung 5:
Lerngeschehen vs. Prüfungssituation

von Qualifikationen, die zu Zugangsberechtigungen führen, wie beispielsweise Versetzungen, Übergangsentscheidungen oder Schulabschlüsse, verwendet werden dürfen. Evaluationen des Wissens, die nicht der Förderfunktion unterliegen, sondern zertifikatsrelevant sind, bedürfen deshalb der expliziten Kennzeichnung als ,Prüfungssituation' (vgl. Abbildung 5).

Wird hingegen nicht strikt und für alle transparent zwischen Lern- und Prüfungssituationen getrennt, dann führt das zu gravierenden Konsequenzen für den gesamten Unterricht und das Verhalten der Schülerinnen und Schüler. Nicht mehr ,Lernen gleich Fehler machen' ist eine der Grundfiguren des Unterrichts, sondern Fehler vermeiden, mitunter um jeden Preis. Risiken, durch Fehler aufzufallen und sich damit ggf. schlechte Zensuren einzuhandeln, werden vermieden. Die Handlungsmaxime optimal angepassten Schülerverhaltens lautet unter diesen repressiven Unterrichtsbedingungen: Sei klug und versuche, so wenig Fehler wie möglich öffentlich werden zu lassen.

6. Von der Diagnosekompetenz zur diagnostischen Expertise

Das Wissen und Können, Verfahren und Instrumente schulischer Diagnostik gleichermaßen qualifiziert wie verantwortungsvoll einzusetzen, werden gemeinhin als Diagnosekompetenz bezeichnet. Nach Schrader (2001) handelt es sich um „die Fähigkeit eines Urteilers, Personen zutreffend zu beurteilen. Sie ist damit Grundlage für die Genauigkeit diagnostischer Urteile oder Diagnosen"

(S. 91). Doch hat Helmke (2005, S. 84) den Versuch unternommen, diesen Begriff differenzierter zu (er-)klären und von dem Begriff der diagnostischen Expertise zu unterscheiden. Im Folgenden werden die wichtigsten Divergenzen in aller Kürze referiert, weil die Weiterentwicklung der diagnostischen Kompetenz zur diagnostischen Expertise eine zentrale Stellung innerhalb der Förderdiagnostik und der Entwicklung adaptiver Lehr-/Lernarrangements einnimmt.

Nach Helmke (2005) bezieht sich diagnostische Kompetenz im Sinne von neutraler Informiertheit vor allem auf die Urteilsgenauigkeit, während hingegen die diagnostische Expertise ein umfassendes Konzept zur Bewältigung der Beurteilungsaufgabe sowohl methodisches, prozedurales sowie konzeptionelles Wissen beinhaltet (vgl. S. 85), als auch insbesondere geprägt sein sollte von der sogenannten (positiven) ‚pädagogischen Voreingenommenheit‘.

Das Konzept der diagnostischen Expertise verweist auf explizit ausgewiesene, optimistische pädagogische Überzeugungen und die Notwendigkeit ausgedehnter individuell verfügbarer Wissensbestände, wie z.B. über

– Urteilstendenzen, -verzerrungen und -fehler,
– verfügbare Methoden und Verfahren zur Erfassung, Beurteilung und Bewertung von Lernleistungen und
– verfügbare Methoden und Verfahren zur Selbsteinschätzung.

Außerdem sollte das diagnostische Wissen konzeptionell mit dem fachdidaktischen und erziehungswissenschaftlich-pädagogischen Wissen systematisch verbunden sein (vgl. van Buer & Zlatkin-Troitschanskaia, 2007, S. 390).

Die der diagnostischen Kompetenz unterstellte ‚neutrale Informiertheit‘, die Helmke (2005) unmittelbar aus einem dominierenden testdiagnostischem Verständnis ableitet, das sich im Gegensatz zur Förderdiagnostik entscheidend darin zeigt, erbrachte Schülerleistungen streng ‚objektiv‘, ‚gültig‘ und ‚zuverlässig‘ zu messen und zu beurteilen, um Leistungsergebnisse so genau wie möglich miteinander vergleichen und in einen inner- oder außerschulischen Leistungsrahmen einordnen zu können, muss allerdings nicht zwangsläufig auftreten. Aufrechtzuhalten wäre diese Position nämlich nur, wenn zum einen zwischen Testdiagnostik und Förderdiagnostik deshalb unterschieden werden sollte, weil es sich um zwei methodisch gegensätzliche Konzepte handelte. Und wenn zum anderen schulische Testdiagnostik pädagogisches Handeln zum Wohle des Lernenden erschwerte und gar ausschlösse (vgl. Hesse & Latzko, 2009).

Beide Annahmen können aber verworfen werden, weil erstens diagnostische Kompetenz stets weiter gefasst wird und beispielsweise sowohl Lernprozess- als auch Lernproduktdiagnostik beinhaltet wie auch das Handlungswissen, Bewertungsmodelle und Bewertungsmaßstäbe fach- und situationsgerecht anzuwenden und Leistungsüberprüfungen als konstruktive Rückmeldungen über die eigene Unterrichtstätigkeit zu nutzen (vgl. Sekretariat der Ständigen Konferenz

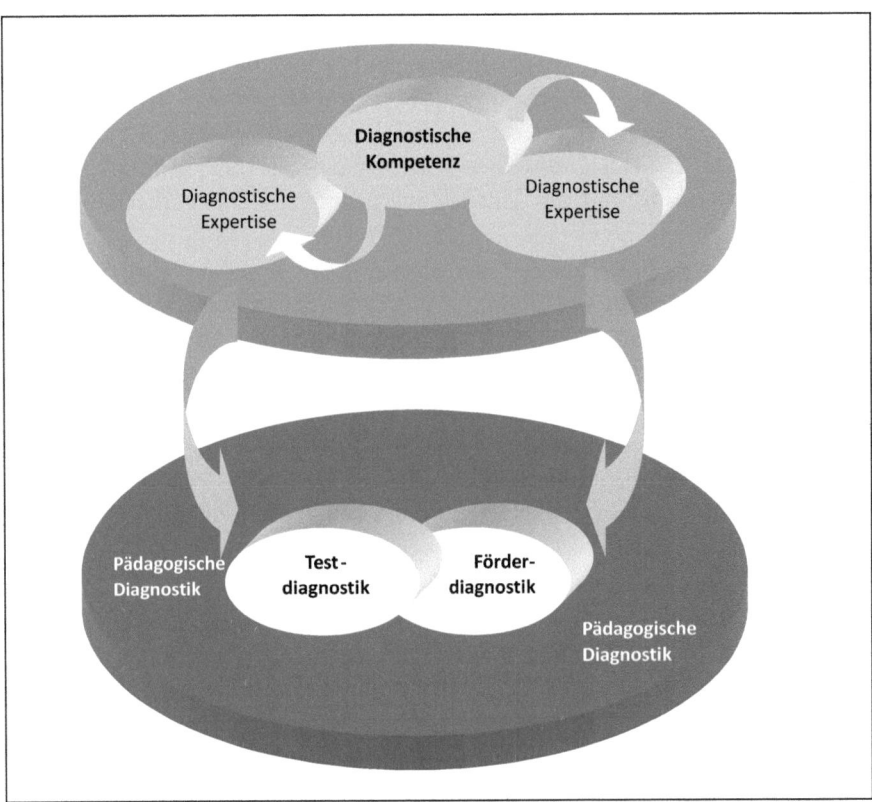

Abbildung 6:
Kohärenz von Pädagogischer Diagnostik und diagnostischer Expertise

der Kultusminister der Länder in der Bundesrepublik Deutschland, 2004). Zweitens Testdiagnostik und Förderdiagnostik durchaus in Verbindung miteinander stehen und beide im Grunde sowohl der schulischen Förder- als auch Qualifizierungs- und Bildungsfunktion verpflichtet sind.

Trotz allem ist die diagnostische Kompetenz nicht hinreichend zur vollständigen Wahrnehmung der schulischen Beurteilungsaufgabe und deshalb weiter zu entwickeln zur diagnostischen Expertise, die sich auf das gesamte Feld der Pädagogischen Diagnostik bezieht (vgl. Abbildung 6).

Mit dieser Zugangsweise erweitert sich die Perspektive der ‚Pädagogischen Voreingenommenheit', die gleichermaßen für die diagnostische Kompetenz wie diagnostische Expertise gilt und auf die Pädagogische Diagnostik insgesamt gerichtet ist.

Pädagogische Voreingenommenheit als eine innere Haltung der Lehrkraft setzt auf die Entwicklungsfähigkeit und den Entwicklungswillen des lernenden Individuums, und diese pädagogische Überzeugung, die sich übrigens als eine zentrale Aussage gleichfalls im optimistischen Menschenbild von Lehrerinnen und Lehrern bei Fend (1998) findet, motiviert die Lehrkräfte dazu, individualisierte Unterrichtsarrangements als dichte Vernetzung von Lehrplanangebot, individueller Forderung und Förderung zu realisieren, und zwar unter besonderer Berücksichtigung der individuellen Bezugsnorm (vgl. hierzu Rheinberg, 1998) und einer engen, regelmäßigen Lernkontrolle (vgl. Helmke, 2005, S. 89). Zusammenfassend lässt sich konstatieren, dass die Diagnostik eine mit der schulischen Förderung verbundene Erkenntnis- und Handlungstätigkeit ist. Von daher liegt es nahe, diesen Zusammenhang zwischen Diagnose und Förderung mit dem Begriff der *Förderdiagnose* bzw. *Förderdiagnostik* zu versehen (vgl. Schuck, 2008, S. 106). Ursprünglich als Gegenbegriff zur sozial benachteiligenden Selektionsdiagnostik entstanden, hat diese Begriffsverwendung immer wieder zu Kontroversen geführt, vor allem im sonderpädagogischen Diskurs in den 80er Jahren (vgl. u.a. Schlee, 1985).

Richtig ist sicherlich, wie bisher herausgearbeitet werden konnte, dass die Pädagogische Diagnostik nicht zuletzt aufgrund des genuinen Auftrags von Schule, selbst wenn dem Schulsystem selektive Aufgaben überantwortet worden sind, stets und primär Förderdiagnostik ist. Von daher kann mit Schuck (2008) tatsächlich Förderdiagnostik als eine Pädagogische Diagnostik verstanden werden, die „auf erziehungswissenschaftlichen, bildungstheoretischen und entwicklungspsychologischen Konzepten beruht und sich erkenntnistheoretischer, methodischer und testtheoretischer Grundlagen der empirischen Sozialforschung bedient" (S. 106). Allerdings nicht aus sich heraus Ziele pädagogischen Handelns bestimmen kann, sondern sich diese aus den Fragen, die der schulischen Diagnostik zugrunde liegen, und deren Ergebnissen ergeben.

7. Fazit

Sicherlich wird man nicht behaupten können, dass die Diagnosefunktion im Zusammenhang mit der schulischen Beurteilungsaufgabe bisher keine oder durchgängig eine untergeordnete Rolle gespielt hätte. Von einer generellen ‚Fehlanzeige' der Diagnosefunktion kann also nicht gesprochen werden. Wohl aber kann mit Fug und Recht festgehalten werden, dass die Diagnosefunktion vor allem pädagogisch und didaktisch nicht so genutzt wird, wie es sowohl die Vorgaben des schulischen Erziehungs- und Bildungsauftrags begründeten als auch der wissenschaftliche Erkenntnisstand ermöglichte. Wenn beispielsweise Fachlehrerinnen und -lehrer bei einem Großteil der Schülerinnen und Schüler eine vorliegende Leseschwäche nicht erkannten „und damit auch deren Folgen massiv unterschätzten", wirft das – unbestreitbar, wie Hesse & Latzko (2009) gleichermaßen nüchtern wie schonungslos feststellen – „ernsthafte Fragen zur

Professionalität dieser Lehrerurteile auf" (S. 14; vgl. Deutsches PISA-Konsortium 2001, Artelt et al., 2001). Insgesamt dürfte die diagnostische Kompetenz bei Lehrerinnen und Lehrern im deutschen Schulsystem unterentwickelt und damit defizitär sein. Ein Sachverhalt, der allenfalls durch die PISA-Kompetenzstudie (2001) noch einmal ins Bewusstsein der Fachwelt gerückt wurde, aber durch eine Fülle von empirischen Untersuchungen längst nachdrücklich belegt werden konnte. Internationalen Vergleichsstudien wie PISA ist es aber sicherlich zu verdanken, dass sowohl die Situation der Lehrerausbildung als auch das praktische Lehrerhandeln unter der Fragestellung der Professionalisierung nachdrücklicher als in den vielen Jahren zuvor ins Zentrum von Bildungspolitik, Wissenschaft und fachlicher wie gesellschaftlicher Öffentlichkeit gerückt wurde. In heutiger Zeit wird stark daran gearbeitet, neue Rahmenbedingungen für die Verbesserung der Berufstätigkeit von Lehrerinnen und Lehrern zu schaffen. Hauptstoßrichtung ist dabei die Verantwortung der Lehrkräfte für die eigene Professionalisierung zu stärken. Dazu zählt u.a., die Implementation wissenschaftlicher Erkenntnisse in die Schulpraxis als permanente Aufgabe professioneller Lehrertätigkeit zu begreifen und die Akzeptanz der Pflicht, das bestmöglich zu tun. Professionalität in diesem Sinne schließt kritische Reflexion auch gegenüber eigenen Vorurteilen und Subjektivismen ein. Das setzt aber voraus, dass das wissenschaftliche Gegenstandsfeld wirklich im Umfang und auf dem Niveau gekannt wird, wie es die Standards für die Lehrerbildung ‚Bildungswissenschaften' vorsehen. Dann allerdings wird sehr rasch deutlich werden, dass es kein wissenschaftliches Erkenntnisdefizit, sondern ein Handlungs- und Professionalitätsdefizit gibt, um die Diagnosefunktion schulischer Leistungsmessung und -beurteilung verantwortungsbewusst und sachgerecht auf hohem Niveau anzuwenden.

Literatur

Artelt, C. et al. (2001). Lesekompetenz. Testkonzeption und Ergebnisse. In Deutsches PISA-Konsortium (Hrsg.), *PISA 2000. Basiskompetenzen von Schülerinnen und Schülern im internationalen Vergleich*. Opladen: Leske und Budrich.

Bohl, T. (2006). *Prüfen und Bewerten im Offenen Unterricht*. Sonderausgabe. Weinheim und Basel: Beltz.

Bohl, T. & Kucharz, D. (2010). *Offener Unterricht heute. Konzeptionelle und didaktische Weiterentwicklung*. Weinheim und Basel: Beltz.

„Bremer Erklärung". Gemeinsame Erklärung des Präsidenten der Kultusministerkonferenz und des Vorsitzenden der Bildungs- und Lehrergewerkschaften sowie ihrer Spitzenorganisation. Bremen, 05.10.2000.

van Buer, J. & Zlatkin-Troitschanskaia, O. (2007). Diagnostische Lehrerexpertise und adaptive Steuerung unterrichtlicher Entwicklungsangebote. In van Buer, J. & Wagner, C. (Hrsg.), *Qualität von Schule* (S. 381–400). Frankfurt/M.: Peter Lang.

Deutsches PISA-Konsortium (Hrsg.). (2001). *PISA 2000. Basiskompetenzen von Schülerinnen und Schülern im internationalen Vergleich.* Opladen: Leske und Budrich.

Fend, H. (1998). *Qualität im Bildungswesen.* Weinheim und München: Juventa.

Helmke, A. (2005). *Unterrichtsqualität erfassen, bewerten, verbessern.* 4. Aufl. Seelze: Kallmeyer Verlag.

Hesse, I. & Latzko, B. (2009). *Diagnostik für Lehrkräfte.* Opladen und Farmington Hills: Verlag Barbara Budrich.

Holodynski, M. & Oerter, R. (2008). Tätigkeitsregulation und Entwicklung von Motivation, Emotion, Volition. In Oerter, R. & Montada, L. (Hrsg.), *Entwicklungspsychologie* (S. 535–541). 6. Aufl. Weinheim und Basel: Beltz PVU.

Ingenkamp, K.-H. & Lissmann, U. (2005). *Lehrbuch der Pädagogischen Diagnostik.* 5. Aufl. Weinheim und Basel: Beltz.

Jürgens, E. (2006). *Lebendiges Lernen in der Grundschule. Ideen und Praxis für einen schüleraktiven Unterricht.* Weinheim und Basel: Beltz.

Jürgens, E. (2009). *Die ‚neue' Reformpädagogik und die Bewegung Offener Unterricht. Theorie, Praxis und Forschungslage.* 7. Aufl. St. Augustin: Academia.

Jürgens, E. (2010). Was ist guter Unterricht aus der Perspektive ‚der' Reformpädagogik? Vom Aktivitätsparadigma zum ‚Schüleraktiven Unterricht'. In Jürgens, E. & Standop, J. (Hrsg.), *Was ist ‚guter' Unterricht? Namhafte Expertinnen und Experten geben Antwort.* Bad Heilbrunn: Klinkhardt.

Jürgens, E. (2010a). *Leistung und Beurteilung in der Schule. Eine Einführung in Leistungs- und Bewertungsfragen aus pädagogischer Sicht.* 7. Aufl. St. Augustin: Academia.

Jürgens, E. & Diekmann, M. (2007). *Wirksamkeit und Nachhaltigkeit von Nachhilfeunterricht.* Frankfurt/M. et al: Peter Lang.

Jürgens, E. & Sacher, W. (2008). *Leistungserziehung und Pädagogische Diagnostik in der Schule.* Stuttgart: Kohlhammer.

Lefrançois, G. (2006). *Psychologie des Lernens.* 4. Aufl. Heidelberg: Springer.

Lindenberger, U. & Schäfer, S. (2008). Erwachsenenalter und Alter. In Oerter, R. & Montada, L. (Hrsg.), *Entwicklungspsychologie* (S. 366–409). 6. Aufl. Weinheim und Basel: Beltz.

Mandl, H. (2010): Lernumgebungen problemorientiert gestalten – Zur Entwicklung einer neuen Lernkultur. In Jürgens, E. & Standop, J. (Hrsg.), *Was ist ‚guter' Unterricht? Namhafte Expertinnen und Experten geben Antwort.* Bad Heilbrunn: Klinkhardt.

Meyer, H. (2004). *Was ist guter Unterricht?* Berlin: Scriptor Cornelsen.

Oser, F. & Spychiger, M. (2006). *Lernen ist schmerzhaft. Zur Theorie des Negativen Wissens und zur Praxis der Fehlerkultur.* Weinheim und Basel: Beltz.

Rheinberg, F. (1998). Bezugsnormorientierung. In Rost, D.H. (Hrsg.), *Handwörterbuch Pädagogische Psychologie* (S. 39–43). Weinheim und Basel: Beltz PVU.

Sacher, W. (2009). *Leistungen entwickeln, überprüfen und beurteilen. Bewährte und neue Wege für die Primar- und Sekundarstufe.* 5. Aufl. Bad Heilbrunn: Klinkhardt.

Schlee, J. (1985). Helfen verworrene Konzepte dem Denken und Handeln in der Sonderpädagogik? Eine Auseinandersetzung mit der „Förderdiagnostik". *Zeitschrift für Heilpädagogik, 36* (12), 860–891.

Schrader, F.-W. (2001). Diagnostische Kompetenz von Eltern und Lehrern. In Rost, D.H. (Hrsg.), *Handwörterbuch Pädagogische Psychologie* (S. 68–71). Weinheim und Basel: Beltz.

Schreiner, G. (1970). Sinn und Unsinn schulischer Leistungsbeurteilung. *Die Deutsche Schule, 62* (2), 226–241.

Schuck, K.D. (2008). Konzeptionelle Grundlagen der Förderdiagnostik. In Arnold, K.-H., Jaumann-Graumann, O. & Rahkochkine, A. (Hrsg.). *Handbuch Förderung* (S. 106–115). Weinheim und Basel: Beltz.

Sekretariat der Ständigen Konferenz der Kultusminister der Länder in der Bundesrepublik Deutschland. *Standards für die Lehrerbildung: Bildungswissenschaften.* Beschluss vom 16.12.2004.

Standop, J. & Jürgens, E. (Hrsg.). (2010). *Was ist ‚guter' Unterricht? Namhafte Expertinnen und Experten geben Antwort.* Bad Heilbrunn: Klinkhardt.

Weinert, F.E. (2001). Schulleistungen – Leistungen der Schule oder der Schüler? In Weinert, F.E. (Hrsg.). *Leistungsmessungen in Schulen* (S. 73–86). Weinheim und Basel: Beltz.

Winter, F. (2004). *Leistungsbewertung. Eine neue Lernkultur braucht einen anderen Umgang mit Schülerleistungen.* Hohengehren: Schneider-Verlag.

Zielienski, W. (1995). *Lernschwierigkeiten.* 2. Aufl. Stuttgart: Kohlhammer.

Hansjörg Scheerer

Das Lehrerurteil bei Diagnose und Allokation – seine Qualität im Vergleich zu Tests und weiteren Kriterien

1. Statt einer Einleitung

Als Prüfer im Staatlichen Prüfungsamt für Erste Staatsprüfungen für Lehrer gehörten Prüfungen über Leistungsmessung und Leistungsbeurteilung zu meinen normalen Aufgaben. Die Kandidatinnen oder Kandidaten schickten dazu in der Regel ein Thesenpapier oder eine Literaturliste zu, die dem Prüfungsgespräch zugrunde gelegt wurde.

Etwas überraschend erhielt ich einmal folgende E-Mail:

> Subject: *Examen: Leistungsbewertung*
> Date: *Tue, 18 Jul 2000 12:40:53 +0200 (MEST)*
> From: *Thomas B*
>
> *Sehr geehrter Herr Scheerer,*
> *ich werde bald in das Examen gehen und möchte mich in EW evtl. im Bereich Leistungsbewertung (Sek. II) prüfen lassen.*
>
> *Einige Fragen zur Leistungsbewertung:*
> *Nun habe ich ein wenig Literatur angelesen (Ingenkamp, Eiko Jürgens, Sacher) und bin recht erstaunt. Tenor scheint mir zu sein, dass die meisten Prüfungen Gütekriterien nicht erfüllen (Objektivität, Reliabilität, Validität: Habe ich im Ingenkamp nicht so ganz verstanden, da dort fast nur Zitate zu lesen sind; hat der wohl selber nicht so ganz verstanden?! Können Sie das vielleicht anhand einiger Beispiele mal erklären?) und somit unsinnig erscheinen.*
> *Ich halte das Examen, so wie es aufgebaut ist, für reine Zeitverschwendung.*
>
> *Begründung:*
> *– 1 Jahr Arbeit (das ginge genauso gut studienbegleitend wie z.B. bei BWL an der FernUni Hagen)*
> *– 34 Monate für eine Hausarbeit die kaum zählt; warum noch eine Hausarbeit nach xHausarbeiten im Studium; warum die geringe Wertigkeit?*
> *– Ich habe von bisher geprüften schon viele Stories und Eigenerlebnisse gehört: Einige wussten schon exakt die Aufgabenstellung der Klausuren*

oder auch überhaupt nichts; einer wurde sogar vom Prof jemand vermittelt, der die Arbeit schreibt, da die Kandidatin mit der Statistik
nicht klar kam und rumgeheult hat!!! In Dortmund soll's ordent-
lich „TittenBonus" (sorry, OTon einer Geprüften) geben: die hatte vom
Thema NULL Ahnung, ein tief ausgeschnittenes TShirt und am Ende
'ne 1,7!!! USW. kurzum: eine völlige Wettbewerbsverzerrung!!!!!

— Ich muss jeden Tag etliche Stunden arbeiten - auch im Examen! Bei be-
  grenztem Stoff ist das zu bewältigen. Da der Umfang im Examen aber
  völlig unsinnig hoch ist (19 Themen sind zu lernen) und nur sehr wenig
  Zeit besteht, habe ich auch hier einen erheblichen Nachteil gegenüber
  Absolventen mit „reichen" Eltern.

— Mündliche Prüfungen werden besonders stark gewichtet. Dies, obwohl die Literatur sagt, dass gerade mündliche Noten besonders unsinnig erscheinen: (hübsche) Mädchen, möglichst schnell und freundlich
  klingend, werden bevorzugt (ich bin ein langsam sprechender Mann);
  Schauspielerei (Blenderei) hilft, Reihenfolge spielt eine Rolle usw.

Insgesamt scheint mir die Situation unerträglich (auch, wenn ich durch
muss), zumal die Lehrer ja nur noch nach Noten eingestellt werden.

Altes Obrigkeitsdenken gepaart mit einer erheblichen Portion Arroganz,
Ignorismus und Pragmatismus??? Mir fehlen die Gründe für diesen
Schwachsinn! Manche maßen sich doch wirklich an, einen Menschen
nach Tauglichkeit im Rahmen einer Prüfung beurteilen zu können! Ich
z.B. bin ein unheimlich schlechter Schauspieler und hatte bisher immer
„Prüfungspech". Seit Jahren allerdings lehre ich schon sehr erfolgreich, da
ich mich in solchen Situationen ganz anders verhalte als in einer Prüfung!
Trotzdem der Dumme??

— Was halten Sie eigentlich vom Examen??? Sinn??????

— Wie benoten Sie eigentlich Menschen?? Welchen Notendurchschnitt haben die Kandidaten bei Ihnen?

— Wie bekommt man bei Ihnen eine gute Note?

— Wie glauben Sie jemanden „fair" beurteilen zu können?

— Was würden Sie in folgender Situation denken? Schlechte Note von
  Ihnen bekommen, aber jahrelang erfolgreich in der Lehre tätig?

— Was soll ich in einer Klausur eigentlich schreiben??? Normalerweise
  müsste ich ja schreiben, dass ich hier gerade an einer unsinnigen und
  wenig aussagenden Prüfung teilnehme und Sie als Prüfer mich sowieso nicht „gerecht" beurteilen können. Gleiches müsste ich in mündlichen
  Prüfungen von mir geben. Was bekäme ich denn da für eine Note??
  Dies unterstreicht irgendwie die Unsinnigkeit des Ganzen?!

— Der Hammer der Unsinnigkeit ist die mündliche Prüfung in Sek I: 7,5
  Minuten!!!!! Eine falsche Frage und … Sinn???

Augen zu und durch??? Immer nur den Mund halten?? Das bremst doch die Gesellschaft!!

— *Ich habe schon fast 30jährige bei Dozenten heulen sehen, Angst den Mund aufzumachen und voller Wut! Kann es das sein?? Für mich hat dieser Staatsapparat schon fast pathologische Zustände: Fast jede Steuerüberprüfung ist falsch, weil die Finanzbeamten die neuen Verordnungen selber nicht kenn usw.*

Schon jetzt herzlichen Dank für Ihre Antwort

Mit freundlichen Grüßen
Thomas B

Diese Mail zeigt sehr deutlich, dass die Befunde von Weiß (1965) und Ingenkamp (1971) zur „Fragwürdigkeit der Zensurengebung" weithin bekannt sind und in ihrer Bedeutung ernst genommen werden: Wir müssten also annehmen, dass in den gerade 40 Jahren seit dem ersten Erscheinen dieses Buchs, das 1995 seine 9. Auflage erlebte und eine ganze Reihe ähnlicher Veröffentlichungen nach sich zog, das Problem der Qualität von Leistungsbeurteilung in der Lehreraus- und Weiterbildung wie auch in der Schulpraxis erkannt und verbessert worden wäre.

Betrachten wir die von Ingenkamp und anderen aufgezeigten Schwächen nicht nur der Benotung, sondern der diagnostischen Verfahren insgesamt an Hand der test-theoretischen Kriterien: Objektivität – Reliabilität – Validität, die in einer hierarchischen Ordnung zueinander stehen, so ist das Problem der *Objektivität* offenkundig in der Schule das schwierigste.

In einer Klasse, in einem Fach ist jeweils nur ein Lehrer, eine Lehrerin, die beobachtet und beurteilt. Dass hierbei Fehler auftreten, ist unvermeidlich. Eine Note oder andere Beurteilung beruht zwar auf mehreren Beobachtungen in unterschiedlichen Situationen (z.B. Klassenarbeiten), damit lassen sich aber nur zufällige Fehler ausschließen oder kontrollieren. Systematischen Beobachtungsfehlern ist damit aber nicht beizukommen.

Auch durch einen zweiten Beobachter (Lehrer) wäre eine Verbesserung zu erzielen – ein Verfahren, das mit der Einführung eines (externen) Zweitkorrektors angestrebt wird, auch wenn es in der jetzigen Form noch einige Schwächen aufweist. Hier sind aber der noch immer geringe Austausch unter Lehrkräften und die allzu seltene gegenseitige Unterrichtshospitation ein großes Hindernis.

Die Erarbeitung von Auswertungshilfen („Erwartungshorizont"), wie sie inzwischen in der gymnasialen Oberstufe für die meisten schriftlichen Klassenarbeiten üblich sind, scheinen ein Weg zu sein, die Auswertungsobjektivität zu erhöhen.

Die *Zuverlässigkeit (Reliabilität)* hat wohl die meiste Aufmerksamkeit erfahren, gibt es doch für sie verschiedene Maßzahlen, die relativ einfach zu berechnen sind. Interne Konsistenz, Retest-Reliabilität und Stabilität über Zeit sind Begriffe, denen die meisten angehenden Lehrer irgendwann begegnet sind, ohne sie allerdings selbst anzuwenden. Einiges ist aber im Bewusstsein geblieben: Dass es vorteilhaft ist, wenn eine Leistungsüberprüfung aus mehreren Teilaufgaben besteht, dass Korrekturfehler verringert werden, wenn man die Teilaufgaben einzeln über alle Schüler korrigiert. Und natürlich sind alle Lehrerinnen und Lehrer seit Weiss (1965) und Bernstein (1958) dafür sensibilisiert, dass soziale Benachteiligung auch zu Bildungsbenachteiligung führen kann und führt.

Dass das Wissen um die möglichen Fehler bei der Leistungsbeurteilung jedoch nicht ausreicht, diese Fehler auch zu vermeiden, wurde spätestens nach der PISA-Studie 2000 deutlich, als mit dem Einsatz von Tests ein Außenkriterium gegeben war, um die Beurteilung durch Noten zu validieren. Wir kommen damit zur Frage nach der *Validität*.

Bereits vorher hatte eine Gesamterhebung in Rheinland-Pfalz die starke Orientierung der Noten am Klassendurchschnitt aufgezeigt. In der MARKUS-Studie *(Mathematik-Gesamterhebung Rheinland-Pfalz: Kompetenzen, Unterrichtsmerkmale, Schulkontext)* (Helmke & Jäger, 2001) wurden im Mai 2001 das Abschneiden in einem TIMSS-orientierten Mathematik-Test und die Mathematik-Note im letzten Zeugnis über alle 8. Klassen in Rheinland-Pfalz erhoben (vgl. Abb. 1). Alle gleichen Noten einer Klasse wurden auf die Durchschnittsleistung dieser Schüler im Test bezogen. Wir können erkennen, dass die im Test besseren Schüler in der Regel auch bessere Noten erhielten, dass aber gleichzeitig die mit 2 benoteten Schüler in den schwachen Klassen noch nicht einmal eine 4 in einer der besseren Klassen erreicht hätten.

Bei dieser Abbildung ist allerdings zu berücksichtigen, dass sich diese 8. Klassen in unterschiedlichen Schulformen (Hauptschulen, Realschulen, Gymnasien – ohne Sonderschulen) befanden und die großen Überscheidungen z.T. daraus resultieren.

Die IGLU-Studie beruht auf einer großen Stichprobe von vierten Klassen der Grundschule und zeigt eine recht stabile Unterscheidung der Notengruppen an Hand von Testwerten in Lesekompetenz. (s. Abb. 2) Allerdings ist dabei zu beachten, dass die Analyse hier auf der Ebene von Ländern und nicht einzelnen Klassen erfolgt und dadurch die beträchtliche Varianz innerhalb der Länder (zwischen Schulen und Klassen) überdeckt wird. So weisen etwa 95% aller SuS in Deutschland, die in Lesen mit Sehr Gut (1) benotet wurden, einen Testwert zwischen 525 und 701 Punkten auf, während SuS mit höchstens Ausreichend (4 und schlechter) immerhin noch zwischen 387 und 599 Punkte erreichen. Das bedeutet, dass Lesekompetenz allein nicht ausreicht, Notenunterschiede zu erklären (vgl. Abb. 3).

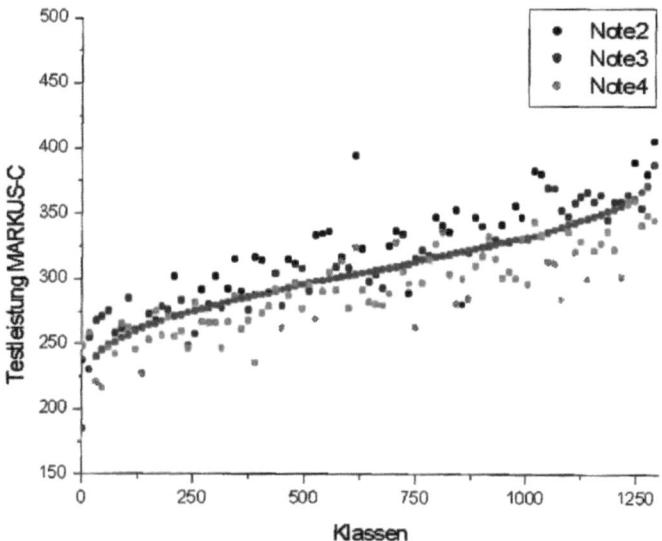

Abbildung 1:
Zusammenhang von Noten in Mathematik und durchschnittlicher Testleistung von
8. Klassen in Rheinland-Pfalz Quelle: Jäger (2007), S. 225.

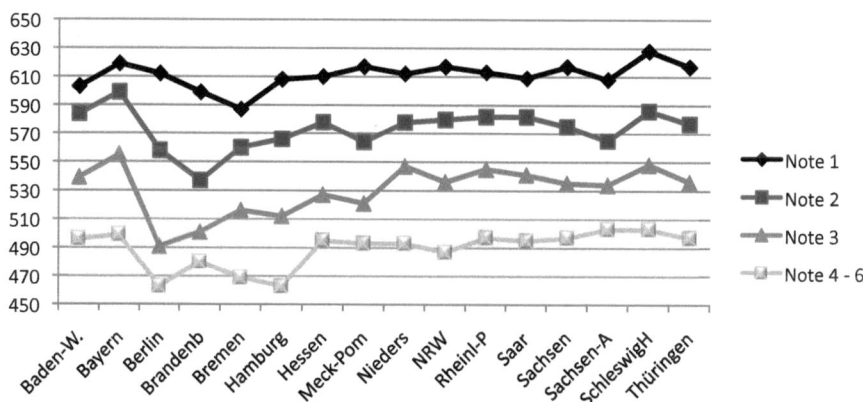

Abbildung 2:
Mittlere Lesekompetenz nach Deutschnote (IGLU 2006).

Es bedeutet aber gleichzeitig, dass Lehrer durchaus Kompetenzunterschiede
zwischen ihren Schülern erkennen und unterschiedlich bewerten, ihre diagnostischen Fähigkeiten, zumindest was Leistungsdiagnose betrifft, sehr wohl
ausgeprägt sind. Was allerdings nicht gegeben ist, ist eine Objektivität der
Noten, die erlauben würde, Noten aus verschiedenen Klassen, verschiedenen
Bezugsgruppen, direkt zu vergleichen.

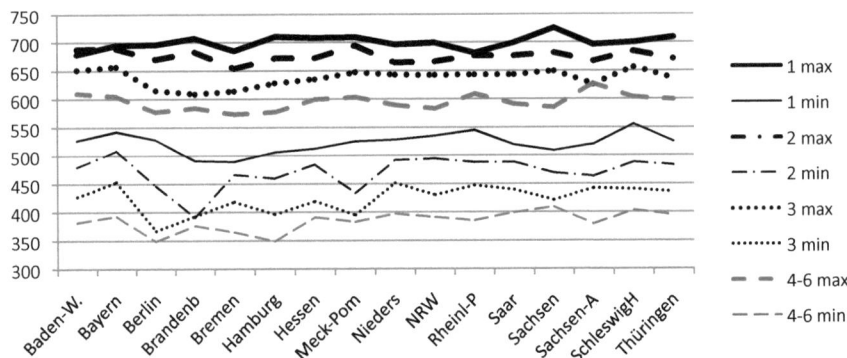

Abbildung 3:
Testwertgrenzen für 95% der Schüler einer bestimmten Notenstufe in Lesen

Spinath (2005) kommt in ihrer Untersuchung zur Akkuratheit der Ein-schätzung von lern- und leistungsrelevanten Schülermerkmalen zu dem Urteil, dass Lehrkräfte kaum eine Fähigkeit zu zutreffenden Beurteilungen der Schülermerkmale haben und möchte daher auf den Begriff der diagnostischen Kompetenz bei Lehrern generell verzichten.

Insofern ist unsere Ausgangsfrage differenziert zu beantworten: Zumindest in Bezug auf die Leistungsbeurteilung verfügen Lehrer durchaus über eine ausreichende diagnostische Kompetenz, da ihnen dazu ein umfangreiches Instrumentarium zur Verfügung steht: Beobachtung im und außerhalb des Unterrichts, Beteiligung am Unterrichtsgespräch, Ergebnisse von schriftlichen Aufgaben oder Klassenarbeiten – sie alle tragen zu dem Urteil bei, das dann als Note oder als verbale Beurteilung den Schülerinnen und Schülern und ihren Eltern mitgeteilt wird.

Allerdings ist die Note – mit Einschränkung auch eine verbale Beurteilung – nur interpretierbar auf dem Hintergrund der jeweiligen Bezugsgruppe, ins-besondere der Klasse und Schule. Ein Vergleich über diese Bezugsgruppen hin-weg ist allein auf der Basis der Note kaum möglich (vgl. Abb. 1). Diese Aussage gilt sowohl für die 4. Klasse der Grundschule, für die 8. Klasse der verschiede-nen Schulformen, als auch für die 9. Klasse an Gymnasien (vgl. Abb. 4) wie für Abiturnoten (vgl. Tab. 1).

Das ist eine gravierende Beeinträchtigung der Bildungsgerechtigkeit, insbe-sondere wenn es um die Verteilung von wenigen Plätzen auf eine räumlich gro-ße Population geht (etwa bei Studienplätzen, bei denen es auf zehntel Noten an-kommt). Hier können nur zentral gestellte Aufgaben oder nationale Tests Abhilfe schaffen, um der mangelnden Reliabilität und Bezugsgruppenabhängigkeit zu begegnen. Weniger trifft dies auf kleinräumige Verfahren zu, etwa bei der Über-gangsempfehlung am Ende der Grundschule.

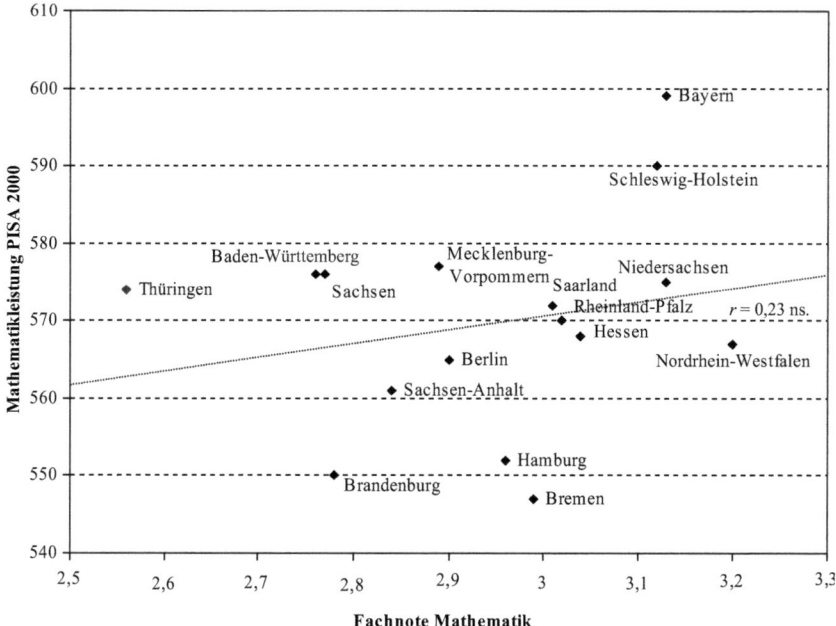

Abbildung 4:
Mittlere Fachnote in Mathematik von Neuntklässlern am Gymnasium
(PISA-E 2000) nach Bundesland. (Quelle: Neumann et al., 2009, S. 695)

Tabelle 1:
Abiturgesamtnote, Fachnote Schulhalbjahr 13/1 (in Punkten) und Fachleistung
Mathematik und Englisch an allgemeinbildenden Gymnasien, getrennt nach
Bundesland (Mittelwerte, Standardabweichungen und Effektstärken)
(Quelle: Neumann et al., 2009, S. 706).

	Abitur-gesamt-note	Fachnote Mathematik (in Punkten)	Testleistung Mathematik	Fachnote Englisch[1] (in Punkten)	Testleistung Englisch
Baden-Württemberg	2.38 (0.67)	8.18 (3.64)	501.90 (79.45)	8.99 (2.88)	525.74 (50,71)
Hamburg	2,52 (0,64)	7,94 (3,28)	424,32 (75,27)	8,63 (2,86)	521,03 (56,60)
Effektstärke d	*0,211*,2*	*0,066**	*1,002**	*0,126**	*0,088*

*) Mit der Effektstärke korrespondierender Mittelwertvergleich signifikant auf p<0,05-Niveau
[1] Nur für Schüler, die Englisch im GK bzw. LK belegt haben (TOSCA N=2982, LAU-13 N=2492).
[2] Effektstärke umgepolt: positive Effektstärke zugunsten kleinerer Werte auf der Abiturgesamtnote.

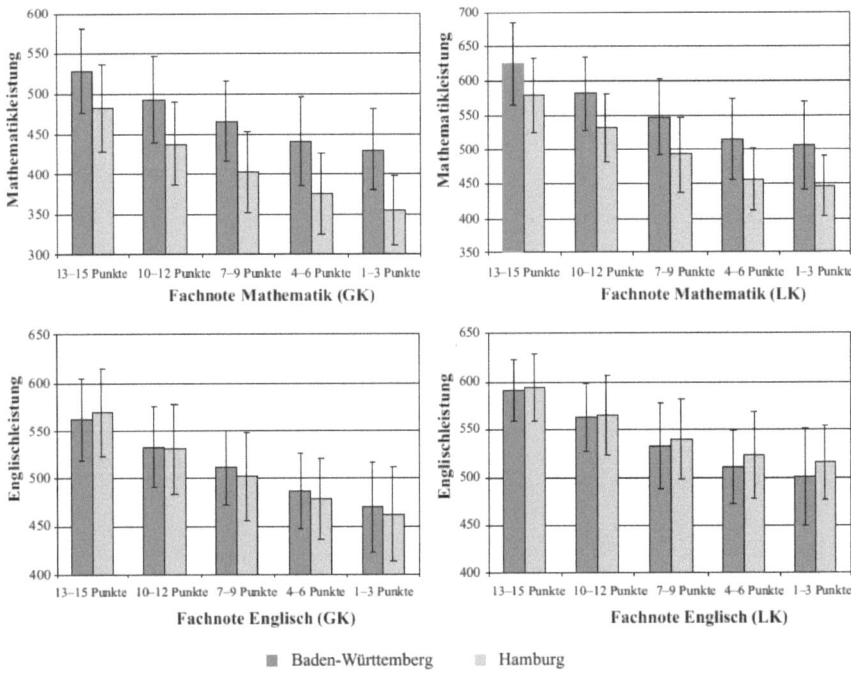

Abbildung 5:
Fachnote Schulhalbjahr 13/1 (in Punkten) und korrespondierende mittlere
Fachleistung in Mathematik und Englisch an allgemeinbildenden Gymnasien
nach Bundesland und Kursniveau (Mittelwerte ± 1 Standardabweichung)
(Quelle: Neumann et al., 2009, S. 708)

Die Übergangsempfehlung der Grundschule lässt sich weitgehend durch die
Noten vorhersagen, wobei zusätzliche Beobachtungen, etwa die soziale Stellung
der Schüler in der Klasse (Oswald & Krappmann, 2004) oder die Zugehörigkeit
der Familie zu einer sozialen Gruppe zwar die Bedeutung der Noten relativieren
können, aber gleichzeitig die Validität der Prognose zu verbessern helfen.

Bei den Abiturnoten etwa lässt sich am Beispiel der Mathematik (vgl. Abb.
5) zeigen, dass hier besonders Referenzgruppeneffekte eine Rolle spielen,
d.h. individuelle Schülerleistungen in leistungsschwachen Lerngruppen besser bewertet werden als in leistungsstärkeren. Dabei spielen offensichtlich pädagogische Kriterien eine größere Rolle, die Noten „um des Gelingens der
pädagogischen Arbeit willen auch an lokalen, in der Regel lerngruppenspezi-
fischen Referenzmaßstäben zu orientieren" (Baumert et al., 2003, S. 322). Eine
Annäherung wäre nur möglich, wenn die Lerngruppen in ihrer Leistung ange-
nähert werden könnten.

Unter diesem Aspekt bieten zentrale Abschlussprüfungen ein objektiveres Auswahlkriterium als klassenbezogene Noten. Allerdings lassen sich damit die Einflüsse ungünstiger schulischer Lernbedingungen nicht mehr ausgleichen. Neumann et al. (2009) stellen daher fest: „eine einfache bzw. vollständige Lösung des Spannungsverhältnisses von überschulischer und länderübergreifender objektiver Leistungsbewertung auf der einen und dem pädagogisch sinnvollen Umgang mit der Notenvergabe auf der anderen Seite (ist) nicht in Sicht." (S. 711).

Gibt es andere Möglichkeiten, die testtheoretische Qualität von Leistungsrückmeldung zu verbessern? Die Einigung auf Bildungsstandards und die Festlegung von einheitlichen Prüfungsanforderungen eröffnet neue Wege, die Vergleichbarkeit zu erhöhen und gleichzeitig den Informationsgehalt der Rückmeldung zu verbessern.

In einer aktuellen Untersuchung in Kanada (Ross & Kostuch, 2011) wurde untersucht, wie gut sog. *reportcards* in der Lage sind, Schüler und Eltern darüber zu informieren, ob und wie weit die gesetzten Standards erreicht sind. Die Berichte in Ontario aus den Jahren 2006–2009 wurden mit den Ergebnissen zentraler Leistungstests in Beziehung gesetzt und ergaben eine Korrelation von r = .47, wobei die von den Lehrern vergebenen Leistungsbewertungen über denen der zentralen Leistungstests lagen, besonders in den unteren Klassen (Klasse 3 in Vergleich mit Klasse 6). Die Übereinstimmung von Lehrerbewertung und Test war besser in Schreiben als in Lesen und Mathematik. Die *reportcards* erlaubten die Vorhersage von Testergebnissen zwei Jahre später: 70-80% der Schüler und Schülerinnen, die in ihren *reportcards* die jeweiligen Standards erreicht hatten, waren auch bei den späteren zentralen Tests erfolgreich; dagegen waren es nur 30-50% der Schüler, die mindestens einmal den jeweiligen Standard nicht erreicht hatten.

Gegenüber den sehr aufwändigen Verfahren mit nationalen oder internationalen Leistungstests könnte die Festsetzung von Standards und deren Übersetzung in einheitliche Prüfungsanforderungen mit kommunizierbarer Rückmeldung an Hand von Erwartungshorizonten ein Weg sein, die Qualität der Leistungsbewertung zu verbessern und gleichzeitig die Rückmeldung informativer zu gestalten.

Literatur

Baker, Eva L. (2007). The End(s) of Testing. 2007 Presidential Address for American Educational Research Association. *Educational Researcher, 36* (6), 309–317.

Baumert, Jürgen, Trautwein, Ulrich & Artelt, Cordula (2003). Schulumwelten – institutionelle Bedingungen des Lehren und Lernen. In Deutsches PISA-Konsortium

(Hrsg.), *PISA 2000 – ein differenzierter Blick auf die Länder der Bundesrepublik Deutschland.* Opladen: Leske + Budrich.

Block, Rainer (2006). *Schulrecht vor Elternrecht? Neue empirische Befunde zur Zuverlässigkeit von Übergangsempfehlungen der Grundschulen.* Universität Duisburg-Essen, Arbeitsgruppe Bildungsforschung/-planung.

Braun, Edith & Hannover, Bettina (2008). Kompetenzmessung und Evaluation von Studienerfolg. In Nina Jude et al. (Hrsg.), *Kompetenzerfassung in pädagogischen Handlungsfeldern. Theorien, Konzepte und Methoden* (S. 153–160). Berlin/Bonn: BMBF.

Brunner, Ewald Johannes, Noack, Peter, Scholz, Günther & Scholl, Ivonne (Hrsg.). (2003). *Diagnose und Intervention in schulischen Handlungsfeldern.* Münster: Waxmann.

Eder, Ferdinand (2003). Tests und Lehrerurteil. Wie gut stimmen externe Leistungstests mir Lehrereinstufungen überein? In Ewald J. Brunner et al. (Hrsg.), *Diagnose und Intervention in schulischen Handlungsfeldern* (S. 125–140). Münster: Waxmann.

Helmke, Andreas & Jäger, Reinhold S. (Hrsg.). (2001). *Das Projekt MARKUS – Mathematik-Gesamterhebung Rheinland-Pfalz: Kompetenzen, Unterrichtsmerkmale, Schulkontext.* Landau: Empirische Pädagogik.

Ingenkamp, Karlheinz (1971). *Die Fragwürdigkeit der Zensurengebung* (9. unveränderte Auflage, 1995). Weinheim u.a.: Beltz.

Jäger, Reinhold S. (2007). *Beobachten, beurteilen und Fördern! Lehrbuch für die Aus-, Fort- und Weiterbildung. (Erziehungswissenschaft Bd. 21).* Landau: Verlag Empirische Pädagogik.

Jäger, Reinhold S. (2009). Diagnostische Kompetenz und Urteilsbildung als Element von Lehrprofessionalität. In Zlatkin-Troitschanskaia, Olga, Beck, Klaus, Sembill, Detlef, Nickolaus, Reinhold & Mulder, Regina (Hrsg.), *Lehrprofessionalität – Bedingungen, Genese, Wirkungen und ihre Messung.* Weinheim/Basel: Beltz.

Jäger-Flor, Doris & Jäger, Reinhold S. unter Mitarbeit von Lisa Fluck und Cornelia Frey (2008). *Bildungsbarometer zum Thema Förderung im Bildungssystem.* Landau: Zentrum für empirisch-pädagogische Forschung. (www.zepf-uni-landau. de).

Jude, Nina, Hartig, Johannes & Klieme, Eckhard (Hrsg.). (2008). *Kompetenzerfassung in pädagogischen Handlungsfeldern. Theorien, Konzepte und Methoden.* BMBF: Bildungsforschung Band 6, Berlin/Bonn.

Lintorf, Katrin, Guill, Karin & Bos, Wilfried (2008). Grundschulübergang in Nordrhein-Westfalen – Einflussfaktoren auf das Lehrerurteil im Prognoseunterricht. In Lankes, Eva-Maria (Hrsg.), *Pädagogische Professionalität als Gegenstand empirischer Forschung.* Münster: Waxmann.

Maier, Uwe (2007). Systematische Lehrereffekte bei Übergangsquoten auf weiterführende Schulen. *Zeitschrift für Erziehungswissenschaft, 10,* 271–284.

Neumann, Marco, Nagy, Gabriel, Trautwein, Ulrich & Lüdtke, Oliver (2009). Vergleichbarkeit von Abiturleistungen – Leistungs- und Bewertungsunterschiede zwischen Hamburger und Baden-Württemberger Abiturienten und die Rolle zentraler Abiturprüfungen. *Zeitschrift für Erziehungswissenschaft 12 (2009),* 691–714.

Oswald, Hans & Lothar Krappmann (2004). Soziale Ungleichheit in der Schulklasse und Schulerfolg. Eine Untersuchung in dritten und fünften Klassen Berliner Grundschulen. *Zeitschrift für Erziehungswissenschaft, 7,* 479–496.

Quetz, Jürgen (2008). Zwei Welten: Testen und Prüfen in Deutschland. *PRAXIS Fremdsprachenunterricht. Heft 1/ 2008,* 4–8.

Rasmussen, Annette & Friche, Nanna (2011). Roles of assessment in secondary education: Participant perspectives. *Educational Assessment, Evaluation and Accountability, 23,* 113–129.

Ross, John & Kostuch, Lynn (2011). Consistency of report card grades and external assessments in a Canadian province. *Educational Assessment, Evaluation and Accountability, 23,* 159–180.

Sahlberg, Pasi (2011). The Fourth Way of Finland. *Journal of Educational Change, 12,* 173–185.

Schmidt, Monja (2008). Die Bedeutung von sozialer Herkunft und bundeslandspezifischen Übergangsregeln für die Grundschulempfehlung. In Lankes, Eva-Maria (Hrsg.), *Pädagogische Professionalität als Gegenstand empirischer Forschung.* Münster: Waxmann.

Spinath, Birgit (2005). Akkuratheit der Einschätzung von Schülermerkmalen durch Lehrer und das Konstrukt der diagnostischen Kompetenz. *Zeitschrift für pädagogische Psychologie, 19,* 85–95.

Weiß, Rudolf (1965). *Zensur und Zeugnis.* Linz: Verlag Quirin Haslinger im Österreichischen Bundesverlag.

Felix Winter

Klassenarbeit passé?
Neue Formen der Leistungserbringung in der Diskussion

1. Einleitung

In diesem Beitrag möchte ich genauer auf folgende Fragen eingehen: „Wie werden Leistungen in der Schule erbracht?" und „Was geschieht dann mit ihnen?" Dabei werde ich nicht nur deskriptiv bleiben, sondern auch aufzeigen, wie Leistungen anders erbracht werden können und welche Zusammenhänge es zwischen den Bedingungen der Leistungserbringung einerseits und der Lern- sowie Unterrichtskultur andererseits gibt. Und schließlich werde ich Stellung nehmen zur Leitfrage dieser Tagung, nämlich der, ob und wieweit Diagnose und Förderung die Notengebung ersetzen können und sollen.

2. Wandel der Kultur der Leistungserbringung – mehr selbstständiges Lernen

In der Schule werden vielfältige Leistungen von Schülerinnen und Schülern erbracht, täglich, stündlich. Meistens geschieht dies auf Anweisung der Lehrpersonen hin, als Antwort auf eine Frage oder Aufgabenstellung. Aber es gibt auch Felder und Formen schulischen Lernens und Leistens, bei denen der Anteil der Selbstforderung der Schülerinnen und Schüler „höher" ist, und ich sage absichtlich höher, weil selbstverständlich auch bei fremdgestellten Aufgaben immer eine gewisse Selbstforderung notwendig ist. Im Rahmen offenen und selbstständigen Lernens nähern sich die Schülerinnen und Schüler weniger stark gelenkt den Lerngegenständen an oder beschäftigen sich ganz eigenständig mit einer Sache. Besonders ausgeprägt sind solche Formen des Lernens beispielsweise im Projekt- und Wochenplanunterricht. Hier durchlaufen die Schülerinnen und Schüler manchmal so genannte vollständige Lernakte (siehe Abb. 1), die eventuell sogar einschließen, dass sie sich eigene Lerngegenstände wählen, Ziele setzen und ihre Lernerfolge auch auswerten sowie bewerten – u.a. mit der Perspektive, sich neue, passende Anschlussvorhaben zu suchen.

Aber eine derart weitgehende Selbstbestimmung über das eigene Lernen und die Erbringung von Leistungen ist an Schulen selten. Zwar hat das eigenständige, selbstständige Lernen nun schon seit vielen Jahren Konjunktur in der pädagogisch-psychologischen Debatte, aber inwieweit sich die Unterrichts- und Lernkultur an den Schulen tatsächlich in Richtung mehr Selbstständigkeit so-

Komponenten vollständiger Lernakte
Die in Abb. 1 aufgeführten Tätigkeiten bilden eine ungefähre Abfolge. Diejenigen, die in Schule häufig vorkommen, sind fett gedruckt, solche, die selten vorkommen, dagegen kursiv gesetzt.

Auswahl eines Themenbereichs
Formulieren einer Frage
Formulieren von Zielen und Handlungsstrategien
Sammeln von Erfahrungen – Suche nach Informationen
Auswerten der Erfahrungen (Reflexion, Einschätzen der Bedingungen und der Verallgemeinerbarkeit)
Finden einer Lösung, Formulieren eines Ergebnisses, Herstellen eines Produkts
Üben einer Fertigkeit oder Fähigkeit
Aufbereiten für eine Präsentation
Präsentation
Rückmeldung einholen
Reflexion der Lernprozesse und Lernerfolge
Bewertung der eigenen Arbeit
Lernplanung

Abbildung 1:
Komponenten vollständiger Lernakte

wie Lernen in authentischen Situationen verändert hat, ist schwer abzuschätzen. Und sicherlich spielen da noch ganz andere Bedingungen mit, wie etwa der heute omnipräsente Gebrauch neuer Medien sowie Veränderungen in der Aura von Schulen (DuBois-Reymond, 1998). Aber es gibt auch andere Tendenzen, wie etwa die Renaissance und Neudefinition des Frontalunterrichts (Gudjons, 2007) und auch die Tendenz, die Steuerung des Lernens an das Material zu delegieren. Ob letzteres unter „selbstständigem Lernen" geführt werden sollte, ist fragwürdig.

Es lohnt sich, genauer hinzuschauen, worauf sich die Selbstständigkeit erstreckt. Ludwig Huber (2000) hat einmal in seinem immer noch lesenswerten Artikel „Selbstständiges Lernen als Weg und Ziel" eine nützliche Übersicht dazu erstellt, worauf sich die Selbstständigkeit der Schülerinnen und Schüler erstrecken kann und worauf sie bezogen ist (siehe Abb. 2).

Huber hat in diesem Artikel auch herausgearbeitet, dass es verschiedene Begründungsstränge in der Diskussion zum Selbstständigen Lernen gibt, nämlich:

– Die klassisch-bildungstheoretische Begründung, die sich v.a. am Ziel der Mündigkeit orientiert.

– Die modern qualifikationstheoretische Begründung, welche die sich rasch wandelnden Anforderungen der Berufswelt betont und das „Lernen des Lernens" in den Mittelpunkt stellt.

Bezogen auf: Selbstständig in:	die Arbeit am Gegenstand	die Arbeit mit anderen
Zielsetzung und Themenwahl unabhängig von (detailliertem) Auftrag	Problemdefinition Strukturierung des Feldes	Verständigung über Normen und Pläne
Methode/ Technik unabhängig von (ständiger) Anleitung	Materialsuche, Erarbeitung von Wissen, Speicherung, Darstellung von Daten	Kommunikation
Arbeitsorganisation unabhängig von (formaler) Kontrolle	Planung, Einrichtung, Steuerung der eigenen Arbeitstätigkeiten	Kooperation, Arbeitsteilung und -zusammenführung
Leistungsbewertung unabhängig von Benotung durch „Autoritäten" und (sanktionierten) Prüfungen	Vergewisserung, Reflexion Bewertung eigenen Lernens und Leistens in der Sache	Vergewisserung, Reflexion Bewertung auch des Gruppenprozesses

Abbildung 2:
Grade und Bezüge selbstständigen Lernens (Huber, 2000, S. 12)

– Die kognitivistisch-lerntheoretische Begründung, welche die Bedeutung der aktiven Wissenskonstruktion hervorhebt. Sie tritt heute verstärkt auf wegen des gewachsenen Einflusses konstruktivistischer Konzepte von Lernen und entsprechender Ergebnisse der Hirnforschung.

Mir kommt es zunächst nur darauf an festzustellen, dass – wenn auch von Schule zu Schule und Unterrichtsstunde zu Unterrichtsstunde recht unterschiedlich – heute Schülerleistungen in *vielfältigen Formen* (z.B. Einzel-, Partner- und Gruppenarbeit) und oftmals *auch mit einem hohen Grad an Selbstständigkeit und Selbstforderung* erbracht werden. Dies entspricht den Leitvorstellungen in den meisten Bildungsplänen und auch dem unterrichtlichen Selbstverständnis der meisten Lehrpersonen. Dass diese dann oftmals nicht im Sinne ihres Selbstverständnisses unterrichten, ist bekannt (Hess, 2003).

Ich möchte in diesem Zusammenhang noch betonen, dass es mir fern liegt, freilassende Unterrichtsformen gegen eng geführte ideologisch in Stellung zu bringen. Sie sind nicht per se besser als traditionelle Unterrichtsformen und führen auch nicht ohne Weiteres zu besseren Lernergebnissen. Aus eigener Erfahrung weiß ich, wie oft Unterricht mit einem hohen Teil an Selbstständigkeit scheitert. Allerdings scheitert auch der herkömmliche Unterricht häufig und bei vielen Schülerinnen und Schülern, nur dass dies dort nicht so sichtbar wird, sondern sich allenfalls in einer großen Streuung der Noten niederschlägt.

3. Widersprüche zwischen neuer Lernkultur und tradierter Leistungsbeurteilung

Im Kontext der hier zu untersuchenden Fragen lässt sich Folgendes festhalten: Es gibt deutliche Spannungsbeziehungen und Widersprüche zwischen einer veränderten, erweiterten Lernkultur einerseits und der tradierten Leistungsbeurteilung andererseits (Winter, 2004, Kap. 1). Im Unterschied zu den Reformen in der Lehr-Lern-Kultur hat sich nämlich bei der Leistungsbeurteilung in den vergangenen 30 Jahren nichts Grundlegendes verändert. Das betrifft vor allem die zentrale Stellung der Klassenarbeiten bei der Leistungserbringung – jedenfalls der Leistungserbringung, die bei der Leistungsbeurteilung zählt und somit herausgehobene Bedeutung hat. Ich habe sie in meinem Buch über Leistungsbewertung gekennzeichnet als *Leistungserbringung mit Prüfungscharakter* (a.a.O., S. 33ff.). Und das zweite Hauptmerkmal der traditionellen Leistungsbeurteilung betrifft die Form, in der sie vorgenommen und mitgeteilt wird, die *Ziffernnote* (a.a.O., S. 37ff.). Die mit Abstand wichtigsten Situationen der Leistungserbringung in der Schule sind weiterhin kleine klausurartige Prüfungen, in denen es vor allem darum geht, die Schülerinnen und Schüler zu benoten, das heißt sie gegeneinander ein- und abzustufen bezüglich der Leistungshöhe. Diese Prüfungen sind durch folgende Merkmale gekennzeichnet:

– fremdgestellte, wissensakzentuierte Fragen
– gleiche Aufgaben für alle
– kurze Bearbeitungszeit
– keine oder wenig Hilfsmittel
– individuelles Arbeiten
– geringer Grad an Selbstforderung

In der Regel dienen die klausurartigen Situationen dazu, zuvor dargestelltes Wissen und dessen Anwendung zu überprüfen, und – wie gesagt – vor allem dem Zweck, zu einer Einstufung aller Schülerinnen und Schüler, zu einer Note zu gelangen.

Dieses Paradigma der schulischen Leistungserbringung hat gewollte und ungewollte Rückwirkungen auf die Lernkultur. Gewollt ist zweifellos, dass diese Klassenarbeiten oder auch Tests den Lernforderungen Nachdruck verleihen sollen. Weniger erwünscht und letztlich kontraproduktiv ist, dass die Schülerinnen und Schüler oftmals hauptsächlich auf die nächsten Klassenarbeiten hin lernen, dass diese zum Rhythmusgeber ihres Lernens werden und zum Prototyp schulischen Lernens schlechthin.

In diesen Kreisläufen schulischen Lernens gibt es Kollateralschäden, z.B. die unangenehme Begleiterscheinung, dass die Reproduktion von Wissen ganz im Vordergrund steht und auf die vermeintlich *eine* richtige Antwort hin ge-

Abbildung 3:
Der klassische Kreislauf schulischen Lernens

lernt wird. Der Wunsch zu *verstehen* tritt in den Hintergrund gegenüber dem Wunsch irgendwie zu *bestehen*. Doch damit nicht genug, einige Wissenschaftler gehen davon aus, dass durch diese Art des Prüfungs- und Beurteilungsvorgehens eher ungünstige Lernhaltungen gefördert werden, und zwar durchaus auch bei den so genannt „guten" Schülerinnen und Schülern, die eher an ihrem Status in der Klasse interessiert sind als an dem Wunsch, etwas vertieft zu verstehen, zu lernen und zu beherrschen (Lethinen, 1994; Butler, 2005). Eine andere ungünstige Lernorientierung, die gefördert wird, ist die Anpassungsorientierung: Die Energie der Schülerinnen und Schüler ist darauf gerichtet herauszufinden, was geprüft wird und gelernt werden soll. Damit etabliert sich in vielen Unterrichten und vielen Schulen eine Lernkultur, die sich mit Kleinigkeiten zufrieden gibt. Ich sage dies mit dem Erschrecken desjenigen, der oft Gelegenheit hat zu studieren, was sich in modernen Bildungsdokumentationen, also Lern- und Entwicklungsportfolios, sammelt. Dort wo ein stark wissensakzentuierter und auf Prüfungslernen ausgerichteter Unterricht dominiert, sieht man dann kaum je *substanzielle Schülerleistungen*, also solche, in die Energie geflossen ist und bei denen die Schülerinnen und Schüler mit Anstrengung, Selbstüberwindung und mit dem Bestreben, sich noch zu verbessern, gearbeitet haben (Winter, 2010a). Meist handelt es sich um lächerliche kleine Leistungen, die man genauso gut oder besser in einem Lexikon hätte nachschlagen können. Es ist verständlich, dass die Schülerinnen und Schüler dann auf ihre Arbeiten nicht stolz sind und nicht ermutigt, neue Herausforderungen anzunehmen. Man kann sogar sagen, Schülerinnen und Schüler werden daran weithin gehindert – durch ein Prüfungs-Benotungssystem, das von ihnen im 45 Minuten-Takt „Leistungen" verlangt, die sie nicht weiterzubearbeiten und zu vertiefen brauchen und die es auch nicht lohnen würden, das zu tun.

Unabhängig von dieser eher pädagogischen Kritik muss man festhalten, dass die genannte dominierende Art, Leistungen in Klausursituationen zum Zweck der Benotung erbringen zu lassen, schon unter prüfungstheoretischen und messtheoretischen Gesichtspunkten mit vielen Problemen behaftet ist (Ingenkamp, 1976, Kronig, 2007). Der Referenzgruppenfehler ist so durchschlagend, dass es an sich nicht statthaft ist, Noten zu vergleichen, die in verschiedenen Klassen und Schulen vergeben werden – eine Tatsache, die weithin missachtet wird. Zudem werden bei Klassenarbeiten grundlegende Anforderungen nach *Proportionalität* und *Vielfalt* der Aufgaben (Sacher, 2011, S. 29) häufig verletzt. Das heißt, die Prüfungen sollen dem entsprechen, was und wie gelernt wurde, und sie sollen sich auf eine Vielfalt von Aufgaben abstützen. Werner Sacher hat einmal aufgezeigt, dass es eine große Zahl von anderen Möglichkeiten gibt, Leistungen erbringen zu lassen und zu prüfen (Sacher, 2009, S. 227ff.). Davon wird in der Praxis nur ein sehr geringer Teil genutzt.

4. Wir brauchen eine Pädagogische Diagnostik, die diesen Namen verdient

Selbst wenn es gelänge, die Messqualität der schulischen Leistungsbeurteilung deutlich zu verbessern und einer Vielfalt von Leistungen dabei mehr Raum zu geben, würde sie dennoch etliche Ansprüche verfehlen, die an eine moderne Pädagogische Diagnostik gestellt werden müssen (Winter, 2011). Vor allem sollte diese zum Gelingen einer modernen vielfältigen Lernkultur beitragen. Es geht dabei darum, eine Lern- und Leistungskultur an den Schulen zu etablieren, die alle Schülerinnen und Schüler anspornt und fördert, die zu einem offenen reflexiven Lernstil führt und zu einem vertieften Verstehen der Fachgegenstände. Und damit ist das Leitthema dieser Tagung angesprochen, nämlich inwieweit und wie Leistungsbeurteilung zu Diagnose und Förderung beitragen kann. Dass das herkömmliche Prüfungs-Benotungs-System messtheoretisch nicht befriedigt und pädagogisch viele kontraproduktive Seiten hat, ist schlimm. Als ebenso schlimm empfinde ich es aber, dass dieser Bereich schulischer Praxis bei allen Beteiligten viel Aufmerksamkeit auf sich zieht und riesige Energien bindet, obwohl er in der jetzigen Form fast keinen Nutzen für das Lernen und die Diagnose sowie Förderung der Schülerinnen und Schüler abwirft. Dazu braucht man mehr und anderes. Ich versuche das anhand einer Grafik zu verdeutlichen (siehe Abb. 4). Am Beispiel eines portfoliogestützten Unterrichts, im übernächsten Teil dieses Beitrags, wird das Konzept noch verdeutlicht.

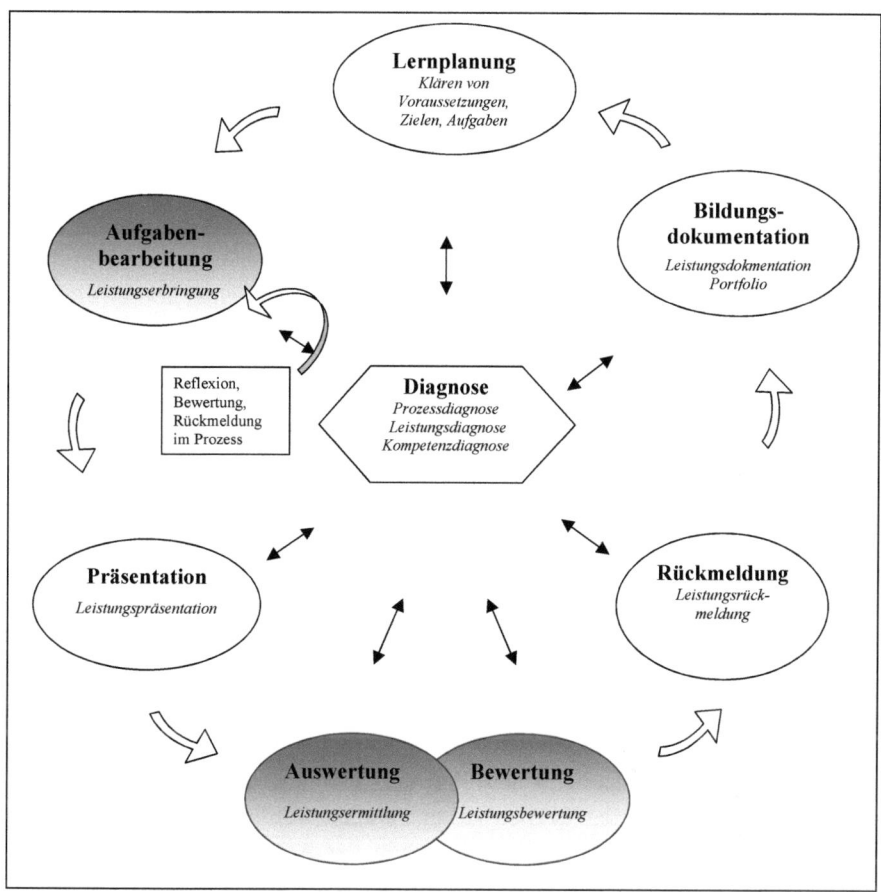

Abbildung 4:
Erweiterte Pädagogische Diagnostik als Kreisprozess

Traditionell besteht die schulische Pädagogische Diagnostik – wie oben dargelegt – aus etwa drei bis vier Komponenten (hier grau unterlegt): der Erbringung einer Leistung in einer besonders gestalteten und beschränkten Situation, der Auswertung der Arbeiten durch die Lehrperson und der Bewertung in Form einer Note. Letzteres ist auch die Form, in der die Rückmeldung erfolgt. In dem oben dargestellten Modell sind weitere Komponenten hinzugefügt und die bisherigen sind zum Teil verändert oder ergänzt (siehe genauer dazu Winter, 2004, Kap. 1.3, 2.1, 2.2). Neu kommen hinzu:

- lernbegleitende Reflexion, Bewertung und Rückmeldung, die zum Ziel haben, die Arbeit im Prozess zu diagnostizieren sowie Impulse für ihre Verbesserung zu geben – ganz im Sinne eines „assessment for learning";
- die Leistungspräsentation (etwa im Rahmen der Klasse oder eines Tages der offenen Tür an der Schule);
- eine Rückmeldung, die auch inhaltlich beschreibt, welche Qualitäten (und Mängel) die Schülerarbeiten haben;
- eine direkte Dokumentation von Schülerarbeiten, wie sie in Portfolios vorgenommen wird;
- eine Lernplanung, bei der die Erfahrungen aus einem Lernzyklus für den nächsten nutzbar gemacht werden, indem z. B. gemeinsame und individuelle Lernziele formuliert und entsprechende Aufgaben ausgewählt werden;
- die Zentrierung sämtlicher Bemühungen um das Ziel einer förderorientierten Diagnose in dem Sinne, dass alle Teilkomponenten dazu beitragen und auch unter diesem Gesichtspunkt gestaltet werden können.

Ein derart erweiterter Kreislauf erfordert es, dass eine Kultur des inhaltlichen Sprechens über Lernen und Leistung aufgebaut wird, welche die Schülerinnen und Schüler beteiligt, sie ihre Arbeit präsentieren lässt, ihnen vielfältige inhaltliche Rückmeldungen und Mittel in die Hand gibt, auch selbst an der Verbesserung und Dokumentation ihrer Leistungen zu arbeiten. Es geht darum, die Schülerinnen und Schüler zu Subjekten der Leistungsbeurteilung zu machen, sie darin auszubilden und ihr Potenzial als Diagnostiker sowie Förderer ihrer eigenen Arbeit zu entwickeln. Und insbesondere an diesem Punkt gilt es, die bestehende Leistungsbeurteilung zurückzudrängen, die Manie, Schülerinnen und Schüler seitens der Schule aus einer hoheitlichen und scheinbar objektiven Position fortlaufend einstufend bewerten und beziffern zu müssen. Eine Praxis, die schon deshalb für das Lernen kaum nützlich werden kann, weil sie nicht in der Lage ist, die Stärken oder Schwächen der Arbeiten so zu beschreiben, dass aus ihnen Schlussfolgerungen für das weitere Lernen und die Förderung der Individuen gezogen werden können. Die Noten tragen – schon wegen des eklatanten Referenzgruppenfehlers – wesentlich dazu bei, die tatsächlichen Leistungen verschwinden zu lassen und zu verschleiern, wie der Lernstand in einer Klasse wirklich ist.

5. Sind Schulleistungstests eine Alternative?

Nun gibt es seit längerem und nicht zuletzt propagiert von Weinert (1997, S. 21) den Vorschlag, in der Schule Lernphasen mit viel offenem und inhaltlichem Feedback einerseits und andererseits explizit deklarierte Prüfphasen voneinander abzuheben. Bei diesen Prüfphasen könnten dann auch verstärkt Schulleistungstests und förderdiagnostisch angelegte Tests eingesetzt werden. Das sind zwei Argumente. Solche Tests können zweifellos objektiver und reliabler das Leistungsniveau der Schülerinnen und Schüler erfassen als Klassenarbeiten, die beides nachweislich nicht sind. Tests machen es möglich Schülerleistungen zu vergleichen, die in verschiedenen Klassen, Schulen und Schulsystemen entstanden sind (Pant u.a., 2011). Der Nachteil ist aber, dass sie nicht eng auf den Unterrichtsstoff und seine Aneignung bezogen sein können. Es sei denn: Der Unterricht richtet sich ganz auf die Test aus – was nicht wünschenswert ist (siehe hierzu auch den Beitrag von Scheerer im vorliegenden Band). Der Versuch Lern- von Prüfungssituationen sauber zu trennen, hat zwar einiges für sich, er könnte vor allem Transparenz herstellen, er löst aber genauso wenig das Problem, dass dann für viele Bereiche selbstständigen, kooperativen, individualisierten Lernens keine angemessene Leistungsbeurteilung zur Verfügung stände bzw. dass die so erbrachten Leistungen aus der schulischen Leistungsbeurteilung weitgehend ausgeschlossen wären und damit vermutlich randständig blieben. Ich plädiere daher dafür, noch andere Wege zu beschreiten, die ich im Folgenden erläutern möchte. Zentral ist dabei das Portfoliokonzept.

6. Das Portfolio, ein Schlüsselkonzept der Reform der Leistungsbeurteilung

In Portfolios werden Leistungen der Schülerinnen und Schüler direkt dokumentiert (Vierlinger, 1999), das heißt, Originalarbeiten werden ausgewählt und so zusammengestellt, dass andere, weniger beteiligte Personen sich ein Bild davon machen können, was in dem betreffenden Unterricht erarbeitet wurde und was die Lernenden geleistet haben (Winter, 2010b). Ich versuche am Beispiel eines Unterrichts mit Projektportfolios (auch Themen- und Recherchenportfolios genannt) deutlich zu machen, was sich bezüglich der Leistungserbringung und Leistungsbeurteilung mit Hilfe dieses Instruments verändern lässt. Beim Konzept des Projektportfolios arbeiten die Schülerinnen und Schüler – häufig im Rahmen eines Oberthemas – über einen Zeitraum von mehreren Wochen intensiv an einer Sache, die sie selbst mitbestimmt haben, und durchlaufen dabei etliche Stationen eines vollständigen Lernaktes, wie er zuvor beschrieben wurde. Das Portfoliokonzept gibt ihnen dazu einerseits Rahmenvorgaben, andererseits erhalten sie Betreuung und Unterstützung. Die Schülerinnen und Schüler tauschen sich aus, beraten sich wechselseitig und werden von der Lehrperson begleitend beraten. Das, was sie in diesem Rahmen erarbeiten, wird im Format des Portfolios gesammelt, ausgewählt, dokumentiert und schließlich abgerechnet und beurteilt (Schwarz et al., 2008; Winter et al., 2009). Neben den Ergebnissen der eigenen Recherchen werden in Portfolios z.B. auch Pläne, Gesprächsprotokolle, eigene Reflexionen und Stellungnahmen anderer Personen dokumentiert. Im Portfolio wird versucht, den Lernprozess *und* seine Produkte abzubilden. Ich will dies am Beispiel eines Unterrichtsprojekts mit dem Titel „Eine Reise in die Welt der Kunst" illustrieren (Wiedehage, 2008). In der 5. Klasse einer Berliner Grundschule sollte eine intensive Begegnung der Schülerinnen und Schüler mit der bildenden Kunst stattfinden. Sie erhielten daher den Auftrag, sich individuell einen Maler oder eine Malerin auszusuchen und dazu eine kleine Arbeit anzufertigen. Sie hatten dafür etwa neun Wochen Zeit und arbeiteten sowohl in der Schule als auch zuhause daran. Ihre Arbeit wurde in Form eines Projektportfolios vorangetrieben und dokumentiert. Dafür gab es folgende Vorgaben. Das Portfolio sollte enthalten: Ein Vorwort (zur Themenfindung, den Zielen der Arbeit und dem persönlichen Bezug); ein Inhaltsverzeichnis; die Zeitplanung; einen Text zur Lebensgeschichte des Künstlers bzw. der Künstlerin; eine Beschreibung zum Malstil; die Beschreibung einer „Reise in ein Bild"; eine Schilderung der persönlichen Wirkung einiger Bilder auf den Schüler bzw. die Schülerin; eine künstlerische Arbeit (nachmalen eines oder mehrerer Bilder); einen Reflexionstext zur gesamten Arbeit. Zusätzlich musste die Arbeit vor der Klasse und geladenen Gästen präsentiert werden.

Im Konzept des Projektportfolios und an diesem Beispiel lassen sich Grundzüge eines Gegenmodells zur klassischen Leistungserbringungssituation der Schule erkennen. Das enge Korsett aus wenig Zeit, fremdgestellten Aufgaben und Isolierung des Lernenden ist hier gesprengt. Schülerinnen und Schüler können länger, intensiv und mit einem hohen Anteil an Selbstforderung Leistungen erbringen. Es können substanzielle Leistungen entstehen und diese können im Verlauf der Arbeit noch verbessert werden. Es kommt bei den Schülerinnen und Schülern zu „Eigentum" an der Leistung und im günstigen Fall entstehen neben Wissen auch neues Interesse und Selbstvertrauen in die eigenen Lernfähigkeiten.

Die Leistung der Schülerinnen und Schüler kann und muss hier anders festgestellt und beurteilt werden, als das bei Klassenarbeiten der Fall ist. Leistungsfeststellung und -beurteilung sind hier zum Teil in den Arbeitsprozess integriert und oftmals direkt für diesen nützlich (siehe Abb. 4). Die abschließende Beurteilung ist komplex, denn es gilt Prozesse und Produkte einzuschätzen und in ihrem Verhältnis zu betrachten. Hier sind jeweils auch die Schülerinnen und Schüler gefordert, sie müssen z. B. Auskunft über den Verlauf ihrer Arbeiten geben, Schwierigkeiten und Erfolge selbst und gemeinsam mit anderen einschätzen und auch Konsequenzen (mit-)überlegen.

Die erreichte Leistung ist nicht mehr so einfach zu „personalisieren" wie das üblicherweise gemacht wird. In der Schülerleistung drückt sich auch die Qualität der Betreuung durch den Lernbegleiter aus. Das kann Lehrpersonen beunruhigen, bei genauem Hinsehen ist dies aber auch bei der klassischen Leistungserbringung der Fall, die immer auch Indikator für die Qualität des vorangegangenen Unterrichts ist – nur wird da eher versucht, diese Tatsache auszublenden. Insgesamt entspricht die Situation der Leistungserbringung und Beurteilung bei der Portfolioarbeit eher denjenigen, die in der modernen Arbeitswelt typisch sind.

Die im Portfolio dokumentierten Leistungen werden wahrgenommen und anerkannt und nicht nur eingestuft. In der Regel geschieht das von mehreren Seiten, also z.B. durch Mitschülerinnen und Mitschüler, Lehrpersonen und oft auch durch die Eltern. Durch diese Öffentlichkeit für die Leistung kann an Schulen selbst konkret über Leistung und Leistungsansprüche gesprochen werden. Es können sich „bottom up"-Standards bilden (Winter, 2005). Die Definitionsmacht über das, was schulische Leistung sein soll, kann so eher in der Schule gehalten werden.

Leistungserbringung und Leistungsbeurteilung treten bei der Portfolioarbeit immer in dreifachem Sinne auf, nämlich als „assessment of learning", als „assessment for learning" und als „assessment as learning" (Stiggins, 2008). Relativ neu und unterentwickelt sind im deutschen Sprachraum noch die beiden letztgenannten Formen. Es handelt sich dabei einerseits um Pädagogische Diagnostik, die dem Ziel dient, Informationen für das gerade stattfindende oder das weitere Lernen bereitzustellen und andererseits darum, dass die Schülerinnen und Schüler in der Bewertung und Reflexion ihrer Arbeit und ihrer Leistungen etwas über ihren Arbeitsprozess, über sich und über das Bewerten lernen, womit Leistungsbeurteilung zum Bildungsziel wird (Winter 2004, S. 14).

Es gibt noch eine weitere Besonderheit, die im Kontext moderner Lernkultur auftaucht, bei der die Schülerinnen und Schüler prozessakzentuiert und mit einem hohen Anteil an Selbstforderung sowie Beratung arbeiten. Die zu erwartenden Schülerleistungen können in diesem Fall nicht einfach präskriptiv festgelegt werden, sondern müssen *nachführend und im Dialog* gefunden werden. Die Schule braucht einen neuen, dynamischen Leistungsbegriff (a.a.O., S. 127ff.). Diese intensive, rekonstruierende und gemeinschaftliche Zuwendung zu den Schülerleistungen hat theoretisch und praktisch viele Vorteile. Ich will sie an einem zweiten Beispiel illustrieren. Es ist im Rahmen des von Urs Ruf und Peter Gallin (2005a/b) entwickelten Dialogischen Lernkonzepts entstanden.

7. Leistungen im Dialog entwickeln und bestimmen

Während beim tradierten Muster des Unterrichts am Anfang regelmäßig versucht wird, den Schülerinnen und Schülern rasch das Wesentliche des Fachgegenstandes darstellend und übend zu vermitteln, um sie dann auf die klassische Prüfstrecke schicken zu können, geht man hier anders vor. Es wird zunächst versucht, die individuellen Vorstellungen und Konzepte der Schülerinnen und Schüler zum Lerngegenstand aufzurufen, explizit zu machen, um sie dann in einen Prozess des Austauschs und der Qualifizierung bringen zu können

(Ruf, 2008; Ruf u.a., 2008). Die Annäherung an Normen und Standards erfolgt durchaus zielgerichtet, aber auf Wegen, die einen intensiven Fachdialog unter Einbeziehung der singulären Schülervorstellungen beinhalten.

Als Beispiel sei hier der Einstieg in eine Unterrichtseinheit zum Thema Lyrik geschildert (Pfau, 2008). Zu deren Beginn erhalten die Schülerinnen und Schüler eine Kernidee zum Thema und folgenden einfachen Auftrag.

Kernidee: Wenig Worte – große Wirkung
Auftrag: Schreiben Sie ein Gedicht.

Abbildung 5:
Kernidee und Einstiegsauftrag zur Lyrikeinheit

Der Unterricht beginnt hier nicht mit der Vermittlung von Merkmalen und Typen der Kunstform Gedicht, sondern damit, dass die Lehrperson die Schülerinnen und Schüler bezogen auf den Fachinhalt unmittelbar handeln lässt. Es entstehen auf diesem Weg erste Leistungen, welche die Präkonzepte der Schülerinnen und Schüler, ihr Vorwissen und ihr Können sichtbar machen. Diesen basalen Leistungen wendet sich die Lehrperson interessiert zu, sucht darin nach Qualitäten, nach anregenden Schülerbeispielen und bringt diese unmittelbar wieder in den Unterricht ein. Sie legt also, um im Beispiel zu bleiben, die Gedichte der Klasse wieder vor, damit gemeinsame Merkmale von Gedichten sowie Erfolg versprechende Arbeitsweisen des Gedichtschreibens herausgearbeitet und Allgemeingut werden können. In einer 7. Hauptschulklasse entsteht zum Beispiel folgendes Gedicht, das gemeinsam mit weiteren der Klasse zur Rezeption vorgelegt wird.

Jetzt sitz ich hier und denke dir,
doch der gedachte Sinn in mir,
will einfach nicht auf das Papier.
Er fliegt mir fort, vielleicht zu dir.
Darum sitz ich hier und schreibe dir,
dass ich hier sitz und denke dir.

Abbildung 6:
Gedicht eines Schülers zum Einstiegsauftrag

Beim Vorgehen des Dialogischen Lernkonzepts handelt es sich um ein erweitertes Angebot-Nutzungs-Modell, wie es von Fendt ausgearbeitet wurde und heute vielfach zur Erklärung von Unterrichtswirksamkeit benutzt wird.

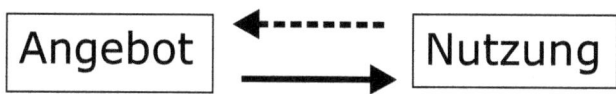

Abbildung 7:
Das beidseitige Angebot-Nutzungs-Modell

Als Angebot wird dabei aber nicht nur das angesehen, was die Lehrperson einbringt, sondern ebenso das, was die Schülerinnen und Schüler produzieren. Und nun ist es Aufgabe der Lehrperson, sich dem intensiv zuzuwenden, seine Qualitäten zu finden und ggf. seine Fehler zu verstehen. Ruf (2008, S. 20) schreibt: „Die Lehrkräfte wenden ebensoviel Zeit und Energie auf, um ihre Schülerinnen und Schüler zu verstehen, wie diese Zeit und Energie aufwenden, um ihr Lehrkräfte zu verstehen." Dieses Vorgehen entspricht in besonderem Maße dem, was Deci und Ryan (1993, 2002) als besonders motivationswirksam herausgestellt haben: ein hohes Maß an Selbstbestimmung beim Lernen; die intensive Zuwendung der Lehrperson zu den Schülerinnen und Schülern und ihren Leistungen; die Erfahrung von Selbstwirksamkeit und Eingebundenheit in eine Lerngruppe auf Seiten der Schülerinnen und Schüler.

Leistungen werden im dialogischen Lehr-Lern-Arrangement hauptsächlich dazu erbracht, das gemeinsame Lernen voranzubringen. Sie werden unmittelbar beachtet, wertgeschätzt, rückgemeldet und für den weiteren Unterricht genutzt. Leistungsbeurteilung findet bei mehreren Gelegenheiten statt. Akzentuiert ist auch in diesem Vorgehen der Versuch, die Leistung zu verstehen und inhaltlich zu einem Gegenstand der Kommunikation zu machen, welche wiederum dem Lernen nutzt.

8. Klassenarbeit passé?

Ich habe Ihnen an zwei Beispielen versucht aufzuzeigen, dass Leistungen anders als traditionell erbracht und beurteilt werden können, ohne dass man dabei einen Leistungsverfall in der Schule befürchten muss. Im Gegenteil darf man auf erhöhte Motivation und intensives sinnhaftes Lernen hoffen. Heißt das aber, dass Klassenarbeiten künftig einfach passé sind oder sein können? Das würde ich so nicht sagen. Sie können als Lernkontrollen, als Gelegenheiten, einmal kurzfristig sein Wissen und Können zu zeigen, und als Übungsgelegenheiten durchaus eine Funktion erfüllen. Klassenarbeiten sollten aber nicht mehr die wichtigsten und hauptsächlich „zählenden" Leistungserbringungssituationen in der Schule sein. Und sie sollten nicht mit den informationsarmen und die tatsächlichen Leistungen verschleiernden Ziffernnoten verknüpft werden, die aus meiner Sicht insgesamt aus der Leistungsbewertung der Schulen verbannt werden sollten.

Aber, so kann man fragen, braucht es dann nicht Lehrpersonen, die besonders hohe und zum Teil auch neue diagnostische Kompetenzen besitzen? Ja, die braucht es, und ihre diagnostische Kompetenz darf sich nicht nur darauf erstrecken, angemessen schwierige Lern- und Prüfaufgaben für ihre Klasse herauszusuchen oder herzustellen. Aber man braucht sich diese viel diskutierte diagnostische Kompetenz von Lehrpersonen auch nicht zu kompliziert vorzustellen (Winter, 2010c). Aus meiner Sicht besteht sie vor allem darin, Lehr-Lern-Arrangements herzustellen, innerhalb derer das Lernen, die Leistungen und das Leistungsvermögen der Schülerinnen und Schüler sichtbar werden und gemeinsam untersucht sowie besprochen werden können. So wie das am Beispiel der Portfolioarbeit und des Dialogischen Lernkonzepts ansatzweise deutlich wurde. Darin steckt eine alte pädagogische Maxime, dass man nämlich die Kinder untersuchen soll, indem man sie unterrichtet. Und die verweist darauf, dass die Leistungserbringung wie auch Diagnose und Förderung vor allem in den Unterricht gehören.

9.   Zum Schluss fünf Thesen

Ich fasse zum Schluss meine Positionen noch einmal in Form von fünf Thesen zusammen:

- Ohne die Reform der schulischen Leistungsbeurteilung wird es nicht gelingen, eine moderne Lernkultur aufzubauen.
- Wir müssen einem breiten Spektrum an Leistungen in den Schulen Raum schaffen, es auch prüfen und angemessen bewerten sowie anerkennen.
- Die Prüfung und Bewertung der Schülerleistungen muss viel nützlicher und besser genutzt werden: für das Lernen, für die Förderung der Schülerinnen und Schüler, für die Entwicklung des Unterrichts. Sie muss Pädagogische Diagnostik werden.
- Eine ertragreiche Pädagogische Diagnostik lässt sich nur mit den Schülerinnen und Schülern realisieren.
- Das Portfolio stellt ein Schlüsselkonzept für die Reform der Leistungserbringung und -beurteilung dar. Es fördert unter anderem die öffentliche Debatte über Leistung und kann dazu beitragen, dass Standards auch „bottom up" gebildet werden.

Literatur

Butler, Ruth (2005). Ein zielorientiertes Modell für Feedbackverfahren im Unterricht. Implikationen für Lernmotivation und Schulstruktur. *Unterrichtswissenschaft 33* (2), 122–142.

Deci, Edward L. & Ryan, Richard M. (1993). Die Selbstbestimmungstheorie der Motivation und ihre Bedeutung für die Pädagogik. *Zeitschrift für Pädagogik, 39* (2), 223–238.

Deci, Edward L. & Ryan, Richard M. (2002). *The Handbook of Self-Determination Research*. Rochester (NY): University.

DuBois-Reymond, Manuela (1998). Aura und Modernisierung der Schule. In Keuffer, J., Krüger, H-H., Reinhardt, S., Ware, E. & Wenzel, H. (Hrsg), *Schulkultur als Gestaltungsaufgabe* (S. 326–337). Weinheim: Beltz.

Gudjons, Herbert (2007). *Frontalunterricht – neu entdeckt. Integration in offene Unterrichtsformen*. Bad Heilbrunn: Klinkhardt.

Hess, Kurt (2003). *Lehren – zwischen Belehrung und Lernbegleitung. Einstellungen, Umsetzungen und Wirkungen im mathematischen Anfangsunterricht*. Bern: hep.

Huber, Ludwig (2000). Selbstständiges Lernen als Weg und Ziel. In Landesinstitut für Schule und Weiterbildung NRW (Hrsg.), *Förderung selbstständigen Lernens in der gymnasialen Oberstufe* (S. 9–37). Soest.

Ingenkamp, Karlheinz ([6]1976). Sind Zensuren aus verschiedenen Klassen vergleichbar? In ders. (Hrsg.), *Die Fragwürdigkeit der Zensurengebung* (S. 194–201). Weinheim: Beltz.

Kronig, Winfried (2007). *Die systematische Zufälligkeit des Bildungserfolgs*. Bern: Haupt.

Lethinen, Erno (1994). Institutionelle und motivationale Rahmenbedingungen und Prozesse des Verstehens im Unterricht. In Reusser, K. & Reusser-Weyeneth, M. (Hrsg.), *Verstehen. Psychologischer Prozess und didaktische Aufgabe* (S. 143–162). Bern: Huber.

Pant, Hans A., Emmrich, Rico, Harych, Peter & Kuhl, Poldi (2011). Leistungsüberprüfung durch Schulleistungsstudien und Vergleichsarbeiten. In Sacher, W. & Winter, F. (Hrsg.), *Diagnose und Beurteilung von Schülerleistungen* (S. 123–141). Baltmannsweiler: Schneider.

Pfau, Anita (2008). Poche parole – grande eff etto. Eine Unterrichtseinheit zum Thema Lyrik im Fremdsprachenunterricht. In Ruf, U., Keller, S. & Winter, F. (Hrsg), *Besser lernen im Dialog* (S. 70–82). Seelze: Klett/Kallmeyer.

Ruf, Urs (2008). Das dialogische Lernmodell. In ders., Keller, S. & Winter, F. (Hrsg.), *Besser lernen im Dialog* (S. 13–23). Seelze: Klett/Kallmeyer.

Ruf, Urs & Gallin, Peter (2005a). *Dialogisches Lernen in Sprache und Mathematik. Bd. 1: Austausch unter Ungleichen*. Seelze: Kallmeyer.

Ruf, Urs & Gallin, Peter (2005b). *Dialogisches Lernen in Sprache und Mathematik. Bd. 2: Spuren legen – Spuren lesen*. Seelze: Kallmeyer.

Ruf, Urs, Hofer, Roger, Keller, Stefan & Winter, Felix (2008). Didaktik und Unterricht. In Faulstich, P. & Faulstich-Wieland, H. (Hrsg.), *Erziehungswissenschaft. Ein Grundkurs* (S. 130–156). Reinbek: Rowohlt.

Sacher, Werner ([5]2009). *Leistungen entwickeln, überprüfen und beurteilen.* Bad Heilbrunn: Klinkhardt.

Sacher, Werner (2011). Durchführung der Leistungsüberprüfung und Leistungsbeurteilung. In ders. & Winter, F. (Hrsg.), *Diagnose und Beurteilung von Schülerleistungen* (S. 27–48). Baltmannsweiler: Schneider.

Schwarz, Johanna, Volkwein, Karin & Winter, Felix (Hrsg.). (2008). *Portfolio im Unterricht. 13 Unterrichtseinheiten mit Portfolio.* Seelze: Klett/Kallmeyer.

Stiggins, Richard J. ([5]2008). *Student-Involved Assessment for Learning.* Upper Saddle River: Pearson.

Vierlinger, Rupert (1999). *Leistung spricht für sich selbst.* Heinsberg: Dieck.

Weinert, Franz E. (1997). Lernkultur im Wandel. In Beck, E.; Guldimann, T. & Zutavern, M. (Hrsg.). *Lernkultur im Wandel* (S. 11–29). St. Gallen: UVK.

Wiedehage, Isabell (2008). Eine Reise in die Welt der Kunst. Themenportfolios im Kunst- und Deutschunterricht einer 5. Klasse. In Schwarz, J., Volkwein, K. & Winter, F. (Hrsg.). *Portfolio im Unterricht. 13 Unterrichtseinheiten mit Portfolio* (S. 57–75). Seelze: Klett/Kallmeyer.

Winter, Felix (2004). *Leistungsbewertung. Eine neue Lernkultur braucht einen anderen Umgang mit den Schülerleistungen.* Baltmannsweiler: Schneider.

Winter, Felix (2005). Standards auch von unten? Warum die Schule die Leistungsbewertung nicht delegieren darf. *Friedrich Jahresheft 23*, 76–77.

Winter, Felix (2010a). Leistung. In Jordan, S. & Schlüter, M. (Hrsg.). *Lexikon Pädagogik. Hundert Grundbegriffe* (S. 180–183). Stuttgart: Reclam.

Winter, Felix (2010b). Perspektiven der Portfolioarbeit für die Gestaltung des schulischen Lernens. In Biermann, Ch. & Volkwein, K. (Hrsg.), *Portfolioperspektiven. Schule und Unterricht mit Portfolios gestalten* (S. 10–29). Weinheim/Basel: Beltz.

Winter, Felix (2010c). Diagnostische Kompetenzen. Unmittelbar im Dienst des Lernens. *Schule NRW Jg. 62* (10), 494–496.

Winter, Felix (2011). Aufgaben und Perspektiven einer reformierten Leistungsbeurteilung. In Sacher, W. & Winter, F. (Hrsg.), *Diagnose und Beurteilung von Schülerleistungen* (S. 197–216). Baltmannsweiler: Schneider.

Winter, Felix, Burkardt-Michalsen, Ulrike & Witte, Cordula (2009). Selbstständig lernen – mit Portfolio. In Cwik, G. (Hrsg.), *Selbstständiges Lernen unterstützen. Lehrerbücherei Grundschule* (S. 10–26). Berlin: Cornelsen.

Katrin Rakoczy

Formatives Assessment – theoretische Erkenntnisse und praktische Umsetzung im Mathematikunterricht

1. Einleitung

Die Beurteilung von Schülerleistungen stellt eine der verantwortungsvollsten Aufgaben von Lehrkräften dar (Brookhart, 1999; Stiggins, 1999; Wilson & Sloane, 2008). Zur Beurteilung von Schülerleistungen werden nicht nur Klassenarbeiten und Tests herangezogen, sondern auch mündliche Leistungsüberprüfungen, Hausaufgabenkontrollen, Unterrichtsgespräche und vieles mehr dienen dazu, Informationen über den Leistungsstand von Lernenden zu gewinnen. All diese Aktivitäten nehmen einen beträchtlichen Zeitanteil im Unterrichtsverlauf ein und sie beeinflussen alle anderen Lehr- und Lernaktivitäten sowie die Unterrichtsqualität. Angesichts der großen Bedeutung, die der Leistungsbeurteilung beigemessen wird, und der damit verbundenen Herausforderung für Lehrkräfte sehen Mertler und Campbell (2005) ein Paradoxon darin, dass Lehrkräfte zwar zunehmend dafür verantwortlich gemacht werden, dass eine qualitativ hochwertige Leistungsdiagnostik in ihrem Unterricht stattfindet, im Rahmen der Lehreraus- und -fortbildung jedoch kaum Ausbildungsmöglichkeiten zu diesem Thema angeboten werden. Lehrkräfte berichten folglich, nicht gut auf diese Tätigkeit vorbereitet zu sein (Mertler & Campbell, 2005), wodurch nach Stiggins (1999) ein Teil des Potenzials von Lernenden nicht ausgeschöpft werden kann.

Dabei ist die Frage, wie Leistungsbeurteilung und die damit verbundene Leistungsrückmeldung an die Lernenden gestaltet sein sollten, Thema zahlreicher wissenschaftlicher Studien. Insbesondere mit der Gestaltung von Rückmeldung beschäftigen sich viele Arbeiten in der pädagogisch-psychologischen Forschung. Allerdings sind die Befunde aus diesen Studien teilweise schwierig auf den Unterricht zu übertragen. Sie stammen zu einem großen Teil aus experimentellen Studien, die geeignet sind, einzelne Aspekte von Rückmeldung intern valide zu untersuchen, sind aber aufgrund einer relativ niedrigen ökologischen Validität nicht ohne Weiteres auf den Unterricht anzuwenden sind (vgl. Rakoczy, Harks, Klieme & Blum, in Vorbereitung).

Um das Potenzial von Lernenden besser auszuschöpfen, erscheint es viel versprechend, Theorien und Befunde aus Studien der pädagogischen Psychologie – inklusive der experimentellen Studien mit geringer ökologischer Validität – auf den Unterrichtskontext anzuwenden, um Erkenntnisse zu gewinnen, die direkt im Unterrichtsalltag anwendbar sind. Dieses Ziel verfolgt das DFG-Projekt

„Conditions and Consequences of Classroom Assessment – Co²CA"[1]. In dem Projekt wird untersucht, wie formatives Assessment als eine aufgrund bisheriger Befunde besonders vielversprechende Form der Leistungsbeurteilung und die damit verbundene Rückmeldung den Lehr-Lernprozess und den Lernerfolg von Lernenden beeinflussen.

Im vorliegenden Beitrag wird zunächst darauf eingegangen, welche Annahmen und Erkenntnisse zur Wirkung und Gestaltung von formativem Assessment in der Forschung bereits vorliegen, bevor die Anlage des Projekts Co²CA sowie Fragestellungen und Ergebnisse einzelner Teilstudien des Projekts dargestellt werden. Schließlich soll ein Ausblick gegeben werden, wie bereits gewonnene und weitere zu erwartende Befunde für Fortbildungen von Lehrkräften genutzt werden sollen, um einen Beitrag zur Förderung des Unterrichts im Hinblick auf Leistungsbeurteilung und -rückmeldung zu leisten.

2. Formatives Assessment: Definition, Wirkung und Gestaltungskriterien

In der Literatur wird Leistungsbeurteilung häufig danach eingeteilt, welche Ziele sie verfolgt (vgl. z.B. Maier, 2010). Auf der einen Seite stehen Methoden der Leistungsbeurteilung, deren Ziel darin liegt, Leistung möglichst objektiv zu messen und darauf basierend Selektionsentscheidungen vorzunehmen. Solche Selektionsentscheidungen können sich beispielsweise auf Notengebung, Versetzung oder Wahl einer weiterführenden Schule beziehen. Diese Art von Leistungsbewertungen wird als *summativ* bezeichnet. Auf der anderen Seite stehen Leistungsbeurteilungen, deren Ziel es ist, Leistung möglichst differenziert zu erfassen, um den Lehr-Lern-Prozess positiv zu beeinflussen. Diesem Ziel kann eine Vielzahl von Verfahren dienen, wie z.B. Zwischentests, Lerntagebücher oder Unterrichtsgespräche. Solche Methoden werden als lernbegleitend oder *formativ* bezeichnet. In zahlreichen Studien hat sich gezeigt, dass formative Leistungsbeurteilung gegenüber summativer einen positiven Einfluss auf die Motivation und Leistung von Lernenden hat (vgl. z.B. Black, Harrison, Lee, Marshall & Wiliam, 2002; Black & Wiliam, 1998a; Black & Wiliam, 1998b; Hattie & Timperley, 2007). Im Folgenden soll genauer aufgeschlüsselt werden, was unter formativer Leistungsbeurteilung zu verstehen ist, wie sie auf den Lehr-Lernprozess wirkt und wie sie gestaltet sein sollte, um lernförderlich zu sein.

[1] Das Projekt wird am Deutschen Institut für Internationale Pädagogische Forschung, der Universität Kassel und der Universität Lüneburg unter Leitung von Eckhard Klieme, Katrin Rakoczy, Werner Blum und Dominik Leiß durchgeführt. Die Autor/inn/en danken der DFG für die Förderung an den Standorten Frankfurt (KL 1057/10) und Kassel (BL275/16).

2.1 Definition

Unter Methoden der Leistungsbeurteilung, die sich als „formatives Assessment" zusammenfassen lassen, werden solche Leistungsbeurteilungen verstanden, die sowohl Lehrkräften als auch Lernenden helfen, den weiteren Lernprozess produktiv zu gestalten, indem sie Informationen über die Diskrepanz zwischen Lernzielen und dem aktuellen Lernstand liefern (vgl. Sadler, 1989). Black und Wiliam (2009, S. 9) betonen in ihrer Definition, dass Informationen über Schülerleistungen für Entscheidungen über den weiteren Verlauf des Unterrichts genutzt werden können und sollen: „Practice in a classroom is formative to the extent that evidence about student achievement is elicited, interpreted, and used by teachers, learners, or their peers, to make decisions about the next steps in instruction that are likely to be better, or better founded, than the decisions they would have taken in the absence of the evidence that was elicited." Die beschriebenen Bedingungen können durch verschiedene Methoden der Leistungsbeurteilung erfüllt werden. Nach Maier (2010) haben diese verschiedenen Methoden Folgendes gemein: a) Schulische Leistungsbeurteilung wird als Teil des Lernprozesses betrachtet. b) Sie zielt auf eine mehrperspektivische Erfassung von Schülerleistungen ab, d.h. es sollten z.B. schriftliche und mündliche Leistungen sowie die Einschätzung des/der Lernenden selbst einbezogen werden. c) Sie wird zur Optimierung von Lernprozessen genutzt, d.h. die Informationen, die daraus gewonnen werden, beeinflussen wiederum den Unterricht und das individuelle Lernen.

2.2 Wirkung

Es gibt zahlreiche Studien, die belegen, dass verschiedene Arten formativen Assessments einen positiven Einfluss auf Lernen und Motivation haben (siehe oben). Allerdings bleiben diese Arbeiten relativ vage, wenn es darum geht zu erklären, wie formatives Assessment diese Wirkung entfaltet. In den genannten Studien wird sie relativ allgemein darauf zurückgeführt, dass die Lücke zwischen dem, was tatsächlich erreicht wird (Lernstand), und dem, was erreicht werden soll (Lernziel), geschlossen und der Lernprozess betont wird. Die Untersuchung, wie formatives Assessment genau den Lernprozess und die Unterrichtspraxis beeinflusst, d.h. über welche psychischen Prozesse z.B. der Wahrnehmung es wirkt, und wie das in der Praxis nutzbar gemacht werden kann, steht jedoch noch aus und stellt ein wichtiges Forschungsanliegen dar (Pellegrino, Chudowsky & Glaser, 2008).

Damit Informationen aus einer Leistungsdiagnose, wie in der Definition von Black und Wiliam (2009) formuliert, für den weiteren Lehr-Lern-Prozess genutzt werden können, müssen sie Lehrkräften und Lernenden bekannt sein. Nach Klieme, Rakoczy, Blum und Leiß (2011) kann formatives Assessment deshalb aus zwei Komponenten bestehend verstanden werden. Es beinhaltet zum einen eine Leistungsdiagnose, d.h. die Erfassung der Leistung eines Lernenden, und zum anderen die Rückmeldung des Leistungsergebnisses an den entsprechenden Lernenden. Durch die Leistungsdiagnose (z.B. das Schreiben und Korrigieren eines Zwischentests) bekommen Lehrende einen Überblick darüber, was ihre Lernenden können und wo sie noch Probleme haben, d.h. über ihre Stärken und Schwächen. Sie können ihren Unterricht entsprechend anpassen, indem sie beispielsweise wiederholen, was von vielen noch nicht gekonnt wird oder bestimmte differenzierende Maßnahmen ergreifen. Die Lernenden profitieren durch die Rückmeldung von der Leistungsdiagnose. Sie sollten durch die Rückmeldung erfahren, wo ihre individuellen Stärken und Schwächen liegen und wie sie ihren Lernprozess optimieren können, indem sie gezielt an ihren Schwächen arbeiten (siehe Abb. 1).

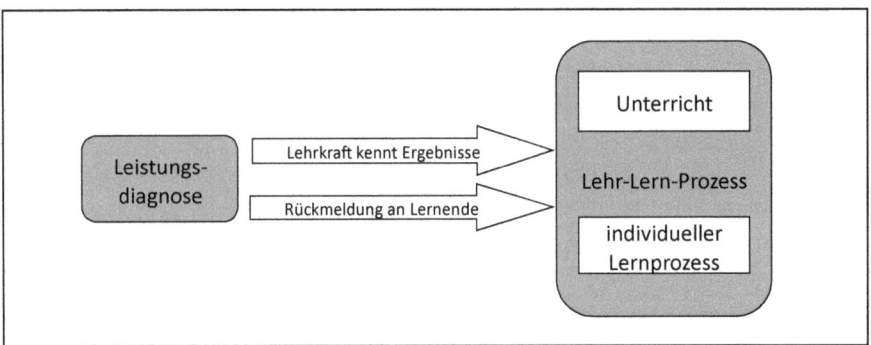

Abbildung 1:
Komponenten und Wirkungsweise formativen Assessments

2.3 Gestaltungskriterien

Sowohl für die Diagnose als auch für die Rückmeldung gibt es in der Literatur zahlreiche Hinweise, wie sie gestaltet sein sollten, um lernförderlich zu sein.

Bezüglich der *Diagnose* ist wichtig, dass die Informationen, die in der Klasse gewonnen werden, bedeutungsvoll und genau – d.h. valide und reliabel – sein müssen (Brookhart, 1999). Das Validitätskriterium wird beim formativen Assessment dadurch erfüllt, dass die Diagnoseinstrumente im Curriculum verankert sind. Die Aufgaben müssen unterrichtsnah, d.h. auf die im Unterricht behandelten Inhalte bezogen, entwickelt und bewertet werden – im Gegensatz etwa zu den meist curriculumsunabhängigen High-stakes-Tests in den USA. Nur dann liefern sie ausreichend inhaltsspezifische Informationen darüber, wie der Unterricht und das individuelle Lernen verbessert werden können. Die Reliabilität der Diagnose, d.h. die Genauigkeit, wird dadurch gewährleistet, dass sich die Tests auf Kompetenzmodelle beziehen, die z.B. verschiedene Teilkompetenzen unterscheiden. Es werden Tests entwickelt, mit denen Daten erhoben werden, die mit statistischen Verfahren der Item-Response-Theorie ausgewertet werden können (vgl. Koeppen, Hartig, Klieme & Leutner, 2008). Mit Hilfe dieser Verfahren kann aus bestimmten Lösungsmustern auf das Vorhandensein von zugrunde liegenden Kompetenzen bzw. Teilkompetenzen rückgeschlossen werden und es ist eine differenzierte Diagnose möglich.

Zahlreiche Studien in verschiedenen Forschungskontexten haben darüber hinaus zu Kriterien geführt, wie *Rückmeldung* gestaltet sein sollte, um motivationale, emotionale und kognitive Aspekte des Lernprozesses positiv zu beeinflussen (vgl. zum Überblick die Metaanalysen von Bangert-Drowns, Kulik, Kulik & Morgan, 1991; Hattie & Timperley, 2007; Kluger & DeNisi, 1996; Shute, 2008). Aus diesen Metaanalysen ergeben sich mit hoher Übereinstimmung folgende Merkmale als wichtige Kriterien, damit die Rückmeldung positiv auf den Lernprozess wirkt: Die Rückmeldung sollte den Lernenden zeigen, wo sie stehen, d.h. ob die erzielte Lösung richtig oder falsch ist, und ggf. die richtige Lösung nennen. Dabei sollte kein sozialer Vergleich stattfinden, sondern die Aufmerksamkeit auf den Lernfortschritt gelenkt werden. Zusätzlich sollten Informationen geliefert werden, wie das Lernziel erreicht werden kann, d.h. welche kognitiven Prozesse für die Aufgabenlösung notwendig sind, und ggf. Lernstrategien vorgeschlagen werden. Die Rückmeldung sollte möglichst zeitnah erfolgen und sich auf konkrete Aufgaben beziehen. Die Formulierung sollte verständlich und sparsam sein, damit keine überflüssigen Ressourcen in Anspruch genommen werden, die sonst nicht für die Aufgabenbearbeitung zur Verfügung stünden. Dabei sollte darauf geachtet werden, dass die Rückmeldung motivationsförderlich formuliert wird, indem nicht nur auf Defizite aufmerksam gemacht wird, sondern auf Stärken fokussiert wird und die Veränderbarkeit der Leistungen deutlich gemacht wird (ausführlichere Beschreibungen von Kriterien zur lernförderlichen Gestaltung von Rückmeldung finden sich bei Besser et al., 2010 und Harks, Rakoczy, Hattie, Klieme & Besser, in Vorbereitung).

3. Das Projekt „Conditions and Consequences of Classroom Assessment"

Das Hauptanliegen des DFG-Projekts „Conditions and Consequences of Classroom Assessment – Co²CA" besteht darin zu untersuchen, *ob* und *wie* formatives Assessment und die damit verbundene Rückmeldung den Unterricht und den Lernerfolg von Lernenden beeinflusst. Dazu wurden bisher drei Studien durchgeführt. Zunächst wurde eine *Skalierungsstudie* mit Lehrerbefragung durchgeführt, in der eine umfangreiche Testerhebung realisiert wurde, die insbesondere der Entwicklung, Erprobung und Skalierung mathematischer Aufgaben diente, welche dann in den beiden darauf folgenden Studien, dem Laborexperiment und der Unterrichtsstudie, zum Einsatz kamen. Im *Laborexperiment* wurde analysiert, wie verschiedene Rückmeldearten – als Variationen eines der beiden Kernelemente formativen Assessments – auf kognitive und motivationale Prozesse von Lernenden wirken. Die erfolgreichste Rückmeldebedingung aus dem Laborexperiment sowie weitere Elemente formativen Assessments wurden anschließend im Rahmen einer *Unterrichtsstudie* in den Mathematikunterricht implementiert.

3.1 Skalierungserhebung

Ziel der im Mai 2008 stattfindenden Skalierungserhebung war vor allem die Entwicklung mathematischer Testaufgaben, deren psychometrische Skalierung sowie die Erstellung spezifischer Kompetenzmodelle. Sowohl die Testaufgaben als auch die Skalierungsergebnisse bildeten die Grundlage für das nachfolgend durchgeführte Laborexperiment und die Unterrichtsstudie. Darüber hinaus bot die Studie die Möglichkeit, eigenständige psychometrische Fragestellungen zu bearbeiten (z.B. zur Dimensionalität mathematischer Kompetenz) sowie die Leistungsbeurteilungspraxis im Unterricht mittels Schüler- und Lehrerbefragungen zu erforschen. Die Beschreibung der Skalierungserhebung im vorliegenden Kapitel beschränkt sich auf die Entwicklung und Erprobung mathematischer Aufgaben, die in der Labor- und Unterrichtsstudie zum Einsatz kamen. Genauere Informationen zum Design der Skalierungsstudie und zu Ergebnissen in Bezug auf die Dimensionalität mathematischer Kompetenzen sowie der Leistungsbeurteilungspraxis finden sich bei Bürgermeister et al. (2011b) und Klieme et al. (2010).

Im Einzelnen erfassten die Testaufgaben zwei ausgewählte mathematische Teilkompetenzen (Modellierungskompetenz und technische Kompetenz) innerhalb eingegrenzter Themenbereiche (Satz des Pythagoras und Lineare Gleichungssysteme). Während die technische Kompetenz vor allem das Kennen und Anwenden mathematischer Fakten und Fertigkeiten umfasst, wird die Modellierungskompetenz durch realitätsbezogene Aufgaben erfasst, in denen die Schülerinnen und Schüler jeweils aus einer dargestellten Situation ein mathematisches Modell erstellen sowie bearbeiten und anschließend das Ergebnis interpretieren und validieren müssen (vgl. u.a. Blum & Leiß, 2005). Diese beiden mathematischen Teilkompetenzen sind auch in den nationalen Bildungsstandards für Mathematik verankert, und zwar unter den Kompetenzen „Mit symbolischen, formalen und technischen Elementen der Mathematik umgehen" (K5) und „Mathematisch modellieren" (K3) (Blum, Drüke-Noe, Hartung & Köller, 2006).

Es wurden insgesamt 138 Mathematikaufgaben zu den beiden oben genannten Themenbereichen und den zwei mathematischen Teilkompetenzen eingesetzt, wobei die Mehrheit neu konstruiert wurde sowie einige aus den Vorgängerprojekten „DISUM" (Blum & Leiß, 2007) und „Unterrichtsqualität, Lernverhalten und mathematisches Verständnis" (Klieme, Pauli & Reusser, 2009) übernommen wurden. Neben diesen themenspezifischen Mathematikaufgaben zu den genannten Unterrichtseinheiten wurden weitere 38 Aufgaben aus den nationalen Bildungsstandards[2] eingesetzt. Es sollte somit überprüft werden, wie sich die Kompetenzen der Lernenden in diesen eher unterrichtsfernen Aufgaben zu den Leistungen in den themenspezifischen Aufgaben verhalten.

3.2 Laborexperiment

Das Ziel des Laborexperimentes bestand darin zu untersuchen, wie sich verschiedene Rückmeldearten auf den Lernprozess sowie Interesse und Leistung von Lernenden auswirken. Es sollte überprüft werden, welche Variablen den Einfluss von Rückmeldung auf Interesse und Leistung vermitteln und ob die Wirkung der Rückmeldung von bestimmten individuellen Voraussetzungen abhängt. Eine weitere Fragestellung des Laborexperiments bestand darin, inwiefern sich die inhaltliche Breite eines Tests auf Interesse und Leistung der Lernenden auswirkt. Dabei wurde zwischen unterrichtsnahen Tests, die auf einen Inhaltsbereich des Unterrichts fokussierten, und unterrichtsfernen Tests, die durch eine höhere thematische Breite gekennzeichnet waren, unterschieden. Unterrichtsnahe Tests kommen häufig in formativen Assessments zum Einsatz, während unterrichtsferne Tests eher der summativen Leistungsbeurteilung dienen (z.B. Vergleichsarbeiten und Lernstandserhebungen).

3.2.1 Design

Es nahmen 329 Schülerinnen und Schüler der neunten Jahrgangsstufe (davon 49,5% weiblich) aus 55 Realschulklassen aus dem Großraum Frankfurt bzw. Kassel im Zeitraum zwischen November und Dezember 2009 an dem Laborexperiment teil. Alle teilnehmenden Schülerinnen und Schüler hatten kurz zuvor (im Durchschnitt drei Wochen vor Beginn des Experiments) im Mathematikunterricht die Unterrichtseinheit zur Satzgruppe des Pythagoras

---

2   Das Projektteam dankt dem IQB – Institut zur Qualitätsentwicklung im Bildungswesen (Humboldt-Universität zu Berlin) – für die Überlassung dieses Materials.

oder zu Linearen Gleichungssystemen abgeschlossen. Um eine möglichst repräsentative Stichprobe zu erhalten und eine hierarchische Datenstruktur weitestgehend zu vermeiden, wurden nicht mehr als sechs Lernende pro Klasse getestet, welche individuell von einem geschulten Testleiter betreut und instruiert wurden. Für jede Klasse wurden in der Regel jeweils zwei Lernende mit niedrigem, mittlerem und hohem Leistungsniveau (operationalisiert durch die Mathematiknote im vorherigen Schulzeugnis) ausgewählt. So wurde gewährleistet, dass in jeder Klasse das Leistungsspektrum durch die Versuchspersonen abgedeckt wird und es war eine bezüglich des Leistungsniveaus parallelisierte Zuordnung der Versuchspersonen zu den Rückmeldebedingungen (siehe unten) möglich.

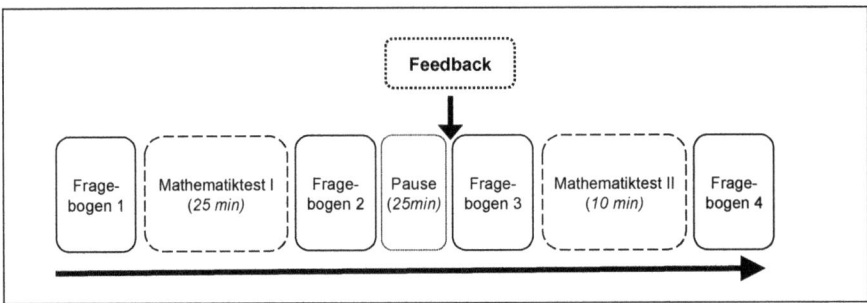

Abbildung 2:
Ablauf des Laborexperiments

Das Experiment nahm insgesamt 100 Minuten in Anspruch und wurde in der regulären Unterrichtszeit durchgeführt (zum Ablauf vgl. Abbildung 2). Es wurden zunächst motivationale Lernvoraussetzungen (z.B. Mathematikinteresse, Lernzielorientierung, Erfolgserwartung) mittels Fragebogen erhoben, bevor anschließend die Mathematikleistung mit einem Test[3] (Themenbereich je nach Versuchsbedingung, vgl. unten) erfasst wurde. In einem zweiten Fragebogen waren die Lernenden aufgefordert, ihre Leistung im vorangegangenen Test einzuschätzen. In einer anschließenden Pause erfolgte die Auswertung des Mathematiktests und die Erstellung der schriftlichen Leistungsrückmeldung (je nach Versuchsbedingung, vgl. unten). Nach Erhalt der individuellen Rückmeldung beantworteten die Schülerinnen und Schüler einen weiterer Fragebogen, in dem sie u.a. angeben sollten, inwieweit sie sich durch die Rückmeldung unterstützt gefühlt haben (wahrgenommene Kompetenzunterstützung) und inwiefern sie durch die Rückmeldung nun wissen, wie sie ihren Lernprozess weiter gestalten können (behaviorale Adaptivität). Abschließend bearbeiteten die Probanden erneut einen Mathematiktest und einen Fragebogen

---

3   Alle verwendeten Testitems waren im Rahmen der Skalierungsstudie entwickelt bzw. adaptiert und skaliert worden.

zur Erfassung motivationaler und (meta-)kognitiver Variablen (zu den einzelnen Skalen vgl. Bürgermeister et al., 2011a).

Experimentell variiert wurden die *Faktoren (A) Rückmeldung* und *(B) Testinhalt*. Um den Testinhalt zu variieren, wurde den Lernenden entweder ein Mathematiktest mit dem Inhaltsbereich Satzgruppe des Pythagoras vorgelegt oder ein Test zu linearen Gleichungssystemen oder ein Satz von Aufgaben aus den nationalen Bildungsstandards. Schülerinnen und Schüler, in deren Klasse kurz vor der Testung das Themengebiet Satz des Pythagoras behandelt wurde, wurden der „Pythagoras-Bedingung" oder der „Bildungsstandard-Bedingung" zugeordnet, während Lernende, in deren Klassen zuvor Lineare Gleichungssysteme unterrichtet wurden, entsprechend einen Test zu diesem Themengebiet oder einen Test mit Aufgaben aus den Bildungsstandards erhielten. Während die Tests mit thematischem Fokus auf den Satz des Pythagoras oder Lineare Gleichungssysteme als unterrichtsnah angesehen wurden, wurde der Test mit Bildungsstandardaufgaben als eher unterrichtsfern betrachtet.

Hinsichtlich des Faktors *Rückmeldung* wurden fünf verschiedene Rückmeldebedingungen realisiert. Die Schülerinnen und Schüler erhielten entweder eine sozial-vergleichende, eine lösungsprozessbezogene oder eine kriteriale Rückmeldung, die alle nach den mathematischen Teilkompetenzen technische und Modellierungskompetenz differenzierten, oder sie bekamen eine kriteriale nicht nach Teilkompetenzen differenzierende oder gar keine Rückmeldung zu ihrer Leistung im Test. Während das Testergebnis der Lernenden in der sozial-vergleichenden Bedingung in Form einer Note pro Teilkompetenz mit den Leistungen altersgleicher Schülerinnen und Schüler verglichen wurde (Aufzeigen des Notendurchschnitts und der Notenverteilung), wurde im lösungsprozessbezogenen Feedback auf individuelle Stärken und Schwächen der Lernenden sowie Strategien zur Leistungsverbesserung anhand von Beispielaufgaben für beide Teilkompetenzen eingegangen. Diese Art von Feedback basiert auf einer detaillierten Aufgabenanalyse hinsichtlich ablaufender Teilprozesse, die zum Lösen dieser Aufgaben nötig sind (z.B. Erkennen eines rechtwinkligen Dreiecks). Es erfolgte dann eine Kodierung der Schülerlösungen hinsichtlich dieser Teilprozesse. Darauf basierend konnte eine Rückmeldung, getrennt nach den beiden mathematischen Teilkompetenzen, erstellt werden, welche angab, in welchen Lösungsprozessen der Lernende schon sicher ist und in welchen Schwächen bestehen. Darüber hinaus wurde zu jedem noch verbesserungswürdigen Teilprozess eine Strategie oder Hilfe angegeben, durch welche der Lernende eine positive Leistungsentwicklung erreichen könnte (Beispielrückmeldung siehe Abb. 3). Das kriteriale Feedback hingegen zeigte anhand eines Kompetenzstufenmodells (entweder separat für beide Teilkompetenzen oder gemeinsam) die Leistung des Lernenden und die Lernziele auf. Die Probanden in der Bedingung „keine Rückmeldung" erhielten statt einer Rückmeldung einen Text mit Fragen zum Leseverständnis.

RECHENAUFGABEN

Zu deiner Leistung bei dieser Art von Aufgaben können wir dir mitteilen:

Bei den Rechenaufgaben bist du schon richtig gut im Umgang mit vielen Themen linearer Gleichungssysteme. Im Detail sehen wir anhand deiner Lösungen, dass…

… du mit folgenden Themen bereits gut umgehen kannst:

1. Die Koordinaten des Schnittpunkts zweier Geraden im Koordinatensystem richtig ablesen. (siehe z.B. Aufgabe 7)
2. Werte für Variablen in einen Term einsetzen. (siehe z.B. Aufgabe 9)
3. Ein gegebenes lineares Gleichungssystem richtig interpretieren. (siehe z.B. Aufgabe 3)
4. Lineare Funktionen graphisch darstellen. (siehe z.B. Aufgabe 3)

… du dich bei folgenden Themen noch verbessern kannst:

1. Gleichungen richtig umformen. (siehe z.B. Aufgabe 5)
2. Ein lineares Gleichungssystem mit einem geeigneten Verfahren lösen. (siehe z.B. Aufgabe 2)

So kannst du dich verbessern:

→ Denk dran: Forme immer auf beiden Seiten gleich um.

→ Bei der Beispielaufgabe: Ersetze genau eine Variable durch eine der Gleichungen.

Jede(r) Lernende hat Stärken und Schwächen. Du kannst dich im nächsten Test verbessern, wenn du unsere Tipps beachtest.

SACHAUFGABEN

Zu deiner Leistung bei dieser Art von Aufgaben können wir dir mitteilen:

Bei den Sachaufgaben bist du schon recht sicher im Umgang mit verschiedenen Themen linearer Gleichungssysteme. Im Detail sehen wir anhand deiner Lösungen, dass…

… du mit folgenden Themen bereits gut umgehen kannst:

1. Eine in einer Sachaufgabe beschriebene Situation geeignet vereinfachen und für das Lösen geeignete Annahmen treffen. (siehe z.B. Aufgabe 4)
2. Zwei in Worten beschriebene Angebote (lineare Zusammenhänge) vergleichen. (siehe z.B. Aufgabe 8)
3. Das Ergebnis deiner Rechnungen sinnvoll hinterfragen. (siehe z.B. Aufgabe 4)

… du dich bei folgenden Themen noch verbessern kannst:

1. Eine lineare Funktion für ein lineares Gleichungssystem auswählen, welches die in einer Sachaufgabe beschriebene Situation beschreibt. (siehe z.B. Aufgabe 1a)
2. Für das Lösen einer Aufgabe alle benötigten Größen aus Text und Bild auswählen und Zusammenhänge erkennen. (siehe z.B. Aufgabe 1a)
3. Das Ergebnis deiner Rechnungen nachvollziehbaren in eigenen Worten zusammenfassen. (siehe z.B. Aufgabe 8)

So kannst du dich verbessern:

→ Überlege: Welche Größen sind fest, welche Größen variieren.

→ Suche nötige Angaben im Text/ Bild. Überlege dir, wie diese zusammenhängen.

→ Schreibe einen zur Aufgabe passenden Antwortsatz auf.

Jede(r) Lernende hat Stärken und Schwächen. Du kannst dich im nächsten Test verbessern, wenn du unsere Tipps beachtest.

Abbildung 3:
Beispiel für eine lösungsprozessbezogene Rückmeldung (Themengebiet: Lineare Gleichungssysteme)

3.2.2 Ergebnisse des Laborexperiments

Erste Auswertungen des Laborexperimentes zum Einfluss von Rückmeldung auf Lernende beziehen sich auf den Vergleich zwischen lösungsprozessbezogener und sozial-vergleichender Rückmeldung. Sie zeigen, dass Lernende, die eine individuelle Rückmeldung, in der auf Stärken, Schwächen und Verbesserungsstrategien eingegangen wird, bekommen haben, angeben, besser zu wissen, wie sie im folgenden Lernprozess vorgehen sollen, als Lernende, die eine Note als Rückmeldung erhalten haben. Lernende empfinden eine lösungsprozessbezogene Rückmeldung somit als hilfreicher hinsichtlich der kognitiven Prozesse, die notwendig sind, um sich zu verbessern (behaviorale Adaptivität), als eine sozial-vergleichende Rückmeldung. Dieses Erleben der lösungsprozessbezogenen Rückmeldung begünstigt die Entwicklung von mathematischer Kompetenz und die Förderung von intrinsischer Motivation (Harks, Rakoczy, Hattie, Klieme & Besser, in Vorbereitung). In weiteren Auswertungen wird deutlich, dass eine lösungsprozessbezogene Rückmeldung darüber hinaus von den Lernenden als kompetenzunterstützender empfunden wird als eine sozial-vergleichende Rückmeldung und dass diese positive Erfahrung zu höherem Interesse an dem folgenden Mathematiktest führt (Rakoczy, Harks, Klieme & Blum, in Vorbereitung).

Hinsichtlich des zweiten variierten Faktors, der Testbreite, liegen derzeit noch keine Ergebnisse vor.

3.3 Unterrichtsstudie

Die Aufgaben und Befunde zur Erfassung und Modellierung mathematischer Kompetenzen aus der Skalierungsstudie sowie die Erkenntnisse zur Wirkung verschiedener Rückmeldearten aus der Laborsituation wurden im Rahmen einer Unterrichtsstudie in den Mathematikunterricht der neunten Jahrgangsstufe an Realschulklassen implementiert, um in einem ökologisch validen Setting zu untersuchen, wie formatives Assessment den Lehr-Lern-Prozess beeinflusst.

3.3.1 Experimentelle Variation, Stichprobe und Ablauf der Unterrichtsstudie

Es handelt sich um eine Interventionsstudie mit Prä- und Posttest, die im Schuljahr 2010/11 im Rahmen der Unterrichteinheit „Satz des Pythagoras" durchgeführt wurde. Es wurden zwei unterschiedliche Varianten formativen Assessments in zwei verschiedenen Interventionsbedingungen realisiert (lösungsprozessbezogene Rückmeldung und lernprozessbegleitende Rückmeldung)

und mit einer Kontrollgruppe ohne spezifische Leistungsbeurteilung und Rückmeldung verglichen. Die verschiedenen Bedingungen wurden – wie in der
Unterrichtsforschung üblich – dadurch realisiert, dass die Lehrkräfte im Vorfeld
an entsprechenden Fortbildungen teilnahmen und in der Umsetzung der jeweiligen Bedingung geschult wurden. In der Kontrollgruppe wurden den Lehrkräften
die fachlichen Unterrichtsinhalte und zu behandelnden Aufgaben für die ersten
13 Stunden der Unterrichtseinheit „Satz des Pythagoras" vermittelt (ein Halbtag).
In der Interventionsgruppe 1, der „lösungsprozessbezogenen" Bedingung, wurden die Lehrkräfte darüber hinaus darin geschult, zu bestimmten festgelegten
Zeitpunkten die Leistung der Lernenden anhand von diagnostischen Aufgaben
und dazugehörigen Diagnosebögen zu erfassen und mit Hilfe eines von uns entwickelten halb standardisierten Verfahrens schriftliche Rückmeldung über ihre
Leistungen zu geben (insgesamt zwei Halbtage). Diese Bedingung stellt eine
Implementation der im Laborexperiment bereits erprobten lösungsprozessbezogenen Rückmeldung dar. In der Interventionsbedingung 2, der „lernprozess-
begleitenden" Bedingung, wurden die Lehrkräfte darüber hinaus darin trainiert, verbale Rückmeldung, die adaptiv auf die individuellen Bedürfnisse der
Lernenden zugeschnitten ist, zu geben (insgesamt drei Halbtage).

An der Unterrichtsstudie nahmen 41 Lehrerinnen und Lehrer (26 weiblich,
15 männlich) mit ihren Klassen, d.h. circa 1200 Schülerinnen und Schülern teil.
Die Teilnahme erfolgte auf freiwilliger Basis, als Voraussetzung galt lediglich das
Unterrichten einer neunten Mathematik-Realschulklasse im Erhebungszeitraum.
Die Zuteilung der Lehrkräfte auf die drei Bedingungen erfolgte zufällig und
ohne das Wissen der Lehrkräfte.

Im Rahmen der Unterrichtsstudie wurden die ersten 13 Unterrichtsstunden
der laut Lehrplan vorgeschriebenen Unterrichtseinheit „Satz des Pythagoras"
begleitet (siehe Abb. 4). Die Lehrkräfte nahmen vor der Durchführung der
Unterrichtseinheit an den Fortbildungsveranstaltungen ihrer Bedingung
teil (siehe oben). In jeder teilnehmenden Klasse erfolgte direkt vor und direkt nach diesen 13 Unterrichtsstunden ein Leistungstest mit den in der ersten Förderphase entwickelten Aufgaben. Darüber hinaus wurde jeweils eine
Befragung der Schülerinnen und Schüler und Lehrpersonen mittels Fragebogen durchgeführt. Im Verlauf der 13 Unterrichtsstunden wurden außerdem kurze Schülerbefragungen zu drei festgelegten Zeitpunkten von den Lehrkräften mittels Fragebögen durchgeführt. Weiterhin wurden in allen Klassen
die Einstiegsdoppelstunde sowie die 9. und 10. Stunde der 13-stündigen Unterrichtseinheit videografiert. In den beiden Interventionsbedingungen setz-
ten die Lehrerinnen und Lehrer weiterhin zu drei festgelegten Zeitpunkten
Diagnoseaufgaben ein und gaben anschließend – in der in der Fortbildung ver-
mittelten Form – individuelle Rückmeldung (siehe unten).

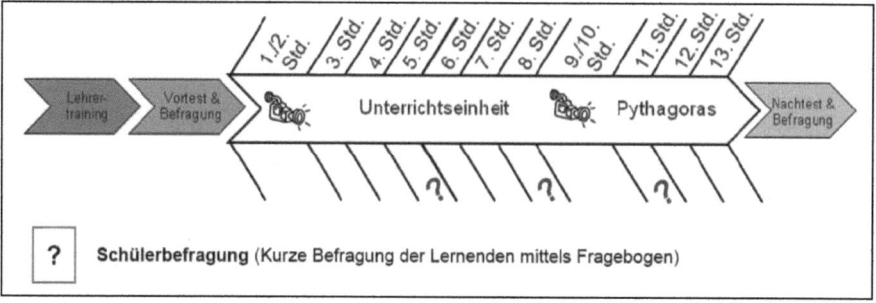

Abbildung 4:
Ablauf der Unterrichtsstudie

Die Befragung der Lehrkräfte beinhaltete primär Einschätzungen der eigenen Unterrichts-, Leistungsbeurteilungs- und Rückmeldepraxis. Die Befragung der Lernenden enthielt ebenfalls ihre Sicht auf den Unterricht sowie die Leistungsbeurteilungs- und Rückmeldepraxis. Darüber hinaus wurden motivationale und (meta-)kognitive Variablen der Lernenden erhoben, die für den Lernprozess als wichtig erachtet werden und im Laborexperiment bereits eingesetzt wurden (z.B. behaviorale Adaptivität, wahrgenommene Kompetenzunterstützung, Selbstevaluation, Interesse, intrinsische Motivation). Durch die Videografierung des Unterrichts sollten darüber hinaus Informationen über die vorfindliche Unterrichts- und Leistungsbeurteilungssituation in der Klasse aus Beobachtungsperspektive gewonnen werden und zugleich erfasst werden, wie die Implementation der Fortbildungsinhalte in den Unterricht gelungen ist.

3.3.2 Fortbildungsinhalte in den drei Bedingungen

Die Lehrkräfte der *Kontrollgruppe* wurden gebeten, nach einem für die Studie entwickelten Unterrichtsskript und den darin enthaltenen Vorgaben zu unterrichten. In dem Skript wurde eine grobe Zeittaktung der Unterrichtsreihe mithilfe von fünf zu durchlaufenden Phasen à zwei bis vier Unterrichtsstunden vorgegeben. Weiterhin wurden die zu bearbeitenden Inhalte in Form von inhaltlichen Zielformulierungen und Pflichtaufgaben, die in der jeweiligen Phase zu behandeln waren, vorgegeben. Die Wahl der Sozialformen wurde bewusst der Lehrperson überlassen, um keine unnötigen Störeinflüsse auf den gewohnten Unterrichtsverlauf zu produzieren. In der Fortbildung der Kontrollgruppe wurden somit lediglich fachdidaktische Aspekte zum „Satz des Pythagoras" und zum Modellieren sowie Hinweise zur Durchführung der Studie vermittelt. Insbesondere erfolgte keine weitere Sensibilisierung bezüglich Rückmeldepraktiken im Unterricht. Die Teilnehmerinnen und Teilnehmer er-

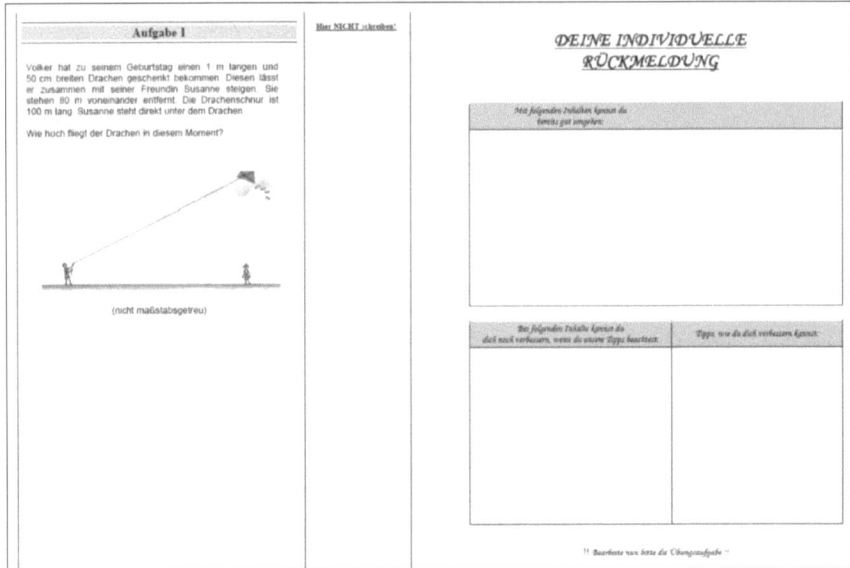

Abbildung 5:
Diagnosebogen 2 (wurde in der 5. Unterrichtsstunde eingesetzt)

hielten den Hinweis, dass sie zunächst Erfahrungen mit dem Unterrichtsskript und den darin enthaltenen Aufgaben sammeln sollten, bevor weitere Fortbildungsinhalte vermittelt würden. Eine weitere Fortbildungsveranstaltung wurde bereits angekündigt, in der Erfahrungen ausgetauscht und neue Inhalte besprochen werden sollten. Diese Fortbildungsveranstaltung fand nach Ablauf der Unterrichtseinheit „Satz des Pythagoras" statt und enthielt darüber hinaus die wesentlichen Inhalte der Interventionsbedingungen 1 und 2 (siehe unten), um allen teilnehmenden Lehrkräften die Möglichkeit zu bieten, sich zum Thema Leistungsbeurteilung und -rückmeldung in gleicher Intensität fortzubilden.

In der *Interventionsbedingung 1 („Lösungsprozessbezogene Rückmeldung")* sollte der Unterricht nach demselben Unterrichtsskript ablaufen. Darüber hinaus bearbeiteten die Lernenden jeweils in den letzten 15 Minuten der 5., 8. und 11. Stunde der Unterrichtseinheit kurze Diagnoseaufgaben, die Rückschlüsse auf ihre mathematische Kompetenz (TK und MK) ermöglichten. Anschließend erstellten die Lehrkräfte eine schriftliche Rückmeldung für jeden Lernenden. Den Schülerinnen und Schülern wurden ihre Stärken und Schwächen aufgezeigt sowie bezogen auf ihre Defizite gezielt Strategien zur Weiterarbeit empfohlen (siehe Abb. 5). Zur Entlastung der Lehrkräfte und zur Vereinheitlichung und Fundierung der Rückmeldungen wurde für die Erstellung der Rückmeldung eine Diagnosehilfe mit Formulierungsvorschlägen entwickelt (siehe Abb. 6). Diese zeigte auf, welche kognitiven Teilprozesse beim Lösen der einzelnen Diagnoseaufgabe sichtbar wurden, und machte Vorschläge für mögliche indivi-

Schülerlösungen zu den Aufgaben aus den Diagnosebögen könnten u. a. bzgl. folgender Lösungsprozesse (Inhalte) analysiert werden:	Mögliche Hilfen:
HAUPTINHALT 1: Mit Größen und/ oder Variablen rechnen.	
1. (Quadratische) Gleichungen umformen.	Bedenke, dass $a^2+b^2=c^2$ nach a^2 umgeformt $a^2=c^2-b^2$ ergibt.
2. Längen/ Größen korrekt quadrieren	Denk daran: (a^2+b^2) kann nicht weiter umgeformt werden, das ist nicht $(a+b)^2$.
3. Aus Längen/ Größen korrekt die Wurzel ziehen.	Denk daran: Die Wurzel aus (a^2+b^2) ist nicht $(a+b)$.
4. Längen/ Größen korrekt addieren bzw. subtrahieren.	Erinnere dich: (a) cm^2 + (b) cm^2 = (a+b) cm^2, (a) cm^2 - (b) cm^2 = (a-b) cm^2
HAUPTINHALT 2: Den SdP bei Rechenaufgaben anwenden.	
5. Ein rechtwinkliges Dreieck in einer vertrauten Figur finden.	Fertige eine Skizze an bzw. ergänze eine vorhandene Skizze.
6. Bei einem rechtwinkligen Dreieck den rechten Winkel identifizieren.	Ein rechter Winkel misst 90°. Die Ecken eines DIN-A4-Blattes sind rechte Winkel..
7. Bei einem rechtwinkligen Dreieck Katheten und Hypotenusen idetifizieren,	Die Katheten schließen den rechten Winkel ein, die Hypotenuse liegt ihm gegenüber.
8. Den SdP korrekt aufstellen, wenn eine Kathetenlänge gesucht ist.	Erinnere dich, der Satz des Pythagoras lautet: Kathete^2 + Kathete^2 = Hypotenuse^2.
9. Den SdP korrekt aufstellen, wenn eine Hypotenusenlänge gesucht ist.	Erinnere dich, der Satz des Pythagoras lautet: Kathete^2 + Kathete^2 = Hypotenuse^2.
HAUPTINHALT 3: Lösungsprozesse/ Ergebnisse korrekt bzw. nachvollziehbar wiedergeben	
10. Mathematische Rundungsregeln korrekt/ sinnvoll anwenden.	Erinnere dich: Abrunden, wenn die letzte Ziffer eine 0,1,2,3,4 ist, sonst aufrunden.
11. Den eigenen Lösungsweg korrekt/ nachvollziehbar aufschreiben.	Kontrolliere, ob du einen passenden Antwortsatz aufgeschrieben hast.
12. Formal richtige Schreibweise bei der Darstellung des Lösungsweges.	
13. Anderes!	

Abbildung 6:
Diagnosehilfe mit Formulierungsvorschlägen für Diagnosebogen 2

duelle Rückmeldungen. Diese Diagnosesituationen lieferten den Lehrpersonen und Lernenden Informationen für den weiteren Lehr- und Lernprozess. Im Rahmen der Fortbildungsveranstaltung wurden die Lehrkräfte – zusätzlich zu den Schulungsinhalten der Kontrollgruppe – in der Handhabung und Korrektur der Diagnoseaufgaben sowie der Rückmeldeerstellung trainiert.

In der *Interventionsbedingung 2 („Lernprozessbegleitende Rückmeldung")* wurde der Unterricht ebenfalls nach dem bereits erwähnten Unterrichtsskript durchgeführt und es kamen die beschriebenen lösungsprozessbezogenen schriftlichen Rückmeldungen aus der ersten Interventionsbedingung zum Einsatz.

Darüber hinaus sollten die Lehrkräfte Schülerprobleme beim Bearbeiten der Aufgaben auch im laufenden Unterricht diagnostizieren und Rückmeldungen geben, die möglichst adaptiv auf die individuellen Bedürfnisse der Lernenden zugeschnitten sind. In der entsprechenden Fortbildung wurden die Lehrkräfte – zusätzlich zu den Schulungsinhalten der Interventionsgruppe 1 – darin geschult, Schülerprobleme zu diagnostizieren und ihre Intervention und Rückmeldung aus den Kategorien „affektiv-motivational", „inhaltlich", „strategisch" und „organisatorisch" passend auszuwählen.

3.3.3 Fragestellungen und erwartete Ergebnisse der Unterrichtsstudie

Nach umfangreicher Aufbereitung der Daten der Unterrichtsstudie wurde mit der Auswertung begonnen. Zum jetzigen Zeitpunkt können jedoch noch keine Ergebnisse berichtet werden. In unseren Auswertungen wollen wir zunächst der Frage nachgehen, ob und wie sich die realisierten Experimentalbedingungen auf Motivation und Leistung der Lernenden auswirken und inwiefern die vorgefundene Situation in einer Klasse (Merkmale der Lehrkräfte, der Leistungsbeurteilung und des Unterrichts) diese Wirkung beeinflussen bzw. welchen Einfluss diese Merkmale selbst auf Motivation und Leistung haben. Des Weiteren soll das Verhalten der Lehrkräfte in den Diagnose- und Rückmeldesituationen untersucht werden, um Aufschluss darüber zu erhalten, wie gut die Umsetzung der Fortbildungsinhalte gelungen ist. Diesbezüglich ist insbesondere von Interesse, wie die schriftliche Rückmeldung auf den Diagnosebögen formuliert wurde, inwiefern das Instrument des Diagnosebogens in den Unterricht integriert wurde und wie verbale Rückmeldung im Sinne der Lernprozessbegleitung an die Lernenden gegeben wurde. Vertiefende Analysen sollen klären, inwiefern Unterschiede in der Umsetzung der Fortbildungsinhalte (Implementationsunterschiede) Variationen in den abhängigen Variablen erklären können.

4. Zusammenfassung und Ausblick

Formative Leistungsbeurteilung hat sich in zahlreichen Studien als förderlich für Motivation und Leistung von Lernenden erwiesen. Dabei bleibt jedoch relativ unklar, wie diese positive Wirkung zustande kommt. Das DFG-Projekt „Conditions and Consequences of Classroom Assessment" geht der Frage nach, ob Leistungsdiagnose und Leistungsrückmeldung als die beiden Kernkomponenten von formativem Assessment den Lehr-Lern-Prozess im Mathematikunterricht positiv beeinflussen können und versucht zu erklären, wie dieser Effekt zustande kommt. Die Auswertungen der entsprechenden Unterrichtsstudie laufen derzeit und Ergebnisse stehen aus diesem Grund noch aus. Es ist geplant, aufbauend auf den Ergebnissen, wenn sie vorliegen, eine breiter angelegte Fortbildung zum Thema formatives Assessment zu entwickeln und Lehrkräften anzubieten. Diese Fortbildung soll die Elemente formativen Assessments, die sich in der Unterrichtsstudie als effektiv für den Lehr-Lern-Prozess erweisen, enthalten und Lehrkräfte darin trainieren, sie selbstständig anzuwenden. Lehrkräfte sollen dadurch in ihrer Assessmentkompetenz gefördert werden. Durch eine solche wissenschaftlich begleitete Fortbildung sollen die Ergebnisse des DFG-Projekts in die Praxis transferiert werden und ein Beitrag zur Unterrichtsentwicklung im Bereich Leistungdiagnose und -rückmeldung geleistet werden.

Literatur

Bangert-Drowns, R. L., Kulik, C.-L. C., Kulik, J. A. & Morgan, M. T. (1991). The instructional effect of feedback in test-like events. *Review of Educational Research, 61*, 231–238.

Besser, M., Leiss, D., Harks, B., Rakoczy, K., Klieme, E. & Blum, W. (2010). Kompetenzorientiertes Feedback im Mathematikunterricht: Entwicklung und empirische Erprobung prozessbezogener, aufgabenbasierter Rückmeldesituationen. *Empirische Pädagogik, 24* (4), 404–432.

Black, P., Harrison, C., Lee, C., Marshall, B. & Wiliam, D. (2002). *Testing, motivation and learning.* Cambridge: University of Cambridge, Faculty of Education: The Assessment Reform Group.

Black, P. & Wiliam, D. (1998a). Assessment and classroom learning. *Assessment in Education, 5*, 7–68.

Black, P. & Wiliam, D. (1998b). Inside the black box: raising standards through classroom assessment. *Phi Delta Kappan, 80* (2), 139–148.

Black, P. & Wiliam, D. (2009). Developing the theory of formative assessment. *Educational Assessment, Evaluation and Accountability, 21* (1), 5–31.

Blum, W., Drüke-Noe, C., Hartung, R. & Köller, O. (2006). *Bildungsstandards Mathematik: konkret.* Berlin: Cornelsen.

Blum, W. & Leiß, D. (2005). Modellieren mit der „Tanken"-Aufgabe. *Mathematiklehren, 128*, 18–21.

Blum, W. & Leiß, D. (2007). Investigating Quality Mathematics Teaching – the DISUM Project. In C. Bergsten & B. Grevholm (Hrsg.), *Developing and Researching Quality in Mathematics Teaching and Learning* (pp. 3–16). Proceedings of MADIF 5. Linköping: SMDF.

Brookhart, S. M. (1999). Teaching about communicating assessment results and grading. *Educational Measurement: Issues and Practice, 18* (1), 5–13.

Bürgermeister, A., Kampa, M., Rakoczy, K., Harks, B., Besser, M., Klieme, E., Blum, W. & Leiß, D. (2011a). *Dokumentation der Befragungsinstrumente des Laborexperimentes im Projekt "Conditions and Consequences of Classroom Assessment" (Co²CA)*. Frankfurt am Main: Pedocs.

Bürgermeister, A., Klimczak, M., Klieme, E., Rakoczy, K., Blum, W., Leiß, D., Harks, B. & Besser, M. (2011b). Leistungsbeurteilung im Mathematikunterricht – Eine Darstellung des Projekts „Nutzung und Auswirkungen der Kompetenzmessung in mathematischen Lehr-Lernprozessen". *Schulpädagogik – heute, 3* [Diagnostik und Förderung]. Online verfügbar unter: http://www.schulpaedagogik-heute.de/index.php/forschung/forschungs-beitrag-1.html

Harks, B., Rakoczy, K., Hattie, J., Klieme, E. & Besser, M. (in Vorbereitung). Self-regulation mediates the impact of feedback on mathematical competencies.

Hattie, J. & Timperley, H. (2007). The power of feedback. *Review of Educational Research, 77* (1), 81–112.

Klieme, E., Bürgermeister, A., Harks, B., Blum, W., Leiß, D. & Rakoczy, K. (2010). Leistungsbeurteilung und Kompetenzmodellierung im Mathematikunterricht. *Zeitschrift für Pädagogik, 56. Beiheft*, 64–74.

Klieme, E., Pauli, C. & Reusser, K. (2009). The Pythagoras Study – Investigating effects of teaching and learning in Swiss and German mathematics classrooms. In Janik, T. & Seidel, T. (Hrsg.), *The power of video studies in investigating teaching and learning in the classroom.* (S. 137–160). Münster: Waxmann

Klieme, E., Rakoczy, K., Blum, W. & Leiß, D. (2011). *Nutzung und Auswirkungen der Kompetenzmessung in mathematischen Lehr-Lern-Prozessen.* Fortsetzungsantrag auf Gewährung einer Sachbeihilfe im Rahmen des DFG-Schwerpunktprogramms 1293 „Kompetenzmodelle zur Erfassung individueller Lernergebnisse und zur Bilanzierung von Bildungsprozessen".

Kluger, A. N. & DeNisi, A. (1996). The effects of feedback interventions on performance: a historical review, a meta-analysis, and a preliminary feedback intervention theory. *Psychological Bulletin, 119*, 256–284.

Koeppen, K., Hartig, J., Klieme, E. & Leutner, D. (2008). Current issues in research on competence modeling and assessment. *Zeitschrift für Psychologie / Journal of Psychology, 216*, 60–72.

Maier, U. (2010). Formative Assessment – Ein erfolgversprechendes Konzept zur Reform von Unterricht und Leistungsmessung? *Zeitschrift für Erziehungswissenschaft, 13*, 293–308.

Mertler, C. A. & Campbell, C. S. (2005). *Measuring teachers' knowledge and application of classroom assessment concepts: development of the Assessment Literacy Inventory.* Paper presented at the annual meeting of the American Educational Research Association, Montreal, Quebec, Canada, April.

Pellegrino, J. W., Chudowsky, N. & Glaser, R. (2008). Knowing what students know: the science and design of educational assessment. In W. Harlen (Hrsg.), *Student assessment and testing, 1* (S. 372–384). Los Angeles: Sage.

Rakoczy, K., Harks, B, Klieme, E. & Blum, W. (in Vorbereitung). *Feedback in Mathematics: Mediated by Students' Individual Perception and Moderated by Goal Orientation?*

Sadler, D. R. (1989). Formative assessment and the design of instructional systems. *Instructional Science, 18*, 119–144.

Shute, V. J. (2008). Focus on formative feedback. *Review of Educational Research, 78* (1), 153–189.

Stiggins, R.J. (1999). Are you assessment literate? *High School Journal, 6* (5), 20–23.

Wilson, M. & Sloane, K. (2008). From principles to practice: an embedded assessment system. In Harlen, W. (Hrsg.), *Student Assessment and Testing, 3* (S. 87–112). Los Angeles, London, New Delhi, Singapore: Sage.

Silvia-Iris Beutel

Endlich die Noten abschaffen? Ein Plädoyer für die Pädagogisierung der Leistungsbeurteilung

1. Einleitung

Dass traditionelle Verfahren der ziffernbezogenen Leistungsbeurteilung verändert werden müssen, erscheint heute mehr denn je als vordringliche Reformaufgabe der Schule. Die Forderung danach, die Leistungsbeurteilung in ihrer pädagogischen Funktion zu stärken, ergibt sich aus wissenschaftlichen Untersuchungen und schulpraktischen Erfahrungen. Zum einen muss an die Veränderungen in der Folge der Befunde internationaler Schulleistungsstudien erinnert werden. Dringliche Gründe liefern Erkenntnisse geringer Kompetenz und die Problematik des Schulscheiterns (Tillmann, 2007), aber auch die Outputsteuerung durch Bildungsstandards. Zudem wird ersichtlich, dass Verantwortung für Bildung (Rösner, 2007) auch im Kontext einer verbesserten diagnostischen Kompetenz der Lehrkräfte gesehen werden sollte, weil sie Leistungen und Entwicklungsstände mit Anspruch auf Validität feststellen müssen (van Ophuysen, 2010). Außerdem verbindet sich mit einer an Inklusion orientierten Pädagogik und einer entsprechenden Didaktik die Erwartung, dass die Schul- und Unterrichtsentwicklung die individuelle Schülerbiografie stärker berücksichtigt und fördert: „In der aktuellen historischen Situation sind also Schritte in Richtung Inklusion gefragt, um die Selektion demokratiekompatibler zu gestalten und den Qualifikations- und Sozialisationsauftrag der Schule zu verbessern (Prengel, 2011, S. 34).

Insbesondere die pädagogische Einsicht in den Tatbestand der Heterogenität als Grundlage des Handelns in der Schule beschleunigt diese Entwicklung. Denn mit der Verschiedenheit der Kinder und Jugendlichen, ihren individuell, sozial und biografisch bedingten Lebens- und Lernverhältnissen muss heute von den Lehrerinnen und Lehrern so umgegangen werden, dass ein erfolgreiches und zeitstabiles Lernen möglich wird. Dies muss sich letztlich in Abschlüssen, der gesellschaftlichen Teilhabe und Integration ausweisen: „Gekonnter und achtungsvoller Umgang mit Vielfalt wird für unser Leben und Lernen immer wichtiger – kulturell, fachlich, politisch und wirtschaftlich gleichermaßen. Bei Lehrerinnen und Lehrern gehört dies zu den wesentlichen Bestandteilen beruflicher Kompetenz und Entwicklung" (Fauser & Thiele, 2010, S. 32).

Zudem zeigen Schulen, wie sie bspw. *Der Deutsche Schulpreis* im Rahmen seiner Ausschreibungen zur Wettbewerbsteilnahme sowie der damit verbundenen Schulentwicklungsbegleitung fördert (Fauser, Prenzel & Schratz, 2007; 2008;

2009; 2010), dass eine neue Lernkultur demokratiepädagogisch fundiert werden muss. In dieser Perspektive geht es dann darum, bei den Schülerinnen und Schülern ein zunehmend selbstständiges und für die eigene Lebensplanung bedeutsames Lernen anzuregen, dazu vielfältige Lerngelegenheiten zu erschließen und individuelle Lernwege zuzulassen. So soll ihre Willensbildung angeregt und die Erfahrung von Selbstwirksamkeit gefördert werden. Beides, die Heterogenitätslage und die Demokratieerfordernisse begründen sich letztlich darin, dass das Lernen mehr denn je nicht nur eine konstruktiv-aktive Leistung der Lernenden ist, sondern seine Zweckbestimmung auch in dieser auf Handlungswille und Handlungsfähigkeit der Lernenden zielenden Bestimmung von Schule und Unterricht findet und die Integrationsfunktion der Schule hervorhebt. Schülerinnen und Schüler müssen teilhabeorientierte Bürgerinnen und Bürger im demokratischen Staat der entwickelten westlichen Gesellschaften werden, wenn diese im globalen Marktwettbewerb und der damit verbundenen Systemkonkurrenz ihre Attraktivität und ihre Leitfunktion unter dem Anspruch von Rationalität und Aufklärung bewahren wollen.

Individuelles Lernen und Leistung werden dann notwendigerweise im Kontext von bestmöglichen Entwicklungschancen gesehen. Dies erfordert jedoch, dass Lehrerinnen und Lehrer eine vermehrt auf die Bedingungen heterogener Lerngruppen zugeschnittene diagnostische, didaktische und kommunikative Expertise erlangen und diese schulpraktisch umsetzen können. Die Leistungsbeurteilung ist dann nicht mehr das summarische Anhängsel abgeschlossener Lernvorgänge – die Bilanz curricularen Wissens. Vielmehr wird sie jetzt mehr denn je Teil der differenzierten Lernorganisation: Sie muss sich in besonderem Maße als Kompetenz ausweisend, die Lernenden beteiligend und kommunikationsstark erweisen (Beutel & Beutel, 2010).

In diesem Beitrag werden Möglichkeiten einer solchen Pädagogisierung der Leistungsbeurteilung aufgezeigt, die sich professioneller Standards vergewissert und im Zusammenwirken mit einer individualisierenden Didaktik ihr Potenzial entfaltet. Zunächst wird ausgehend von Notenzeugnissen und ihrer Kritik nach deren Mitteilungsqualität gefragt (2). Anschließend wird vor dem Hintergrund aktueller theoretischer und empirischer Erkenntnisse die Bedeutung aussagekräftiger Zeugnisse für das individuelle Lernen und den zugehörigen Kompetenznachweis beschrieben und es werden notwendige qualitätssichernde Maßnahmen benannt (3). Schließlich werden die kommunikativen Aspekte einer der Individualität der Lernenden verpflichteten und differenzierenden Leistungsbeurteilung aufgeführt (4). Im Schlussteil werden die pädagogischen Chancen, die sich mit Beteiligungsformen der Lernenden an der Evaluation der Leistungsentwicklung verbinden, mit Blick auf eine demokratiepädagogisch fundierte Schulkultur aufgezeigt (5).

2.   Noten als begrenzte Nachweise des Lernens

„Zensuren sind Urteile von Lehrpersonen. Sie basieren in der Regel auf informellen Leistungsproben und Beobachtungen. Diese Daten und ihre Bewertung in Form von Noten haben sich als nicht zureichend gültig (‚valide‘), personenunabhängig (‚objektiv‘) und verlässlich (‚reliabel‘) erwiesen. Soziale und ethnische Herkunft, Geschlecht, aber auch Verhaltensauffälligkeiten und persönliche Sympathie führen zu systematischen Verzerrungen der Beurteilung" (Brügelmann et al., 2006, S. V).

Notenzeugnisse stehen seit über 100 Jahren mal mehr, mal weniger in der Kritik. Ihr empirisches Fundament hat diese Kritik bereits in den 1970er Jahren erhalten (Ingenkamp, 1971). Obgleich die Mängel der nach wie vor dominierenden Praxis lehrerzentrierter Ziffernzensur hinreichend bekannt sind, scheinen sie untrennbar mit der Institution Schule, mit Lernen und Leistung verbunden zu sein. Sie gelten aufgrund ihrer scheinbaren numerischen Eindeutigkeit und ihres Rechtscharakters als justiziabel. Das ist im deutschen Berechtigungswesen mit seinen Laufbahn entscheidenden Tauschwerten ein entscheidender Faktor der Stabilität des Notenwesens. Schon der große Romancier Thomas Mann ließ in seinem Roman *Die Buddenbrooks* berechtigte Zweifel an deren Objektivität verlauten. Nachdem er eine Schulszene mit von Sympathie resp. Antipathie getragener Einschätzung der Schülerleistung dargestellt hatte, hielt er lakonisch zum Lehrerverhalten fest: „Bei diesem Verfahren dachte er (der Lehrer, Anm. Autorin) sich nicht das Geringste, sondern fand es völlig in der Ordnung und ahnte nichts von Parteilichkeit" (Mann, 1960, S. 725).

Auch heute sind Formen willkürlicher Notenvergabe, ihre Anwendung als Sanktion und Ausdruck von Machtgebärde alltägliche Elemente der Schulerfahrung, wie nachfolgender aktueller Ausschnitt aus einem Brief eines Schülers an seine Lehrerin kurz vor der Zeugniskonferenz belegt:

„Seit vier Wochen sollen wir unsere Mappe bei Ihnen abgeben, damit Sie mehrere Ausarbeitungen und Tafelbilder sowie die Heftführung überprüfen können. … Obwohl Sie es jedes Mal erneut versprachen, vergaßen Sie, trotz mehrmaliger Erinnerung, immer wieder die Mappe einzusammeln. Als Sie dies nun doch noch in der letzten Woche Montag tun wollten, hatten viele Schüler damit nicht gerechnet und so setzen Sie eine letzte Frist, diese am nächsten Tag einzureichen. … Am darauf folgenden Tag war ich leider erkrankt und so reichte ich meine Mappe am nächsten Tag nach. … Sie haben dann mitgeteilt, dass mein Freund und ich die gegebene Frist nicht eingehalten hätten. Sie würden das nicht werten, was dem entsprechend für die Arbeiten eine „6" ergeben würde … Meine bisherigen Noten waren im Einser- und Zweier-Bereich und für meine Arbeiten wurde ich bisher von Ihnen sehr gelobt. … Ich bitte Sie freundlich um sofortige Aufklärung. Sie werden

verstehen, dass mir das Fach immer viel Spaß bereitet hat und ich auch hier an guten Noten interessiert bin" (Johann, 8. Schuljahr, Gymnasium).

Bezeichnenderweise fordert hier der Schüler von seiner Lehrerin Transparenz im Urteil und Anerkennung von fristverzögernden Gründen beim von ihr gesetzten Zeitpunkt der Dokumentation des Arbeitsportfolios ein. Vor allem aber fällt immer wieder das kontrastive Gegeneinander von Lehrenden und Lernenden in solchen Verfahrensfällen auf.

Noten aus subjektiver Verzerrung und kommunikativen Einbahnstraßen zu entbetten, erfordert, dass Lehrende und Lernende regelmäßig und auf Augenhöhe kommunizieren, Verbindlichkeit herstellen und situative Kontexte rechtzeitig bedenken. Damit einher geht ebenso die Überwindung eines einseitigen Interesses an Resultaten bei gleichzeitiger Vernachlässigung des Lernens im Prozess. Leistungsanforderungen und Bewertungskriterien müssen offen gelegt und Kompetenzen deutlich ausgewiesen werden (Jürgens & Sacher, 2008).

Mit diesen Einsichten verbunden ist die Forderung nach einer Zeugnispraxis, die sich gegenüber verbalen Anteilen ganz oder zumindest teilweise öffnet. Zeugnisse sollen vor allem dem Verständnis und der Handlungsoption der Kinder und Jugendlichen verpflichtet sein. Sie tragen dann nicht mehr länger den Charakter abschließender Bilanzen, sondern sie werden zur pädagogischen Mitteilungsform nahe liegender Optimierungsstrategien individuellen Lernens, die Lehrende und Lernende gemeinsam verfolgen. Aus der Vielzahl der – bekanntermaßen konkurrierenden – Funktionen der Leistungsbeurteilung werden die Aufgaben der Lernbegleitung, Rückmeldung und Förderung gestärkt. Die Leistungsbeurteilung muss dann differenziert und auf die jeweiligen Lernbedingungen der Schülerinnen und Schüler eingehend gestaltet werden. Sie steht dabei nicht für sich, sondern ist Teilelement eines grundlegenden Umbaus schulischer Lernumwelten, den der Heterogenitätsdiskurs als Reformauftrag nahe legt. Wenn es mehr denn je um die Entfaltung von Bildungschancen und die Sicherung von Schulerfolg und Abschlüssen geht, ist eine Neubestimmung von Lernen, Unterricht und Leistung unumgänglich. Kultur und Sprache der Schule wenden sich dann von einer „Defizitsemantik" ab und einer „Fördersemantik" (Drepper, 1998, S. 75) zu. Diese muss sich auch und gerade im Leistungsverständnis der Schulen, in pädagogischer Begleitung und Beratungsangeboten vermitteln.

3.   Standards differenzierender Leistungsbeurteilung

Jüngere Forschungen zur Leistungsbeurteilung belegen den Trend zur Überwindung allein notendominierter Zeugnisse. Schüler- und Elternschaft schätzen neben Noten verbale Erläuterungen zu fachlichen Leistungen und zu überfachlichen Kompetenzen als wichtigen Bestandteil der Rückmeldung ein (Maier,

2001; Valtin, 2002; Jachmann, 2003; Beutel, 2005). Gleichwohl zeigen hierzu vorliegende Inhaltsanalysen, dass auch Note und Wort kombinierende Zeugnisse in ihrer Aussage lediglich additiv und damit einem Gesamteindruck verpflichtet sein können. Auch hier sind Form und Methode nicht alleine Garant des Effektes. Verbale Kommentierungen können Noten zwar übersetzen, müssen deshalb aber nicht zwangsläufig eine das Lernen unterstützende Funktion einnehmen (Beutel, 2001). Die seit den späten 1978er Jahren vorliegenden empirischen Studien zur Qualität von Verbalbeurteilungen belegen einen deutlichen Entwicklungsbedarf der Zeugnisse. So konnte nachgewiesen werden, dass die Berichte oftmals in den Rückmeldungskategorien verengt sind und so nur Ausschnitte des gesamten Kompetenznachweises liefern. Auch bleibt die Bezugsnormenwahl und -differenzierung auffällig oft unklar. Zudem wird in der verbalen Rückmeldung Lernen kaum in zeitlicher Varianz und damit in seiner Entwicklungsdynamik aufgezeichnet. Gravierend aber ist, dass förderdiagnostische Maßnahmen weitgehend unberücksichtigt bleiben (Beutel, 2011).

Die bisherigen Erträge markieren einen weitergehenden Forschungsbedarf: So ist der Wechselbezug zwischen den Qualitätskriterien guter Schulen, wie Umgang mit Vielfalt, Unterrichtsqualität, Lernbegleitung und Rückmeldung zu klären. Dies gilt ebenso für die Erkenntnisse über individuelle Wirkungen einer veränderten Zeugnispraxis, über Rezeptions- und Kommunikationskontexte angesichts der Heterogenität von Lerngruppen.

In der Fachliteratur allerdings sind qualitätssichernde Maßnahmen für differenzierende Formen der Leistungsbeurteilung mittlerweile gegenwärtig und verbreitet. Diese Maßnahmen sind nicht in der bloßen Anwendung von Handreichungen und Textbausteinen zu sehen. Vielmehr entstehen sie dort, wo Kollegien sich der professionellen Standards des Beurteilungshandelns vergewissern, ihre Praxis dokumentieren und durch Formen der Selbst- oder Fremdkontrolle kritisch evaluieren. Dazu gehört die Aufmerksamkeit für die Zeugnisform selbst: Notenzeugnis mit Kommentarbogen, Lernentwicklungsbericht oder Raster- und Pfeilzeugnis müssen sich als verständlich und rückmeldungsgeeignet für die Schüler- und Elternschaft erweisen. Es ist im kollegialen Konsens ebenso zu klären, ob und in welcher Weise sichergestellt werden kann, dass die gültigen Lehrpläne und Bildungsstandards und darauf bezogen individuelle Lernentwicklungen umfassend gewürdigt werden. Daher müssen die Kollegien mögliche Lesarten der Rezipienten, der Schüler- und Elternschaft, ebenso wie geeignete Gesprächskontexte bedenken.

Der folgende Auszug eines Berichtszeugnisses veranschaulicht die Nutzung mehrerer Schreibstandards, die im Dienste der Nachvollziehbarkeit, der Lernförderung und des Dialogs mit der Schülerin stehen.

Liebe Lilian,

du selbst schätzt ein, dass du dich gut in die neue Lerngruppe eingelebt hast. Deine offene Art und dein zugängliches Wesen lassen es dir leicht fallen, Kontakte zu knüpfen. Du bist eine humorvolle und auch zuverlässige Partnerin. Deshalb bist du als Freundin als auch Partnerin in Phasen der Gruppenarbeit beliebt …

Die Planung gelingt dir mittlerweile schon gut. Du solltest ab dem nächsten Halbjahr darauf achten, dass du sowohl Fachinhalte als auch andere Vorhaben planst. In deinem Lernvertrag hattest du dir vorgenommen, in Englisch und in Mathe die „3" zu halten. Deine guten Leistungen in Deutsch wolltest du auch in diesem Schuljahr bestätigen.

Liebe Lilian, du bist eine der wenigen, die den Sprung von der 6 in die 7 zu einem wirklichen Qualitätssprung gemacht hat. Deine Arbeitseinstellung und dein Lernverhalten sind meist vorbildlich. Zielstrebig und gewissenhaft erledigst du gestellte Aufgaben.

Du bemühst dich, dich nicht von anderen ablenken zu lassen und nutzt die Planung, um rechtzeitig mit dem Lernen vor bestimmten Tests anzufangen. So hast du dir in Deutsch auch in diesem Halbjahr die sichere „2" verdient. Besonders erwähnenswert ist dein Produkt zum Thema Werbung. Ganz selbstständig hast du eine Power Point über Umwelt- und Naturschutz gestaltet. Als dir der Bericht zur Exkursion nicht gelungen war, hast du ihn noch einmal bravourös überarbeitet …

Du solltest dich weiterhin in Präsentationen erproben, um in deinem Auftreten sicherer zu werden. In der individuellen Lernzeit arbeitest du an deinen Schwerpunkten der Rechtschreibung und überarbeitest die Ergebnisse deines Kompetenztests aus dem letzten Jahr …

In Mathematik hast du gute Grundkenntnisse. Du kannst die Rechenregeln der Bruchrechnung anwenden, proportionale Zahlenfolgen richtig zuordnen und deren Graphen zeichnen. Unsicherheiten zeigen sich mitunter noch beim Begründen von Sachverhalten sowie beim Kopfrechnen. Nutze jede Möglichkeit, um hier sicherer zu werden. Die Begriffe der Prozentrechnung hast du gut verinnerlicht und kannst Sachaufgaben lösen. Dabei wendest du die Z-Methode sicher an. Achte allerdings darauf, dass du Aufgabenstellungen stets genau liest und Größen richtig zuordnest. Keine Probleme bereitet dir das Zeichnen von Diagrammen mit Prozentangaben. Bei der Arbeit mit dem Pendelheft hast du noch Reserven. Nutze es vor allem auch, um zu Hause zu üben. Gib das Heft wöchentlich zur Kontrolle ab. Achte darauf, dass du die Lösungen immer sauber und übersichtlich notierst und Fehler stets berichtigst …

In Chemie und auch in Natur arbeitest du interessiert und aufmerksam mit. Der Stationsbetrieb „Salze" hat gezeigt, dass du auch über längere Zeit ausdauernd arbeiten kannst. Bei der Anwendung von Arbeitstechniken, wie z.B. dem Vergleichen solltest du dich konsequenter an die Schrittfolge halten. Achte außerdem darauf, dass du Wesentliches markierst, wenn es gefordert ist ...

In der Einleitung wird zunächst eine Verbindung von Selbst- und Fremdeinschätzung gesucht. Die Schülerin Lilian hat, dies gehört zum Konzept der Leistungsbeurteilung an der hier ausgewählten Schule, fortlaufend Notate zu ihren Fortschritten im Unterricht verfasst. Neben den zusammenfassenden und einen Gesamteindruck mitteilenden Textteilen fallen Aussagen zu fachlichen, aber auch überfachlich relevanten Einzelkompetenzen auf. Zudem bleibt größtenteils die Perspektive der Lernförderung gegenwärtig: Die Schülerin erhält konkrete Hinweise, die sie umsetzen kann.

Die Qualität der Zeugnisse bemisst sich letztlich an der Bedeutung, die die Schülerinnen und Schüler der Rückmeldung in Blick auf naheliegende und künftige Lernfortschritte beimessen. Gerade Zeugnisse, die über die tradierte Notensprache hinausgehen, benötigen die kontinuierliche und vertrauensvolle Verständigung mit den Lernenden und die Verbindlichkeit in der Sicherung des Ertrags für die Lernförderung! Schülersprechtage können hierzu ein wichtiger Beitrag sei. Da die Klassenöffentlichkeit ausgeschlossen ist, entsteht hier Raum für eine vertrauensvolle Begegnung von Lehrenden und Lernenden. Es besteht die Möglichkeit, Rückschau und Vorausschau auf die jeweilige Entwicklung zu halten, im Austausch miteinander Perspektiven und Erwartungen zu klären, aber auch Verabredungen in Blick auf das Erreichen nächster Lernfortschritte zu treffen. So kann die Lernbewusstheit gestärkt werden (Reusser, 1995, S. 166). All diese möglichen wirkungsverstärkenden Handlungsmodelle aber benötigen Zeit, Fachlichkeit und pädagogische Kompetenz bei den Lehrenden.

4.   Zeugnisse und Kommunikationskontexte

„Noch immer stellen Ziffernzensuren und Punkte die am meisten verbreitete Form der Leistungsrückmeldung in der Schule dar. Den Zeugnisnoten sieht man nicht an, ob Kinder hoch motiviert sind, über Vorkenntnisse verfügen, Unterstützung von den Eltern erhalten, in einer freundlichen, leistungswilligen Schulklasse sind, ob sie guten Unterricht bei guten Lehrerinnen und Lehrern haben, vor allem mit anderen zusammen lernen, ängstlich oder zuversichtlich sind, ob die Schule ihre Interessen kennt und fördert, ob für sie ganz klar ist, ob in einer Situation gelernt werden soll oder ob kontrolliert und bewertet wird und ob sie an der Beschreibung und Bewertung ihrer Kompetenzen und Leistungen beteiligt werden" (Fauser, Prenzel & Schratz, 2009, S. 24).

Pädagogische Beurteilungsweisen setzen Lernbegleitung und eine Gesprächs-kultur voraus, die die Lernenden in ihren Anstrengungen würdigt. Diese sind an guten Schulen Teil der Choreografie des Unterrichts: Lernen bedarf der Verständigung, der subjektiven Bedeutungszuschreibung und der Kontrolle der Effektivität: „Es scheint daher geboten, nach anderen Formen und Gelegenheiten der Rückmeldung Ausschau zu halten, wenn man tatsächlich mit Schülern in eine inhaltliche Kommunikation über Leistungen eintreten will" (Winter, 2004), als dies rein ziffernbezogene Mitteilungen tun können. Portfolios, aber auch Lern- und Forschertagebücher sind Instrumente, die Schreib- und Reflexionsübungen sowie dialogische Vergegenwärtigungen von Lernprozessen und die Einschätzungen von Lernprodukten stützen können. Gute Schulen er-proben diese bereits erfolgreich:

An der Wartburg-Grundschule in Münster, Hauptpreisträger des Deutschen Schulpreises 2008, haben sich Lernlandkarten als eine strukturierende und vi-suelle Darstellung der Lernwege etabliert, die die Mädchen und Jungen selbst gestalten. Diese verbinden eine individuelle Diagnostik mit einer ebensolchen Förderung. Das „Land", das diese Karten beschreiben, ist der Lernprozess des Kindes mit Blick auf die Lernzeit und die Lerninhalte. Die Schülerinnen und Schüler nehmen mit der Lernlandkarte die Planung und Zielfindung selbst in die Hand. Daraus erwachsen Möglichkeiten der Selbst- und Fremdeinschätzung. Vor allem aber wird deutlich, dass der Austausch über das Lernen, den die Kinder untereinander und mit ihren Lehrkräften führen, Teil eines erfolgrei-chen Lernfortschritts ist. Kennzeichnend ist an dieser Schule, dass innovative Elemente eines veränderten Verständnisses von Lernen und Leistung in weiter-gehende Begleit- und Beratungskontexte eingebunden sind. Dazu gehört, dass ein Schüler-Lehrerbriefwechsel im Lerntagebuch gepflegt wird und durch eine verbale Zeugnispraxis und Kindersprechtage ergänzt wird.

Einer der Preisträger des Deutschen Schulpreises im Jahre 2006, die Jenaplan-Schule in Jena, die von der Vorschule bis zum Abitur führt, nutzt ebenfalls viel-fältige Formen der Aufzeichnung und Kommentierung von Leistungen durch eine intensive Gesprächskultur. Dazu gehören individuelle Einschätzungen zur Wochenplanarbeit, zu Kursstunden und Projekten sowie begleitende, kri-teriengeleitete Selbsteinschätzungen. Rückmeldungen aus dem altersheteroge-nen Mitschülerkreis, Vorhabensberichte und Halbjahresreflexionen, Portfolios und in Teilen der Schulzeit ergänzen Verbalbeurteilungen das reiche Spektrum (John et al., 2008). Zur Kultur der Schule gehört folglich die Einübung in de-mokratisches Sprechen und eine damit verbundene Verantwortungsübernahme für eine erfolgreiche Bildungspraxis auf Seiten der Lehrkräfte wie der Schüler-schaft. Der Selbsteinschätzung wird mit zunehmend komplexeren Formen der Auseinandersetzung mit den eigenen Kompetenzen und denjenigen der Mitlernenden Beachtung geschenkt, dies kann auch Beteiligungen bei der Notenvergabe einschließen.

Diese an Aussprache und Mitwirkung orientierten Instrumente sind dabei immer in neue didaktische Formate eingebunden: Die überkommene Belehrungsschule mit frontaler Sitzordnung und Materialarmut wird zu einer Beteiligungsschule mit variablen Gruppenstrukturen und Bewegungsräumen, mit Lernbüros, Selbstlernzentren und Projekten. Der Erziehung zur Leistungsbereitschaft und Leistungsfähigkeit wird große Aufmerksamkeit geschenkt: Schülerinnen und Schüler werden zum eigenständigen Lernen, zur Selbstkontrolle und Selbsteinschätzung des Lernprozesses ermutigt und befähigt. Lernen und Leistung müssen sich dabei in ihrer biografischen Bedeutung für die Schülerschaft und in Handlungsstärke für sich und andere beweisen und schließen auch die öffentliche Präsentation mit ein.

5. Leistungsbeurteilung als Beteiligung

Endlich die Noten abschaffen? Diese Frage mag angesichts einer anhaltenden empirischen Kritik zu einer schnellen und bejahenden Antwort verführen, ohne dass man sich damit verbundene Probleme vergegenwärtigt oder über Voraussetzungen nachdenkt, die mit Alternativen verbunden sind. Es hilft deshalb, sich zu erinnern, dass Zensuren und Zeugnisse in ihrer Entstehung zunächst nicht als pädagogische Instrumente eingeführt wurden. Sie sind untrennbar mit der Schule und ihrer Einbindung in das Berechtigungswesen verbunden und insbesondere an Schaltstellen des Bildungssystems wirksam, da sie Vergleich, Einordnung und Verrechenbarkeit gewährleisten: „Welche Art Zeugnis eine Schülerin und ein Schüler am Ende seiner Schulzeit erhält und welchen weiteren Bildungsweg er damit belegen kann, auch das folgt einem festgelegten staatlichen Normgefüge. Zugleich sind dabei Ansprüche an weitere staatliche Bildungsleistungen zu erwerben … das so genannte Berechtigungswesen im Bildungsbereich ist eine besondere Eigenart, eine herausragende Qualität und bisweilen auch ein spezielles Problem im deutschen Bildungssystem" (Hofmann, 2011, S. 6). Deshalb muss sich jede pädagogische Reform von Leistungsbeurteilung daran orientieren, dass sie ein ursprünglich rein selektions-funktionales Instrument ist und in einen individualisierenden und lernförderlichen Zweck erst überführt werden muss. Überdies sind die Erfahrungen der Leistungsbeurteilung und insbesondere ihre strukturelle Macht zur Auslese, zum sozialen und curricularen Vergleich oftmals Quellen lernbiografischer Verletzungen.

Aus heutiger Perspektive stehen Ziffernnoten deshalb einem konstruktiven Umgang mit der Vielfalt von Schülerbiografien, individuellen und kooperativen Lernformen und auch jahrgangsübergreifenden Gruppenbildungen eher kontraproduktiv gegenüber, weil sie informationsarm sind, Lernen dekontextualisieren und gerade deshalb notwendige Kommunikationsanlässe unterdrücken: „Das heißt, es fehlt noch immer an Möglichkeiten, sich als Lernender über den Ablauf des Lernens zu vergewissern und zwischen Lehrkraft sowie Schülerinnen und Schülern völlig neue, interessante Kommunikationsformen anzustreben" (a.a.O., S. 7).

Am Beispiel exzellenter Schulpraxis wird ersichtlich, dass eine differenzierende und beteiligende Leistungsbeurteilung nicht nur das Leistungsvermögen der Kinder und Jugendlichen entfalten und fördern kann, sondern immer auch Vergegenwärtigung professionellen Lehrerhandelns ist. Sie ist dann Ausdruck der Individualisierung bei den Lernenden und Nachweis der Effektivität bei den Lehrenden zugleich und damit Spiegel der Leistungen der Schule als ganzer: „Lernen und Leistung sind individuell ausgerichtet, zugleich aber schulöffentliche Themen. Auf diese Weise bleibt das Spannungsverhältnis zwischen Leistung und Gerechtigkeit, zwischen der Förderaufgabe der Schule und den Laufbahnwirkungen, die sie hat (also Auslese und Zuteilung von Chancen, an der sie mitwirkt) öffentlich gegenwärtig und gemeinsamer Kritik und Veränderung zugänglich. Probleme der Leistung und Gerechtigkeit werden bei guten Schulen gleichsam ins Licht demokratischer Öffentlichkeit gerückt." (Fauser, Prenzel & Schratz, 2007, S. 11).

Der erfolgreiche Umgang mit Verschiedenheit als Anlass und Entwicklungsstrategie kompetenzförderlichen Lernens und die Herausforderung, zur Demokratie zu erziehen, prägen die Entwicklungsprozesse guter Schulen, wie der Deutsche Schulpreis belegt. Eine konstruktive Lernarbeit, dies zeigen die dort dokumentierten Konzepte, sind der Stärkung einer demokratischen Atmosphäre in der Schule verpflichtet, sie orientieren sich an bestmöglicher Entwicklung von Bildungsbiografien, an Anerkennung und dem Verzicht auf Exklusion. Pädagogische Beurteilungsweisen sind darin Ausweis einer würdigenden und respektvollen Haltung dem Heranwachsenden gegenüber und Beleg verantwortlicher Bildungsarbeit.

Literatur

Beutel, S.-I. (2001). Zeugnisse mit Zahl und Wort. *unterrichten und erziehen, 20* (1), S. 22-25.

Beutel, S.-I. (2005). Zeugnisse aus Kindersicht. Kommunikationskultur an der Schule und Professionalisierung der Leistungsbeurteilung. Weinheim, München: Juventa.

Beutel, S.-I. (2011). Zeugnisse und Lernberichte: Zwischen Standardisierung und individualisierender Anerkennung. In Sacher, W. & Winter, F. (Hrsg.), *Diagnose und Beurteilung von Schülerleistungen* (S. 49-71). Band 4 der zehnbändigen

Reihe: Professionswissen für Lehrerinnen und Lehrer, hrsg. von Grunder, H.-U., Kansteiner-Schänzlin, K. & Moser, H. Hohengehren: Schneider Verlag.

Beutel, S.-I. & Beutel, W. (Hrsg.) (2010). *Beteiligt oder bewertet? Leistungsbeurteilung und Demokratiepädagogik.* Schwalbach/Ts.: Wochenschau-Verlag.

Brügelmann, H. et al. (Hrsg.) (2006). *Sind Noten nützlich und nötig? Ziffernzensuren und ihre Alternativen im empirischen Vergleich.* Frankfurt/M.: Arbeitskreis Grundschule – Grundschulverband: Der Grundschulverband e.V.

Drepper, T. (1998). „Unterschiede, die keine Unterschiede machen". Inklusionsprobleme im Erziehungssystem und Reflexionsleistungen der Integrationspädagogik im Primarbereich. Soziale Systeme. *Zeitschrift für Soziologische Theorie, 4* (1), 59-85.

Fauser, P., Prenzel, M. & Schratz, M. (Hrsg.) (2007): *Was für Schulen! Gute Schule in Deutschland* (Der Deutsche Schulpreis 2006). Seelze-Velber: Klett Kallmeyer.

Fauser, P., Prenzel, M. & Schratz, M. (Hrsg.) (2008). *Was für Schulen! Profile, Konzepte und Dynamik guter Schulen in Deutschland.* (Der Deutsche Schulpreis 2007). Seelze-Velber: Klett Kallmeyer.

Fauser, P., Prenzel, M. & Schratz, M. (Hrsg.) (2009). *Was für Schulen! Wie gute Schule gemacht wird – Werkzeuge exzellenter Praxis.* (Der Deutsche Schulpreis 2008). Seelze-Velber: Klett Kallmeyer.

Fauser, P., Prenzel, M. & Schratz, M. (2009). *Was für Schulen! – Werkzeuge exzellenter Praxis. Wie gute Schule gemacht wird und was der Schulpreis lehrt.* In dieselben, S. 9-29.

Fauser, P., Prenzel, M. & Schratz, M. (Hrsg.). *Was für Schulen! Individualität und Vielfalt – Wege zur Schulqualität.* (Der Deutsche Schulpreis 2010). Seelze-Velber: Klett Kallmeyer 2010.

Fauser, P. & Thiele, J. (2010). Was für Schulen! Was gute Schulen unterscheidet und was sie miteinander verbindet. In Fauser, Prenzel & Schratz (Hrsg.), *Was für Schulen! Individualität und Vielfalt – Wege zur Schulqualität.* (Der Deutsche Schulpreis 2010) (S. 9–34). Seelze-Velber: Klett Kallmeyer.

Hofmann, J. (2011). Chancen der Demokratieerziehung – ein Geleitwort. In Landesinstitut für Schule und Medien Berlin-Brandenburg (LISUM) (Hrsg.), *Merkmale demokratiepädagogischer Schulen – Ein Katalog* (S. 5–9). Ludwigsfelde.

Ingenkamp, K. (Hrsg.) (1971). *Die Fragwürdigkeit der Zensurengebung.* Weinheim: Beltz.

Jachmann, M. (2003). *Noten oder Berichte? Die schulische Beurteilungspraxis aus der Sicht von Schülern, Lehrern und Eltern.* Opladen: Leske+Budrich.

John, G., Frommer, H. & Fauser, P. (Hrsg.) (2008). *Ein neuer Jenaplan. Befreiung zum Lernen.* Seelze/Velber: Klett Kallmeyer.

Jürgens, E. & Sacher, W. (2008). *Leistungserziehung und Pädagogische Diagnostik in der Schule.* Stuttgart: Kohlhammer.

Maier, M. (2001). *Das Verbalzeugnis in der Grundschule.* Landau: Verlag Empirische Pädagogik.

Mann, T. (1960). *Die Buddenbrooks.* Frankfurt: Fischer.

Ophuysen, S. van (2010). Professionelle pädagogisch-diagnostische Kompetenz – eine theoretische und empirische Annährung. In Berkemeyer, N., Bos, W.,

Holtappels, H. G. et al. (Hrsg.), *Jahrbuch der Schulentwicklung, Bd. 16* (S. 203–234). Weinheim: Juventa.

Prengel, A. (2011) Selektion versus Inklusion – Gleichheit und Differenz im schulischen Kontext. In Faulstich-Wieland, H. (Hrsg.), *Umgang mit Heterogenität und Differenz* (S. 23–48). Band 3 der zehnbändigen Reihe: Professionswissen von Lehrerinnen und Lehrern, hrsg. von Grunder, H.-U., Kansteiner-Schänzlin, K. & Moser, H. Hohengehren: Schneider Verlag.

Reusser, K. (1995). Lehr- und Lernkultur im Wandel: Zur Neuorientierung in der kognitiven Lernforschung. In Dubs, R. & Dörig, R. (Hrsg.). *Dialog Wissenschaft und Praxis* (S. 164–190.). St. Gallen: Institut für Wirtschaftspädagogik IWP.

Rösner, E. (2007). Ungleiche Bildungschancen im Spiegel von Schulleistungsstudien. In Fischer, D. & Elsenbast, V. (Hrsg.), *Zur Gerechtigkeit im Bildungssystem* (S. 15–24). Münster: Waxmann.

Tillmann, K.-J. (2007). Viel Selektion – wenig Leistung. Ein empirischer Blick auf Erfolg und Scheitern in deutschen Schulen. In Fischer, D. & Elsenbast, V. (Hrsg.), *Zur Gerechtigkeit im Bildungssystem* (S. 25–37). Münster: Waxmann.

Valtin, R. (2002). *Was ist ein gutes Zeugnis? Noten und verbale Beurteilungen auf dem Prüfstand.* Weinheim, München: Juventa.

Winter, F. (2004). *Leistungsbewertung. Eine neue Lernkultur braucht einen anderen Umgang mit den Schülerleistungen.* Baltmannsweiler: Schneider-Verlag.

Alternative Beurteilungskonzepte im Praxistest

Gisela Gravelaar

Lernentwicklungsberichte, eingebettet in das pädagogische Leistungskonzept der Wartburg-Grundschule

1. Einleitung

Ziel des Workshops war es, Lernentwicklungsberichte aus der Praxis als hochwertige Alternative zur gängigen Notenpraxis vorzustellen. Dabei stehen Diagnose und Förderung zentral im Mittelpunkt. Entsprechend dem Leitziel der Schule „Jedes Kind muss erfolgreich sein können" ist der Vergleich zwischen den Schülerinnen und Schülern einer Lerngruppe unwichtig. Lernerfolge stellen sich durch individuelle Fördermaßnahmen, die auf einer exakten Diagnose basieren, bei jedem Kind ein. Eine Leistungsbewertung richtet sich dann nach dem Lernzuwachs des einzelnen Kindes in Bezug auf die Norm der gültigen Lehrpläne und Bildungsstandards.

Im folgenden Text wird das Thema „Lernentwicklungsbericht" in die gesamte Leistungskultur der Wartburg-Grundschule eingebettet. Der Lernentwicklungsbericht stellt hierbei lediglich das Endprodukt, die Dokumentation des Entwicklungsberichtes und gleichzeitig die Rechenschaftslegung des Lernbegleiters/der Lernbegleiterin dar.

2. Darstellung der Schule

Die Wartburg-Grundschule ist eine städtische evangelische Grundschule im Stadtteil Gievenbeck in Münster. Seit dem Schuljahr 2010 wird sie in allen vier Zügen als gebundene Ganztagsschule geführt.

Die Schulgemeinschaft zeichnet sich durch eine das Schulleben bereichernde Heterogenität aus (Menschen mit und ohne Migrationshintergrund, Akademiker, Arbeitslose, Sozialhilfeempfänger, verschiedene Familienkonstellationen, unterschiedliche Bebauung und Wohnqualität, Aufwachsbedingungen, Familientraditionen, Sprache, Nation, Religion, soziale Kultur etc.). Wir sehen die Heterogenität als Lernchance und haben sie systemisch zusätzlich erhöht: In allen Klassen wird jahrgangsgemischt (1/2 bzw. 3/4) gelernt, in einem Haus integrativ. Wo „anders sein" normal ist, lernen Kinder besonders nachhaltig, sich in ihrer Vielfalt zu respektieren, voneinander zu lernen, sich zu helfen und helfen zu lassen, zusammen zu arbeiten usw.

Die Grundschule begann ihr Schulprofil Ende der 60er-Jahre zu entwickeln, als der erste gebundene Ganztagszug mit Hilfe wissenschaftlicher Begleitung konzipiert wurde. Das pädagogische Konzept der Schule findet seine Wurzeln in den Ideen der Reformpädagogen. Ansätze aus den verschiedenen Theorien haben das heutige Konzept wachsen lassen.

Auch nach dreißig Jahren halten wir dieses Konzept für eine sehr erfolgreiche Lösung, den unterschiedlichen Voraussetzungen der Kinder im besonderen Maße gerecht zu werden.

3. Konzept zur Leistungserziehung

3.1 Jedes Kind muss erfolgreich lernen können!

Jedes Kind hat ein Recht auf individuelle Förderung. Das pädagogische Leistungsverständnis der Wartburg-Grundschule orientiert sich daher an dem individuellen Lern- und Entwicklungsprozess des Kindes, an den unterschiedlichen Lernwegen, die das gemeinschaftliche Handeln im Unterricht befruchten und daher immer wieder als Anregungen in den unterrichtlichen Fokus gestellt werden.

Der Grundsatz des individuellen Förderns, „Die Stärken stärken – die Schwächen schwächen" verbunden mit dem Ziel, Kinder nicht zu beschämen, sondern zu ermutigen, stellt die soziale Dimension des kooperierenden Lernens in den Fokus.

Wir arbeiten an einem kompetenzorientierten qualitativen „Fehler"verständnis und lassen uns als Lehrende auf die Wirklichkeitskonstruktionen der Kinder ein, verbunden mit dem Anspruch zu verstehen, wie Kinder lernen.

Ziffernoten erscheinen uns für diesen wichtigen Prozess als ungeeignet, da sie Kinder miteinander vergleichen und nicht den Lernzuwachs des einzelnen Kindes in den Mittelpunkt stellen. Seit 30 Jahren beschreiben die Kollegen und Kolleginnen der Wartburg-Grundschule die Lernentwicklung der Kinder in Lernentwicklungsberichten und geben gleichzeitig Rechenschaft über die eigene Arbeit mit den Schülern und Schülerinnen ab.

Das oben genannte Leistungsverständnis erfordert eine Kultur stetiger individueller Leistungsrückmeldung und die Entwicklung einer Reflexionskompetenz. Um die individuelle Entwicklung eines Kindes sichtbar zu machen, sind offene Unterrichtsformen unerlässlich.

3.2 Instrumente, die Informationen über die Lernentwicklung ermöglichen

3.2.1 Lerntagebuch

Jedes Kind führt mit seinem Lernbegleiter/seiner Lernbegleiterin vom ersten Schultag an ein Lerntagebuch, welches als den Lernprozess begleitendes individuelles Dialogbuch zwischen Kind und Pädagoginnen und Pädagogen gesehen werden kann. Das Buch hat Portfolioanteile, ist Ort der Reflexion (fachlich wie sozial-emotional), der Lernprozessplanung („Welchen Buchstaben möchtest du als nächstes lernen/üben?" „Was willst du als nächstes lernen?"...).

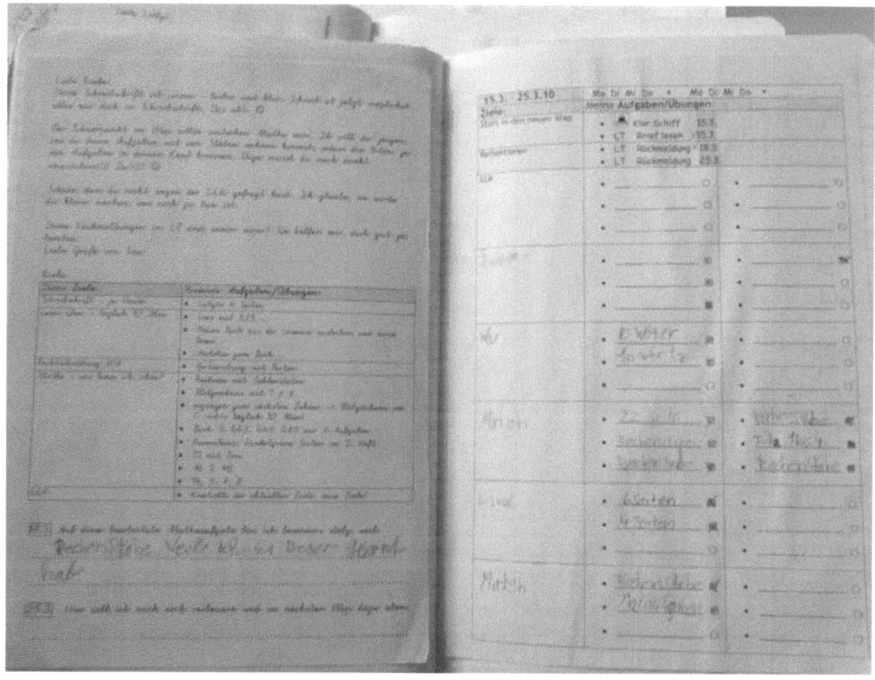

Abbildung 1:
Auszug aus einem Lerntagebuch der jahrgangsübergreifenden Stufe 1/2

3.2.2 Beobachtungen im Unterricht

Zunehmend häufiger richten Kollegen und Kolleginnen der Wartburg-Grundschule Zeit für ungestörte Beobachtungszeiten während des Unterrichtes ein. Offene Unterrichtsformen mit klaren Regeln und Ritualen wie dem Helfersystem ermöglichen dies. Die z.T. kriteriengeleiteten Beobachtungen geben deutliche Rückschlüsse auf die Arbeitshaltung, die Lernorganisation und die sozialen Verbindungen in einer Lerngruppe.

Zeitraum:		Schüler/in:		
	Ausgangslage (Stärken/ Schwächen)	Förderziele	Förderangebote	Beobachtungen zum Förderprozess
Lern- und Arbeits-Verhalten Motivation				
Sozialverhalten/ Interaktion/ Emotionalität				
Selbstkonzept				
Deutsch/Lesen/ Schreiben, Ausdruck				
Mathematik				
Projekte				
Musischer Bereich: Sport, Kunst, Musik				

Abbildung 2:
Beobachtungen im Unterricht

3.2.3 Aufbau einer Reflexionskompetenz

Die Reflexionskompetenz erweitern die Kinder an fest installierten Kindersprechtagen, in Reflexionsgesprächen in/am Ende von Arbeitseinheiten mit der gesamten Lerngruppe und in individuellen Rückmeldungen mit einzelnen Kindern, die (Lern-)Verhalten spiegeln, Anregungen zur Veränderung bieten und Handlungsmuster wie Sprachlichkeiten vermitteln. Kinder wie Erwachsene beraten Kinder in regelmäßigen Präsentationszeiten (in der Klasse, im Haus, in der Schule), in denen Kinder etwas vorstellen und sich Rückmeldungen ihrer Zuhörer/-schauer einholen. Die Reflexionskompetenz unterstützt das Kind in der realistischen Selbsteinschätzung, die für einen selbst gesteuerten Lernprozess unerlässlich ist.

3.2.4 Lern-Landkarten

Ganz aktuell haben wir Lern-Landkarten entwickelt, ein Instrument, das es den Kindern ermöglicht, anforderungsbezogen (Lernpläne NRW) und stärkenorientiert den eigenen Lernprozess zu planen und eine Rückmeldung zum individuellen Lernprozess als Leistungsrückmeldung zu erhalten. Die Kinder schreiben ihre Lern-Landkarte anhand von Kompetenzzielen kontinuierlich fort.

Die Lern-Landkarten entwickeln sich zunehmend als zentrales Element im Unterricht. Sie ermöglichen auch jungen Kindern eine zielgerichtete Verantwortungsübernahme für den eigenen Lernprozess. Zusätzlich zum Lernentwicklungsbericht geben sie einen schnellen und gezielten Überblick über erreichte Lernziele. Dieses Instrument ergänzt den Lernentwicklungsbericht durch die kompetenzorientierte Aussage.

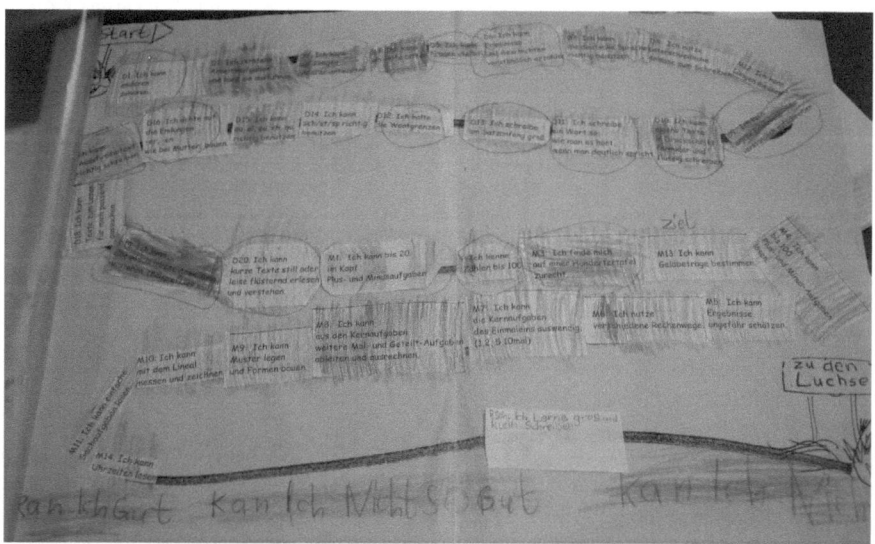

Abbildung 3:
Arbeit mit der Lern-Landkarte

Im Folgenden wird die Arbeit mit der Lern-Landkarte am Beispiel der Jahrgangsstufe ½ beschrieben.

Die Kinder erhalten mit der ersten Lesekompetenz die Lernziele der Eingangsstufe der Fächer Mathematik und Deutsch, einige soziale Ziele sowie persönliche Ziele. Je nach Bedürfnis kleben die Kinder alle Lernziele auf einmal oder aber sukzessiv in zeitlichen Abständen je nach Bedarf in ihre Lern-Landkarte. Sie kennzeichnen farblich, wie sie ihre Kompetenzen bezogen auf einzelne Ziele einschätzen. Im oben gezeigten Beispiel wurden Ziele, die bereits erreicht wurden, grün, die fast erreicht sind, orange und die restlichen rot gekennzeichnet.

Hat ein Kind ein neues Lernziel mit oder ohne Beratung gewählt, erhält das Kind über das Lerntagebuch Tipps und Angebote, mit welchen Übungen es das Ziel verfolgen und überprüfen kann, ob es erreicht ist.

Lernziele: Das will ich lernen.	Übungen: Wie kann ich üben?	Überprüfung: Präsentiere dein Wissen!
M1: Ich kann bis 20 im Kopf Plus- und Minusaufgaben lösen.	Blitzrechenkartei Zahlenbuch S. 7,11,12,13 Blitzrechnen am PC 1+1 Pass Little Professor	Ich löse Aufgaben, die mir ein Partner stellt.
M2: Ich kenne die Zahlen bis 100.	Übungen am 100er Feld, an der 100er Tafel Zahlenbuch Blitzrechenkartei Hundertertafel-Heft Einer/Zehnerkarten	Ich nenne meinem Partner die Namen der Zahlen. Ich zeige die Zahlen, die mir genannt werden. Test 2/2
M: Ich kann Zahlen unterschiedlich darstellen (Strahl, 100-Feld, Strich-Punkt)	Rechenkarten Blitzrechenkartei Zahlendetektiv-Spiel Zahlenbilder – Quartett Matematicus PC	Ich nennen die Zahlen zu den unterschiedlichen Darstellungen. Test 2/2

Abbildung 4:
Zu jedem Lernziel erhalten die Kinder Übungs- und Überprüfungsangebote, aus denen die Kinder auswählen können (Abb. zeigt Beispiel zur Mathematik)

4. Erstellung des Lernentwicklungsberichtes

Das zentrale Anliegen des Lernentwicklungsberichtes ist die Darstellung des individuellen Lernprozesses. Hierfür sammeln wir das gesamte Jahr Informationen, die am Ende des Jahres im Lernentwicklungsbericht zusammengefasst werden. Neben der Beschreibung positiver Entwicklungsprozesse benennen wir für anschließende Lernvorhaben konkrete Förderempfehlungen, die die Kinder im weiteren Lernprozess unterstützen und den Eltern Transparenz geben.

Der zwei- bis dreiseitige Lernentwicklungsbericht wird im Präteritum verfasst, um das Kind nicht festzuschreiben. Der Lernentwicklungsprozess beinhaltet sowohl Aussagen zu unterrichtlichen wie außerunterrichtlichen Aktivitäten. Er berichtet über Stärken der Kinder und zeigt auf, welche Kompetenzen das Kind bereits erreicht hat und welche es noch erarbeit. Die Lern-Landkarte ergänzt in anschaulicher Weise den Lern-Entwicklungsbericht und zeigt den aktuellen Entwicklungsstand des Kindes auf.

Barbara Riekmann

Leistungsrückmeldung für die Jahrgänge 5–10 am Beispiel der Max-Brauer-Schule

1. Die Schule und die Stationen im Schulentwicklungsprozess

Die Max-Brauer-Schule (MBS) ging 1979 als integrierte Gesamtschule aus einer Grund-, Haupt- und Realschule hervor. Schon bei ihrer Gründung war von großer Bedeutung, dass sie als Langform – von der Vorschule bis zum Abitur – gedacht und konzipiert war. Dies ist bis heute so geblieben. Seit 2010 ist die MBS bei gleicher Struktur Stadtteilschule. Die Schule liegt in Hamburg-Altona, sie wird zurzeit von 1.338 Schülerinnen und Schülern besucht. Die soziale Zusammensetzung spiegelt die gemischte Bevölkerungsstruktur des Einzugsbereiches wider: Kinder aus der Mittelschicht finden sich genauso wie Kinder, die am Rande des Existenzminimums leben. Rund 10% der Schülerinnen und Schüler sind ausländischer Nationalität, rund 20% haben darüber hinaus einen Migrationshintergrund.

Die Schule hat über mehrere Jahre vielfältige Erfahrungen mit unterschiedlichen Formen des individuellen Lernens in heterogenen Gruppen sammeln können. Das gilt für die Grundschule und die Sekundarstufe II in gleicher Weise wie für die 2005 als Schulversuch begonnene Neukonzeption der Sekundarstufe I, der *Neuen Max-Brauer-Schule*, in der die äußere Leistungsdifferenzierung entfällt und der klassische Fachunterricht zugunsten einer Bündelung der Fächer in den drei Säulen *Lernbüro, Projekte und Werkstätten* aufgehoben worden ist.

Bereits Mitte der 80er Jahre hatte die Grundschule ein Konzept individualisierten Lernens mit *konstruktiver Leistungsrückmeldung* praktiziert (vgl. Hannemann, 2004; 2007), das ansteckend auf die anderen Abteilungen wirkte. Die Sekundarstufe I nahm diese Impulse in den 90er Jahren auf, entwickelte ein Methodencurriculum, ein Teammodell und praktizierte Formen alternativer Leistungsrückmeldung in den Klassenstufen 5 und 6. Formen innerer Differenzierung in Deutsch, Mathematik und Chemie wurden erprobt (vgl. Bondick & Riekmann, 2005). In Projektwochen und Epochen wurden mit fächerübergreifendem und projektorientiertem Lernen Erfahrungen gesammelt. Die Sekundarstufe II, 1993 als Profiloberstufe neu konzipiert, arbeitet nach ähnlichen Prinzipien und blickt mit ihrer Feedbackkultur und den besonderen Formen der Rückmeldung von Schülerleistungen auf eine jahrelange Tradition zurück (vgl. Bastian u.a., 2000; Bondick, Menzel-Prachner & Sturzenhecker, 2011).

2001 entwarf eine zehnköpfige „Traumgruppe" aufbauend auf die in den vergangenen Jahren erprobten Bausteine ein neues, radikales Konzept für die Sekundarstufe I, das dann schrittweise in vielen Arbeitsgruppen von Lehrerinnen und Lehrern der ganzen Schule bis 2005 erarbeitet wurde (Riekmann, 2005; Bleyer & Bondick, 2005). Seitdem ist dieses Konzept aufwachsend von Jahrgang 5 bis Jahrgang 10 umgesetzt worden, 2011 haben die ersten Schülerinnen und Schüler der Neuen Max-Brauer-Schule ihr 10. Schuljahr abgeschlossen.

2. Bausteine der Neuen Max-Brauer-Schule

2.1 Die Rhythmisierung im Rahmen des Ganztagsbetriebes

Die Schule ist in der Sekundarstufe I eine vollgebundene Ganztagsschule. Der Tag beginnt um 8.05 Uhr und endet in der Regel um 16 Uhr (an vier Tagen in der Woche). Ein Pausensignal gibt es nur am Ende der beiden großen Pausen. An drei Wochentagen beginnt der Tag mit einer 45minütigen Eingangsphase. Sie dient dem entspannten Ankommen, der (individuellen) Wochen- und Tagesplanung, dem Klassenrat, aber auch der individuellen Arbeit. In der 75minütigen Mittagspause können ein warmes Mittagessen eingenommen und verschiedene Ruhe- oder Aktivitätsangebote auf dem Schulgelände genutzt werden. An jedem Freitag klingt die Woche mit dem Wochenabschluss aus: Wochenresümee, Schüler-Schüler-Rückmeldungen, Präsentationen.

Stunde	Montag	Dienstag	Mittwoch	Donnerstag	Freitag
1 8.05 – 8.50	EP	EP	LB	EP	Sport
2 9.00 – 9.45	LB	PU		Werkstatt	LB
3 9.45 – 10.30			PU		
30 min Pause: 10:30 – 11:00 Uhr					
4 11.00 – 11.45	Werkstatt	PU	PU	PU	LB
5 11.45 – 12.30			PU		WA
6 12.30 – 13.45	Mittagessen und Spielangebote				
7 13.45 – 14.30	LB	LB	Sport	PU	
8 14.30 – 15.15	Werkstatt		Werkstatt		
9 15.15 – 16.00					

Abbildung 1: Stundenplan Jahrgang 5/6

2.2 Lernbüro und Themenkreise

Das Lernbüro ist der Ort individualisierten Lernens. Es dient dem Erwerb von Basiskompetenzen in Deutsch, Mathematik und Englisch. In den Jahrgängen 5 bis 8 umfasst das Lernbüro elf Stunden, in den Jahrgängen 9 und 10 neun Stunden und zwei Stunden zusätzliche Übungszeit. Der Stundenplan bündelt diese Zeiten weitestgehend in Zwei- bzw. Drei-Stunden-Blöcken. Die Schüler bearbeiten vorgegebene oder auch individuelle Bausteine nach Absprache mit den Fachlehrern; sie entscheiden selbst, an welchen Tagen und wie oft sie sich mit Themen aus den einzelnen Bereichen beschäftigen. Neben der individuellen Lernarbeit gibt es insbesondere zur Einführung in neue Gebiete auch lehrerzentrierte Phasen, die so genannten Themenkreise. Der Planung, Unterstützung und Steuerung der Lernprozesse dienen Eingangstests, Zielvereinbarungen, Kompetenzraster, Checklisten, spezifische Arbeitsmaterialien und Wochenpläne. Am Schluss eines individuellen Lernabschnitts zeigt der Schüler bzw. die Schülerin in einem Test oder in einer Präsentation, dass er bzw. sie das Bearbeitete beherrscht (vgl. Hagener, 2007; Bondick, Hagener & Riekmann, 2009).

2.3 Kompetenzraster und Checklisten

In Analogie zum europäischen Referenzrahmen für das Fremdsprachenlernen gibt es „Kompetenzraster" für die Fächer Deutsch, Mathematik und Englisch. Jeder Schüler hat für jeden Bereich ein persönliches Arbeits-Exemplar der Kompetenzraster, auf dem seine Lernausgangsposition (Eingangstest) gekennzeichnet ist. Jede mit dem Lehrer vereinbarte Lernsequenz ist mindestens einer Kompetenz und einem Kompetenzniveau zugeordnet. Bearbeitete und erfolgreich beendete Lernsequenzen werden auf dem Raster durch einen Klebepunkt im entsprechenden Kompetenz-Niveau-Feld gekennzeichnet. Dies dient der Dokumentation der Lerngeschichte und des erreichten Lernstandes. Die Checklisten erläutern die Kompetenzen, geben Teilkompetenzen an und verweisen auf hierfür nützliche Lernaufgaben mit Material aus Lehrbüchern und anderen Quellen.

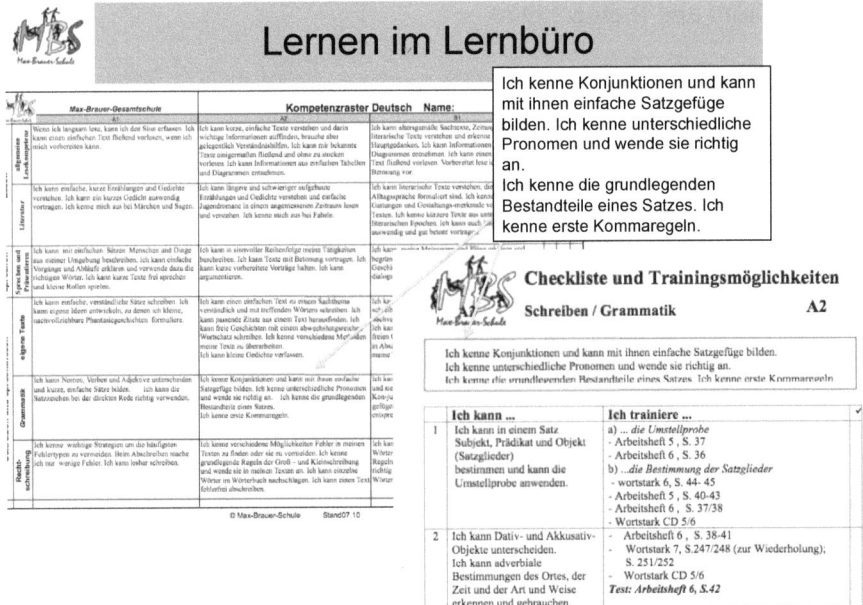

Abbildung 2:
Kompetenzraster, Checkliste und Trainingsmöglichkeiten

		A1	A2	B1	B2	C1	C2
Lesen	allgemeine Lesekompetenz	Wenn ich langsam lese, kann ich den Sinn erfassen. Ich kann einen einfachen Text fließend vorlesen, wenn ich mich vorbereiten kann.	Ich kann kurze, einfache Texte verstehen und darin wichtige Informationen auffinden, brauche aber gelegentlich Verständnishilfen. Ich kann mir bekannte Texte einigermaßen fließend und ohne zu stocken vorlesen. Ich kann Informationen aus einfachen Tabellen und Diagrammen entnehmen.	Ich kann altersgemäße Sachtexte, Zeitungsartikel und literarische Texte verstehen und erkenne die Hauptgedanken. Ich kann Informationen aus Tabellen und Diagrammen entnehmen. Ich kann einen unbekannten Text fließend vorlesen. Vorbereitet lese ich mit guter Betonung vor.	Ich kann auch in altersgemäßen Text verteilte Informationen verknüpfen. Ich erkenne die Schlussfolgerungen, die der Schreibende einnimmt. Ich kann die zentrale Aussage des Textes wiedergeben und meine Aussprache dem Sinn entsprechend variieren.	Ich kann auch in komplexeren Texten verteilte Informationen auffinden und miteinander verknüpfen, kann daraus Schlussfolgerungen ziehen und darstellen. Ich kann die zentrale Aussage des Textes flüssig und gut betont vor. Auch unbekannte Texte lese ich flüssig und gut betont vor. Schwierigere literarische Texte trage ich mit sinnerschließender Betonung vor.	Ich kann alle unterrichtsbezogenen Texte mühelos verstehen, auch wenn sie abstrakt oder inhaltlich und sprachlich komplex sind. Ich kann die meisten Fach- und Fremdausdrücke verstehen oder sie mir aus dem Zusammenhang heraus erklären. Ich kann mir durch überfliegendes Lesen schnell einen Überblick über einen Text verschaffen. Literarische Texte trage ich mit Sinn erschließender Betonung vor.
	Literatur	Ich kann einfache, kurze Erzählungen und Gedichte verstehen. Ich kann ein kurzes Gedicht auswendig vortragen. Ich kenne mich aus bei Märchen und Sagen.	Ich kann längere und schwieriger aufgebaute Erzählungen und Gedichte verstehen und einfache Jugendromane in einem angemessenen Zeitraum lesen und verstehen. Ich kenne mich aus bei Fabeln.	Ich kann literarische Texte verstehen, die nicht in Alltagssprache formuliert sind. Ich kenne einzelne Gattungen und Gestaltungsmerkmale von lyrischen Texten. Ich kenne kürzere Texte zu unterschiedlichen literarischen Epochen. Ich kann auch längere Gedichte auswendig und gut betont vortragen.	Ich kann Prosatexte und lyrische Texte unterschiedlicher Gattungen verstehen, deuten und anhand von typischen Merkmalen unterscheiden. Ich erkenne wichtige Stilmerkmale von Lyrik und Epik. Ich kenne Literaturgattungen und ihre Merkmale. Ich kenne unterschiedliche Textsorten in Zeitungen.	Ich kann Literatur aus verschiedenen Epochen verstehen, deuten und erkenne die Bedeutung wesentlicher Form- und Gestaltungselemente. Ich benutze zur Beschreibung die richtigen Fachtermini.	Ich kann lange, komplexe literarische Texte verstehen und interpretieren, sie in Beziehung zum Autor und zum historischen Hintergrund setzen und Stilunterschiede wahrnehmen.
Sprechen und Präsentieren	Sprechen und Präsentieren	Ich kann mit einfachen Sätzen Menschen und Dinge aus meiner Umgebung beschreiben. Ich kann einfache Vorgänge und Abläufe erklären und verwende dazu die richtigen Wörter. Ich kann kurze Texte frei sprechen und kleine Rollen spielen.	Ich kann in sinnvoller Reihenfolge meine Tätigkeiten beschreiben. Ich kann Texte mit Betonung vortragen. Ich kann kurze vorbereitete Vorträge halten. Ich kann argumentieren.	Ich kann meine Meinungen und Pläne erklären und begründen, sowie Sachverhalte erklären. Ich kann Geschichten lebendig erzählen oder wiedergeben und dialogische Texte interpretierend vortragen.	Ich kann zu vielen Themen eine klare und detaillierte Darstellung geben. Ich kann einen Standpunkt zu einer aktuellen Frage erläutern und Vor- und Nachteile verschiedener Möglichkeiten angeben. Ich kann Präsentationen zu bekannten Themen vorbereiten und durchführen und setze dabei geeignete Medien ein.	Ich kann komplexe Sachverhalte ausführlich darstellen und dabei Themenpunkte miteinander verbinden, bestimmte Aspekte besonders ausführen und meinen Beitrag angemessen abschließen. Ich kann zu verschiedenen Themen in kurzer Zeit Präsentationen verfassen, illustrieren und durchführen.	Ich kann Sachverhalte klar, flüssig und angemessen darstellen und meine Darstellung logisch erleichtern, wichtige Punkte zu erkennen und sich diese zu merken. Ich visualisiere meine Präsentationen professionell und variiere dazu die verschiedenen Hilfsmittel in angemessener Weise.

© Max-Brauer-Schule   Stand 8.10

Abbildung 3:
Kompetenzraster Deutsch

2.4 Das Blaue Buch (Logbuch)

Wichtig für die Arbeit der Schülerinnen und Schüler ist die Entwicklung von Planungskompetenz. Jeder Schüler führt ein Blaues Buch, in das er für jeden Tag einträgt, welche Arbeiten geplant sind, welche erledigt wurden, wie mit nicht Erledigtem verfahren wird und wie die eigene Arbeitshaltung eingeschätzt wird. Damit entsteht eine Dokumentation des individuellen Lernprozesses für den Lernenden selbst, seine Eltern und seine Lehrkräfte.

Wochenplan vom		bis	Name:		
	Deutsch	Englisch	Mathe	Präsentation	Wochenziele...
Das will ich am Ende der Woche erreicht / gelernt					☐ erreicht ☐ zum Teil erreicht ☐ nicht erreicht
	Montag	Dienstag	Mittwoch	Donnerstag	Freitag
Tagesziele: Das möchte ich heute lernen.					
Dazu arbeite ich					
Ich habe meine Tagesziele...	☐ erreicht ☐ zum Teil erreicht ☐ nicht erreicht	☐ erreicht ☐ zum Teil erreicht ☐ nicht erreicht	☐ erreicht ☐ zum Teil erreicht ☐ nicht erreicht	☐ erreicht ☐ zum Teil erreicht ☐ nicht erreicht	☐ erreicht ☐ zum Teil erreicht ☐ nicht erreicht
Frage, Erfolg, Leistung, Erkenntnis, Kompliment, Aha-Erlebnis	des Tages	des Tages	des Tages	des Tages	des Tages
	☹ 😐 ☺	☹ 😐 ☺	☹ 😐 ☺	☹ 😐 ☺	☹ 😐 ☺

Abbildung 4:
Planungsseite des Blauen Buchs

2.5 Der fächerübergreifende Projektunterricht

Ein großer Teil des Lernens ist epochalen Projekten vorbehalten (zwölf Wochenstunden in Jahrgang 5/6). In jedem Schuljahr finden sechs sechswöchige Projekte statt. Dabei fließen die Inhalte und Unterrichtsstunden der Fächer Gesellschaft, Naturwissenschaft, Religion und anteilig Arbeitslehre, Bildende Kunst, Musik, Deutsch und Mathematik in den Projektunterricht ein. Für den Erwerb methodischer und inhaltlicher Grundlagen bietet sich eine Verzahnung mit dem Lernbüro an, auch kann ein „Obligatorium" der eigentlichen Projektphase vorgeschaltet werden. Diese Lernform findet in den Jahrgängen 7 und 8 seine Fortsetzung in einem sechsstündigen Projektunterricht Gesellschaft (PU-G) und einem dreistündigen Projektunterricht Naturwissenschaft (PU-NW). In jedem Halbjahr findet ein fächerübergreifendes NW-G-Projekt statt.

Auch bei den Projekten belegen die Schülerinnen und Schüler in Form einer Präsentation oder eines Produkts die erworbene Qualifikation.

P1	P2	P3	P5	P4	P6
Wir lernen uns kennen	Orientierung auf der Erde: Das Land meiner Wahl	Bücher lesen- selber schreiben	Leben in der Antike: Die Römer	Tiere und Pflanzen in unserem Umkreis	Wir fahren mit dem Rad
Fächer übergreifend	Gesellschaft	Deutsch	Gesellschaft	Naturwissen- schaft	Naturwissen- schaft Arbeitslehre

Abbildung 5:
Projektübersicht für Jahrgang 5

2.6 Die Werkstätten

Die Werkstätten sind wahlpflichtähnliche Angebote. In den Jahrgängen 5/6 werden vier in der Regel halbjährige Werkstätten aus einem freien (z.B. Bläserensemble, Zirkus, Forscherlabor) und einem verpflichtenden Angebot (Musik, Kunst, Sport) gewählt. Ab Jahrgangsstufe 7 ist der verpflichtende Teil der Wahlpflichtbereich; die Schüler wählen aus drei Fächerblöcken einen vier-stündigen (z.B. die zweite Fremdsprache Französisch, Spanisch, Türkisch) und zwei zweistündige Kurse aus. Eine zweistündige Werkstatt ergänzt diesen Wahlbereich.

3. Formen der Leistungsrückmeldung

Die Teilnahme am Schulversuch „Alleskönner" erlaubt es der Max-Brauer-Schule von Klasse 1 bis einschließlich Jahrgang 8 auf Zensuren zu verzichten. Stattdessen werden Erfolge und Leistungen individualisiert zurückgemeldet. Im Projektunterricht durch Selbst- und Fremdeinschätzung, Zertifikate und Rückmeldungen zu Präsentationen. In den Werkstätten durch Zertifikate. Im Lernbüro durch ein Punktesystem im Kompetenzraster.

Zusammen mit den Schüler-Eltern-Lehrer-Gesprächen (vgl. Bondick, Jessen & Klamroth, 2009) und dem Lernentwicklungsbericht bilden alle diese Formen ein in sich konsistentes System der Leistungsrückmeldung ab.

3.1 Das Schüler-Eltern-Lehrer-Gespräch (SELG)

Mindestens zweimal im Schuljahr, in der Regel zu Beginn eines jeden Schulhalbjahres, werden Schüler-Eltern-Lehrer-Gespräche als Bilanz- und Zielgespräche durchgeführt. Die Schülerinnen und Schüler bereiten sich anhand eines vorgegebenen Fragenkatalogs und mit einem vorstrukturierten Arbeitsbogen intensiv auf die ca. 30-minütigen Gespräche vor. Gemeinsam wird das bisher Geleistete bilanziert, Stärken und Schwächen werden als Selbst- und Fremdeinschätzung identifiziert. Die nächsten Ziele, das Lernprogramm der nächsten Monate werden stichwortartig notiert: Teilkompetenzen aus den Kompetenzrastern, individuelle Vorhaben für den Projektunterricht, Besonderheiten im Wahlpflichtbereich, aber auch das Arbeits- und Sozialverhalten. Die Eltern verpflichten sich schon bei der Anmeldung, an den SELG, die ja das Halbjahreszeugnis ersetzen, teilzunehmen. Die Gespräche werden dokumentiert, am Ende des Gesprächs wird ein Lernvertrag unterschrieben, den Schüler, Eltern und Lehrer unterschreiben. Er wird im Schülerbogen abgeheftet und ersetzt zudem das Halbjahreszeugnis.

Jg. 7/2011		Name:
Schüler-Lehrer-Eltern-Gespräch (SELG)		Termin : Di 9.11., 9.00 Uhr Klasse 7d

Lernbüro			
	Deutsch	° Rechtschreibung B1 beenden (mit Test) (grüne Punkte 1 ✓, 2 ✓, 5 ✓) 3, 4, 6, 7 nicht erledigt ° Gramatik A2 beenden, 3 Punkte (mit Test) ✓ ° Gramatik B1 beenden, 4 Punkte (7 Punkte offen) 1 grüner „dass" in eigenen Texten prüfen! ✓	
	Mathe	° Themenkreis B1 alle Punkte, noch 2 Punkte + Test ✓ ° A2 Fläche und Raum 1G und 2E Punkte + Test ✓ ° Zahlen A2.2 Dezimalzahlen (2 bearbeitet) 4 Punkte fehlen ° Test in Daten und Wahrscheinlichkeit A2 (nicht erledigt)	
	Englisch	° In jedem Vokabeltest mindestens 8 Punkte erreichen ✓ ° Arbeitsplan fertig machen ✓ ° Lektüre (Sherlock Holmes) zusätzlich lesen – Mit Herrn K. besprechen welches Buch. ✓	
	PU Gesellschaft	. Regeln in der Gruppenarbeit einhalten . Beratungsgespräch mit Herrn M.	
	WP	Französisch: in den Vokabeltest 8-10 Punkte erreichen ✓ (eine Ausnahme)	
	Arbeits- und Sozial- verhalten	°Blaues Buch gut führen °3 Wochenziele setzen!!!!!!	

Abbildung 6:
Lernvereinbarung

3.2 Der Lernentwicklungsbericht

Am Ende des Schuljahres gibt es ein Zeugnis zur Lernentwicklung, das neben Texten auch bepunktete und kommentierte Kompetenzraster enthält. Auch die Projekte werden aufgeschlüsselt nach methodischen und fachlichen Kompetenzen in einem Ankreuzverfahren auf einer Dreierskala bewertet und kommentiert. Mit der Kommentierung ist sichergestellt, dass nicht nur der Lernstand dokumentiert, sondern auch die Lernentwicklung beschrieben ist. Für das Fach Sport und die Werkstatt- und Wahlpflichtkurse wird ähnlich wie bei den Projekten verfahren. Der Lernentwicklungsbericht am Ende des Schuljahres ist zusammen mit den anderen Rückmeldeformaten Ausgangspunkt für das SELG zu Beginn des nächsten Schuljahres.

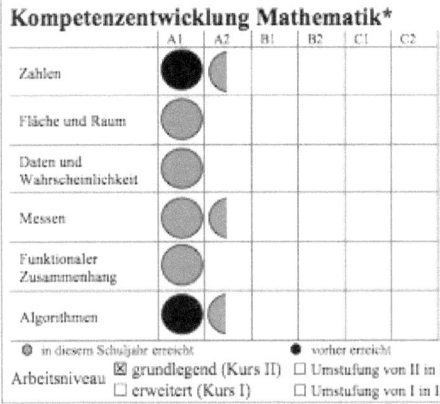

Abbildung 7:
Lernentwicklungsbericht – Auszug –

4. Eine neue Lernkultur

Das System der Leistungsrückmeldung an der Max-Brauer-Schule ist eng verbunden mit der Zeitstruktur und den Bausteinen des Unterrichts. Der Unterricht sorgt dafür, dass Schülerinnen und Schüler individuell und eigenverantwortlich lernen können. In diesem System muss auch der Lehrer seine Rolle grundlegend reflektieren. Er muss einerseits akzeptieren, dass er weiter dafür verantwortlich ist, dass in seinem Unterricht gelernt wird, andererseits muss er zunehmend die Verantwortung für das Lernen dem Schüler übergeben. Es ist gut zu wissen, dass man sich hier in einem Spannungsverhältnis befindet. Der Lehrer vertraut dem Lernwillen seiner Schüler, lässt unterschiedliche Lernwege und -tempi zu und beharrt nicht darauf, dass eine Sache nur auf eine bestimmte Weise gelernt werden muss. Es geht um Lernbegleitung und Lernberatung. Hierzu ist es unumgänglich, dass der Lehrer klar und strukturiert Buch über die erbrachten Leistungen der Schüler führt. Die Bausteine individualisierter Leistungsrückmeldung unterstützen das selbstständige Lernen des Schülers und seine Planungs- und Selbstreflexionskompetenz.

Literatur

Bastian, Johannes u. a. (2000). *Profile in der Oberstufe. Fächerübergreifender Projektunterricht an der Max-Brauer-Schule, Hamburg.* Hamburg: Helbig.

Bleyer, Renate & Bondick, Regine (2005). Von der Traumschule zur Neuen MBS. In Grimm, Andrea (Hrsg.), *Besser fördern. Konturen und Bedingungen einer gelingenden Lern- und Unterrichtskultur* (S. 123–140). Loccumer Protokolle 18 (05). Evangelische Akademie Loccum.

Bondick, Regine, Hagener, Tim & Riekmann, Barbara (2009). Dem Lernen Zeit geben – Das Lernbüro. *Praxis Schule 2,* 19–23.

Bondick, Regine, Jessen, Silke & Klamroth, Heike (2009). Schüler und Eltern an der Reflexion der Lernentwicklung beteiligen. Das Beispiel Schüler-Eltern-Lehrer-Gespräche. *Pädagogik 07-08,* 24–28.

Bondick, Regine & Riekmann, Barbara (2005). *Die Max-Brauer-Schule, Hamburg, auf dem Weg zum individualisierten Lernen* (S. 45–49). Die Blaue Reihe der GGG, 56 [Gesamtschulen entwickeln – Pflicht zu äußeren Differenzierung aufheben].

Bondick, Regine, Menzel-Prachner, Christel & Sturzenhecker, Markus (2011). Lernen über Grenzen: Einblicke in die Praxis des fächerübergreifenden Unterrichts in der Sekundarstufe I und II an der Hamburger Max-Brauer-Schule. In Artmann, Michaela, Herzmann, Petra & Rabenstein, Kerstin (Hrsg.), *Das Zusammenspiel der Fächer beim Lernen. Fächerübergreifender Unterricht in der Sekundarstufe I und II: Forschung, Didaktik, Praxis* (S. 181–198), Kassel: Prolog.

Hagener, Tim (2007). Kompetenzraster – Checklisten – Wochenpläne. Individualisierung und Selbstregulation im Jahrgang 5 einführen. *Pädagogik 07-08,* 12–17.

Hannemann, Detlef (2004). *Wege nach Rom. Praxishandbuch zur Individualisierung des Unterrichts.* Hohengehren: Schneider.

Hannemann, Detlef (2007). *Leistung ohne Noten – Möglichkeiten Konstruktiver Leistungsrückmeldungen (nicht nur) in der Grundschule.* Hohengehren: Schneider.

Riekmann, Barbara (2005). Jedes Lernen braucht seine Zeit. Die Max-Brauer-Schule erprobt eine neue Zeitstruktur. *Pädagogik 12* (05), 10–14.

Michael Wildt

Schüler-Selbsteinschätzungen in einem auf selbst gesteuertes Lernen hin ausgerichteten Unterricht

1. Einleitung

Auf den eigenen Lernprozess bezogene Selbsteinschätzungen von Schülerinnen und Schülern[1] dienen der Selbststeuerung der Lernenden bei deren individuellen und kooperativen Lernaktivitäten. Bei selbst gesteuertem Lernen bestimmen die Schüler aus der Analyse ihrer schon erzielten Erfolge ihre folgenden Lernschritte. Den Rahmen dafür zu schaffen, ist – so die These des Referenten – gemeinsame Aufgabe von Lehrkräften und Lernenden. ‚Diagnose‘ ist dabei die ‚gemeinsame Suche von Lehrkraft und Lernenden nach Ansatzpunkten für Erfolg versprechendes Weiterlernen‘. Schüler-Selbsteinschätzungen sind wesentliche Element einer derartigen diagnostischen Arbeit.

2. Wozu Schüler-Selbsteinschätzungen?

Zunächst ist zu klären, wozu Schüler-Selbsteinschätzungen funktional sind, denn nur dann, wenn sie funktional sind, wird man Schüler dazu gewinnen. Erhellend ist folgende logische Implikation:

Selbsteinschätzungen anregen → Selbststeuerung beim Lernen <==>
Nicht: Selbststeuerung beim Lernen → Nicht: Selbsteinschätzung anregen.

Die äquivalente Umformulierung der Implikation zeigt, wieso im lehrerzentrierten Unterricht in der Regel nicht nach der Selbsteinschätzung des Schülers gefragt wird: Sie besitzt keine steuernde Funktionalität. Sie einzuholen würde sogar die Steuerungslogik der Lehrerzentrierung stören. ‚Lehrerzentrierung‘ bedeutet ja nichts anderes, als dass die Steuerung des Lernprozesses durch die Lehrkraft erfolgt. Die Lernenden vollziehen die geplanten Lernschritte nach. Kommt ein Schüler auf die Idee, einen anderen Lernschritt sinnvoller zu finden als den von der Lehrkraft geplanten, so ergibt sich ein Konflikt.

Um Konflikte über mögliche Lernwege zu vermeiden, verzichten (angepasste oder verbindliche) Schüler in der Regel darauf den eigenen Lernprozess ein-

---

[1] Bei geschlechtsgebundenen Begriffen wird im Weiteren aus Gründen einfacher Lesbarkeit die einfachere Form verwandt. Das jeweils andere Geschlecht ist selbstverständlich auch gemeint.

zuschätzen. Die Folge davon ist, dass Schülern die einschlägigen Kompetenzen oft fehlen, bzw. diese Kompetenzen von ihnen nicht als wichtig eingeschätzt werden. Gelegentlich werden die Kompetenzen jedoch als Mittel zur Erzeugung von Autoritätskonflikten aktiviert und erhalten so eine kontextuale Rahmung, die für das Lernen sehr hinderlich ist.

3. Struktur einer Unterrichtseinheit, in der Schüler-Selbsteinschätzungen wichtig sind (Phasengliederung)

Schüler-Selbsteinschätzungen erhalten nur in schülerzentrierten Unterrichtsformen funktionale Bedeutung. Schülerzentriert bedeutet in diesem Zusammenhang, dass die prozesssteuernden Entscheidungen von den Lernenden selbst und selbstverantwortet vollzogen werden. Zentrales Element in einem derartigen Lernprozess ist die vorab erfolgende Klärung der ‚guten Kompetenzziele‘ des Lernens. Dann analysieren die Lernenden gemeinsam ihre Lernvoraussetzungen und ihre Lernausgangslage, versichern sich des in der Lerngruppe schon entwickelten Potenzials und arbeiten dann selbst gesteuert in individuellen und kooperativen Lernformen. An passenden Stellen checken sie den schon erreichten Lernerfolg anhand des ‚guten Kompetenzziels‘ und bestimmen damit die Richtung ihres weiteren Lerngangs. Bildlich gesprochen ‚navigieren sie selbst‘, wenn Landmarken und Leuchttürme (die Ziele) identifiziert und die Seekarten (‚reiche Lernumgebung‘) ausgerollt sind.

Ein Grundmuster einer auf selbst gesteuertes Lernen hin ausgelegten Unterrichtseinheit besteht in diesem Sinne aus sechs unterscheidbaren Phasen:
1) Klärung des ‚guten Kompetenzziels‘,
2) Erschließung der Lernausgangslage,
3) Sicherung des Potenzials der Gruppe, dann Sichtung der daran anschlussfähigen Lernangebote,
4) Dezentrales Erarbeiten/Üben an den Lernangeboten mit bedarfsgesteuerter Besprechung,
5) Lernerfolgskontrolle/‚nachhaltigkeitsfördernder‘ diagnostischer Test,
6) Differenzierungsphase auf drei Niveaus
   a) *Vertiefung, neuer Lernstoff*
   b) *Selbstverantwortetes Üben am bisherigen Lernstoff*
   c) *Unterstützungsangebote zur Sicherung erfolgreichen Weiterlernens*
Raum für Selbststeuerung bieten vor allem die Phasen 4 und 6.

4. Wenn Lernende angeregt werden sollen, Selbsteinschätzungen zum eigenen Lernen zu artikulieren, bedarf es verschiedener Elemente

Nur wenn es im Aufbau einer Unterrichtseinheit Zeiträume gibt, in denen es Raum für Selbststeuerung beim Lernen gibt, wird die Gewinnung von Schüler-Selbsteinschätzungen im Lernprozess bedeutsam. Sind sie bedeutsam, so werden die Lernenden lernen, entsprechende steuernde Selbsteinschätzungen zu geben. Damit sie es lernen können, bedarf es mehrerer wichtiger Elemente:

1) Eine den Schüler/inne/n sinnvoll erscheinende Zielperspektive des Lernens (Orientierung)
2) Räume, in denen aus individuellen Einschätzungen individuelle Lernwege resultieren,
3) Bewährungssituationen zur Prüfung der Güte von Selbsteinschätzungen (,nachhaltige Lernerfolgskontrollen')
4) praktikable Formen, bei denen die Aufwands-Ertrags-Relation positiv erscheint.

Die Orientierung an sinnvollen Zielen beim Lernen ist wohl das Element, an dem es in einem typischen deutschen Unterricht am meisten fehlt. Zwar verfolgen Lehrkräfte in der Regel Ziele, mit denen sie den Lernenden gegenübertreten – zumindest wird das in der professionellen Ausbildung zum Lehrer so vermittelt. Genau genommen sind das aber keine ,Lernziele', sondern ,Lehrziele' – ein Lernziel ist in kognitionspsychologischer Terminologie oder in der Sprache der Lernbiologie ein Ziel, das sich das Lernsubjekt selbst setzt. Die Kommunikation mit der Lerngruppe über die Ziele, die die Lehrkraft hat, ist aber in der Regel (noch immer) tabuisiert. Entsprechend schwer fällt es Lehrkräften, den Lernenden ,gute Kompetenzziele' in einer altersadäquaten Form nahe zu bringen.

,Gute Kompetenzziele' sind z.B.:
Deutsch in Klasse 9 zum Thema ,Lyrik – Liebesgedichte':
Ihr versetzt Euch in die Lage, dann, wenn es für Euch wichtig ist, in passender Sprache Eure Gefühle (z.B. Verliebtheit) ausdrücken zu können.

Italienisch im Oberstufenunterricht zum Thema ,i mezzi publici':
Ihr versetzt Euch in die Lage, einem Besucher aus Rom erklären zu können, wie er einen gewünschten Punkt in Münster mit dem Bus erreichen kann. Und ihr versetzt Euch in die Lage, bei einem Besuch in Rom die Informationen zu erfragen, die ihr braucht, um einen gewünschten Punkt der Stadt mit öffentlichen Verkehrsmitteln zu erreichen.

Mathematik in Klasse 7 zum Thema ‚Prozentrechnen‘:
Herr Meier ist Verkäufer in einem Elektronikmarkt. Er darf dort seinen Kunden Rabatt geben. Dazu muss er Kundengespräche über die Preise führen. Ihr versetzt Euch in die Lage, diesen Teil der Arbeit von Herrn Meier bewältigen zu können.

Erdkunde in Klasse 5 zum Thema ‚Gestirne‘:
Ihr versetzt Euch in die Lage, einem interessierten Menschen ‚vernünftig‘ zu erklären, wieso eine totale Sonnenfinsternis stets nur an einem kleinen Bereich der Erde zu beobachten ist.

Naturwissenschaften in Klasse 8 zum Thema ‚Bäume‘:
Ihr werdet Experten für das Wohlergehen von Stadtbäumen. Ihr könnt entscheiden, ob ein Baum wohl krank ist und Hilfe braucht. Wenn ja, könnt Ihr die Hilfe selbst geben oder jemanden alarmieren, der für Hilfe sorgt.

Es handelt sich um ‚gute Ziele‘, weil sie die Kompetenzen ausdrücken, über die ein Schüler verfügt, wenn er in der Unterrichtseinheit erfolgreich gearbeitet hat. Sie sind handlungsorientiert und vermitteln Kriterien der Zielerreichung. Aus ihnen lassen sich unmittelbar Aufgaben ableiten, die ein Lernsubjekt bearbeiten kann, um dem Ziel näher zu kommen. Und aus ihnen folgt unmittelbar (für einen an Zielorientierung gewöhnten Schüler), wie eine Lernziel-Überprüfungssituation aussehen könnte. Also sind sie geeignet, bei lernprozessbezogener Selbsteinschätzung die notwendige Orientierung zu geben.

Wenn die Ziele mit den Lernenden geklärt worden sind bzw. die Lernenden sich die Ziele vertraut gemacht haben, ist der Raum geöffnet, dass sie anhand geeigneter Materialien (der ‚reichen Lernumgebung‘) selbstständig damit arbeiten. Das in Abschnitt 3 gezeigte Strukturmuster einer Unterrichtseinheit zeigt, wie solche Räume eingeplant werden können.

Schule ist, hinsichtlich des kognitiven Wissenserwerbs, in der Regel ein ‚virtueller Lernraum‘, so wie ein Computerspiel, in dem man 50 Leben hat. Das ist eine segensreiche Erfindung – die Idee der antiken ‚skola‘, der Mußezeit, in der man sich im ‚Was wäre wenn‘-Sinne mit ferneren Wirklichkeitsfragen auseinander setzen kann. Wer navigieren lernt, fährt so lange nicht auf die stürmische Nordsee hinaus, bis er sich sicher fühlt. Also muss man die Unbilden des Wetters in der Schule simulieren: durch Lernerfolgskontrollen, Kompetenzchecks und diagnostische Tests.

Selbsteinschätzungen haben einen guten Platz bei der Auswertung derartiger Kompetenzchecks, und zwar dann, wenn die hintereinander folgenden Lernerfolgskontrollen aufeinander abgestimmt sind. Derartige Folgen von Lernerfolgskontrollen sind ein Element zur Anregung von Schüler-Selbsteinschätzungen beim Lernen, wenn sie einem spezifischen Konstruktionsprinzip genügen:

Eine Abfolge von Lernerfolgskontrollen (diagnostische Tests) bezeichne ich als ‚nachhaltig‘, wenn eine gründliche Auseinandersetzung mit dem vorangegangenen Test die Wahrscheinlichkeit eines ebenso guten oder besseren Abschneidens beim folgenden Test signifikant erhöht.

Es liegt auf der Hand, dass die übliche Praxis deutscher Klassenarbeiten in dieser Hinsicht eine Katastrophe ist. Wenn in Mathematik in Klasse 7 die eine Lernerfolgskontrolle am Ende der Unterrichtseinheit zur Geometrie erfolgt und nur Geometrieaufgaben enthält, die nächste Klassenarbeit sich dann nur mit Prozentrechnung befasst, so ist die den Lernprozess steuernde Wirkung für die Schüler gleich Null. Dass gerade schwächere Schüler oft ablehnen, ihre Klassenarbeiten zu berichtigen, liegt daran, dass die ‚Berichtigung‘ für sie die Qualität hat, als würden sie an einem Ring durch die Manege geführt: Nachdem sie das ‚mangelhaft‘ kassiert haben, wären sie ja ‚doppelt dumm‘, wenn sie dann nachlernten, wofür sie schon disqualifiziert worden sind.

An einer völlig veränderten Konstruktion von Kompetenzchecks führt also wohl kein Weg vorbei, wenn Lehrkräfte das Ziel ernsthaft verfolgen, Schüler zu lernbezogenen Selbsteinschätzungen anzuregen. Lernen lohnt sich nur, wenn nach der Diagnose eines Problems die Arbeit an dessen Lösung im folgenden Kompetenzcheck seinen Niederschlag findet, so dass Erfolge des ‚Dazu-Lernens‘ im virtuellen Lernraum Schule sichtbar werden.

5. Ein paar mögliche ‚praktikable Formen‘ für Schüler-Selbsteinschätzungen aus der Praxis des Verfassers

Zu jedem beliebigen Zeitpunkt kann eine Lehrkraft ihre Schüler auffordern, eine auf das Kompetenzziel der Unterrichtsreihe (bzw. deren Aufgliederung in Teilkompetenzen oder ‚Ich-Kann-Sätze‘) bezogene schriftliche Selbsteinschätzung zu schreiben: Sie lesen ihre vorangegangene Selbsteinschätzung, skizzieren ihre auf die Kompetenz(en) bezogenen Lernfortschritte und stellen dar, mit welchem Lernschritt sie sinnvollerweise weiter arbeiten wollen. So entsteht ein ‚Lernportfolio‘, eine längsschnittartige Reflexion des eigenen Lernweges. Sie ist, wenn man mehrere Portfoliotexte hintereinander liest, höchst aufschlussreich. Sie stärkt in der Regel Lernsubjekte sehr, weil Entwicklung transparent wird und Erfolge sichtbar werden. Ich arbeite z.B. mit den von mir betreuten Referendaren stets mit diesem Arbeitsmittel bei deren professionellen Kompetenzaufbau.

Der Nachteil von Selbsteinschätzungstexten ist deren Umfang. Wenn Schüler öfter solche Einschätzungen schreiben, so ebbt das Interesse vieler Schüler daran rasch ab. Dahinter steckt Logik: Solange der Reflexionsprozess als solcher neu und ungewohnt ist, besitzt der Schreibwiderstand, der den Gedankenfluss hemmt, methodischen Nutzen: Die Verlangsamung durch das Schreiben öffnet Raum für Nachdenken. Ein Profi aber wird in seiner Reflexion durch die Langsamkeit des Schreibens eingeschränkt; die Effizienz des Vorganges sinkt.

Das gilt besonders, wenn der Adressat des Schreibens der Schreiber selbst ist und das Reflektieren den Charakter des Führens eines Tagebuchs bekommt. Ein Subjekt muss dem, was es notiert, eine hohe Wichtigkeit beimessen, wenn es sich der Mühe aussetzt, es schriftlich zu sichern. Ist der Adressat des Schreibens eine andere Person, so muss diese sich die Zeit nehmen den entstandenen Text wertschätzend zu lesen. Wenn die Lehrkraft der Adressat ist und alle Schüler schriftliche Selbsteinschätzungen produzieren, kommt sie rasch an die Grenzen ihrer Kapazität.

Nur die Verringerung des Aufwandes bei der Sicherung führt dazu, dass Lernkommentare ein prozessbegleitendes Dauerarbeitsmittel werden können. Eine handliche Form, die sich in meinem Unterricht der Sekundarstufe I bewährt, sind ‚Kommentarspalten‘, in die ein Schüler zu jeder Aufgabe einen kurzen Lernkommentar schreibt. Eine 10 cm breite abgetrennte Spalte bei quer liegendem Heft in Mathematik oder eine 5 cm tiefe Zeile am unteren Blattrand des Deutschheftes ermöglichen ‚ortsnahe‘ kurze Kommentare zu abgeschlossenen Aufgaben. Wichtig ist, dass der zum Schreiben vorgesehene Raum nicht zu schmal ist, damit das freie Schreiben der Schüler nicht behindert wird.

Grundsätzlich haben Schüler volle Freiheit, alles über ihr eigenes Lernen zu schreiben, das sie wichtig finden. Es sollten personenbezogene Klartext-Botschaften sein. Bei formalisierten Systemen – die den Aufwand noch weiter verringern – würde Authentizität und situative Gebundenheit der Selbsteinschätzungen verloren gehen. Einen Lernkommentar ‚die Aufgabe ist leicht‘ gebe ich an den Schüler zurück, da das kein personenbezogener Lernkommentar, sondern eine Beurteilung der Aufgabenstellung ist. „Schreibe lieber ‚Das kann ich gut‘", bitte ich ihn in diesem Fall.

Was kann als Lernkommentar in der Kommentarspalte stehen? Beispielsweise: „Ich brauche noch Hilfe." Oder: „Ich bin mir unsicher, ob das stimmt." Oder: „Das kann ich jetzt gut; ich mache eine schwerere Aufgabe." Oder bei Hausaufgaben: „Dabei hat mir mein Vater geholfen". Oder: „Die Aufgabe habe ich nicht gelöst, weil ich es nicht verstanden habe." Oder, bei einer Klassenarbeit: „Die Aufgabe hätte ich gekonnt, wenn ich noch Zeit gehabt hätte." Oder: „Das macht mir Spaß". Oder „Die Aufgabe fand ich langweilig" – Anlass für die Lehrer-Antwort: „Warum machst du sie dann? Wähle eine andere Aufgabe!" Oder: „Ich merke, weil ich geübt habe, kann ich es nun besser."

Wenn die Schüler älter und erfahrener im selbstgesteuerten Lernen werden, wird es sinnvoll, Inhalt und Lernkommentar zu trennen. Bei der Vorbereitung auf den mittleren Schulabschluss oder in der Oberstufe schreiben meine Schüler ihre Lernkommentare in ein ‚Dialogheft‘. Es dient der Kommunikation zwischen dem Schüler in Einzelarbeitsphasen (z.B. zu Hause) und den Partner-/

Gruppenarbeitsphasen im Unterricht, bei der sich die Lernpartner gegenseitig beraten und unterstützen.

Im Dialogheft notiert der Schüler immer dann, wenn er möchte, metakognitive Äußerungen zu seinem Lernen. Zum Beispiel: „Ich merke, es fällt mir schwer, die vier Gedanken zu gliedern." Oder: „Teil a) und b) der Aufgabe kann ich, aber bei c) verstehe ich nicht, worum es hier geht." Oder: „Ich glaube, meine Lösung der quadratischen Gleichung ist falsch". Oder: „Ich habe zu den If-Sätzen in die Grammatik geguckt, aber verstehe das immer noch nicht und brauche Hilfe." Oder: ‚Wieso steht im Buch x^2? Muss das nicht x^3 heißen? Ich komme nicht weiter." Oder: „Ich habe die richtige Lösung aus der Musterlösung abgeschrieben, weil ich es nicht selbst geschafft habe; daran muss ich noch arbeiten." Oder: „Ich merke, ich habe begriffen, was Deklinieren heißt, und kann es jetzt gerne jemandem erklären."

Wenn sich die Lernpartner zusammensetzen, so legt jeder Schüler sein Dialogheft auf den Tisch. Die Gruppe arbeitet der Reihe nach alle Einträge ab und klärt die sich zeigenden Probleme. Beim Klärungsprozess ist zunächst das Potenzial der Gruppe gefragt. Nur mit einem Problem, das die Gruppe nicht aus eigener Kraft lösen kann, wenden sich Schüler an die Lehrkraft. Hat nur eine Gruppe dieses Problem, so vermittelt die Lehrkraft einen Helfer oder gibt selbst die erforderlichen Hinweise. Haben mehrere Gruppen das gleiche Problem, so behandelt die Lehrkraft das Problem in geeigneter Weise mit der gesamten Klasse.

6. Schüler-Lernkommentare: Wichtig für das professionelle Handeln der Lehrkraft bei selbst gesteuertem Lernen im Unterricht!

Zu erfahren, wie der Schüler sein Lernen selbst einschätzt, ist für die Lehrkraft sehr bedeutsam, wenn sie selbst gesteuertes Lernen im Unterricht gestaltet: Die Lehrerfunktion ‚Diagnostizieren und Fördern' kann sie effektiver wahrnehmen, wenn sie Einblick in die Lernkommentare der Schüler hat.

Bei einer Aufgabe, die ein Schüler bei einer Klassenarbeit bearbeitet und kommentiert hat, lassen sich bei der Korrektur durch die Lehrkraft vier unterschiedliche Zustände unterscheiden:

a) Die Aufgabe ist erfolgreich bearbeitet und der Schüler schreibt „Ich kann das gut". Daraus resultiert die Botschaft: Der Schüler kann sich dem nächst höheren Schwierigkeitsniveau stellen, und er weiß es. In diesem Fall ist keine Förderintervention der Lehrkraft erforderlich.

b) Die Aufgabe ist erfolgreich bearbeitet und der Schüler schreibt: „Ich glaube, ich kann das nicht gut und fühle mich unsicher. Ich will das noch üben." In diesem Fall besteht die Gefahr, dass der Schüler weiter übt, aber seine Bemühungen unproduktiv bleiben, da er durch weiteres Üben keinen Lernfortschritt mehr erzielt. Der Schüler bedarf der Ermutigung durch die Lehrkraft, seine schon erreichten Stärken zu akzeptieren und sich ein höheres Anforderungsniveau zuzutrauen.

c) Die Aufgabe ist nicht erfolgreich bearbeitet, und der Schüler schreibt „Ich merke, ich kann das noch nicht. Daran arbeite ich noch." Hier zeigt sich, dass sich der Schüler seines spezifischen Defizits bewusst ist. Damit ist die Voraussetzung dafür gegeben, dass er sich damit auseinandersetzt und er an seinem Problem weiter kommt. In diesem Fall ist in der Regel keine Förderintervention der Lehrkraft notwendig.

d) Die Aufgabe ist nicht erfolgreich bearbeitet ist und der Schüler schreibt „Das finde ich leicht." Hier zeichnet sich eine unzutreffende Selbsteinschätzung und damit ein Lernproblem des Schülers ab. Das ist ein Fall für eine lernbezogene Beratung: Wenn die Lehrkraft individuell fördern möchte, arbeitet sie mit ihm nicht nur den Tatbestand der unrealistischen Selbsteinschätzung heraus, sondern auch die Ursachen sowie die Folgen des unkritischen Umgangs mit den Früchten der eigenen Arbeit. Der Schüler muss lernen, seine Fehler konstruktiv und als Anlässe zum Weiterlernen zu sehen.

In meinem Unterricht treten, so schätze ich, die Fälle b) und d) mit einer Häufigkeit von weniger als 20 % in deutlicher oder sogar massiver Form auf; dabei etwa gleichviele Fälle des Typs b) wie des Typs d). Mädchen scheinen – das sage ich ohne empirische Evidenz – eher zum Typ b), Jungen zum Typ d) zu neigen. Doch ich beobachte auch die umgekehrten Fälle. Auf jeden Fall ist die Zahl der Fälle überschaubar und handhabbar, in denen bei selbst gesteuertem Lernen individuelle Förderung im genannten Sinn erforderlich wird.

Auch bei einer nicht bearbeiteten Aufgabe in einer Klassenarbeit ist der Lernkommentar des Schülers wichtig. Die Lehrkraft sieht der bei der Korrektur vor ihr liegenden Arbeit ja nicht an, welchen Grund die Nichtbearbeitung hat. Schreibt der Schüler „Ich habe die Aufgabe weggelassen, weil ich weiß, dass ich das noch nicht kann", so ist eine völlig andere Lage gegeben, als wenn er schreibt: „Ich lasse die Aufgabe weg, weil ich das schon gut kann und die anderen Aufgaben lösen will." Er könnte dann auch schreiben: „Ich glaube, ich würde die Aufgabe richtig lösen, wenn ich genügend Zeit hätte." Bei nach dem Grundsatz der Nachhaltigkeit konstruierten Klassenarbeiten sind diese Schüler-Lernkommentare – vorausgesetzt, sie sind ehrlich – sehr wesentlich im Sinne der Lernprozesssteuerung und (in einer Schule, die selbst gesteuertes Lernen fördern möchte) daher sehr relevant im Hinblick auf die Leistungsbewertung.

Lernkommentare im laufenden Unterrichtsprozess sind nicht weniger nützlich für die Lehrkraft bei der Bewältigung ihrer Aufgaben im Bereich der individuellen Förderung. Arbeiten die Schüler an Aufgabensammlungen oder Lernplänen in kooperativen Lernformen, kann die Lehrkraft herumgehen und in die Kommentarspalten der Hefte bzw. in die Dialoghefte Einsicht nehmen, ohne die Lernenden dabei zu stören. Wenn sie da liest: ‚ich finde die Aufgaben langweilig,‘ so stellt sich die Frage, wozu der Schüler noch daran arbeitet – ein Anlass für ein kleines Beratungsgespräch. Der ‚Kommentar ‚Ich denke, ich kann das jetzt und muss nicht mehr üben‘ zeigt an, dass der Schüler den Rahmen der Lernumgebung der Lerngruppe erreicht zu haben glaubt. Vielleicht braucht er neue Herausforderungen oder Hinweise darauf, wie er sinnvoll weiterlernen kann.

7. Leistungsbewertung – durch Zensuren?

Abschließend stellt sich die Frage, wie sich Schüler-Selbsteinschätzungen in einem auf Selbststeuerung ausgerichteten Unterricht mit der Leistungsbewertung durch Zensuren vertragen.

Aufgrund der Virtualität des Lernraumes Schule ist es unvermeidlich, für die Einschätzung von Leistung eine Rückmeldekultur durch nicht direkt an der Erbringung der Leistung Beteiligte zu etablieren – die ‚Praxis‘ als Bestätigungskriterium für gute Leistung ist ja in der Regel nicht gegeben.

Zensuren sind ein nur sehr grobes Mittel zu Artikulation von Leistungsrückmeldung. Sie sind zwar besser als ein rückmeldefreies Lernfeld, bei dem jeder vor sich hin wurschtelt, ohne sich dafür zu interessieren, ob die erbrachte Leistung Qualitätsanforderungen entspricht oder nicht. In einer Schule, in der Leistung so gut wie gar keine Rolle spielt, kann daher die Stärkung des Zensurensystems möglicherweise zur Hebung der Lernleistungen beitragen. Doch die geringe Differenziertheit, die eine Zensur auf einer Rangskala zwischen 1 und 6 unter einer Klassenarbeit besitzt, erschwert es gerade für kognitiv weniger starke Schüler, die Ursache-Wirkungs-Beziehung zwischen der eigenen Lernaktivität und dem eigenen Lernerfolg herzustellen. Das ‚gut‘ unter einer Arbeit zeigt ja noch nicht, durch welche Teilleistungen in welchen Kompetenzbereichen das Gesamtergebnis zu Stande gekommen ist.

Daher vertrete ich die Ansicht, dass leistungsbewusste Schulen durch Zensuren in ihrer Arbeit eher behindert als gefördert werden. Die ‚vermeidliche Strahlkraft‘ der Zensur ist so groß, dass sie verführt, sich nur mit der summatorischen Bewertung zu befassen, anstatt sorgsam die einzelne Leistung, bezogen auf die verschiedenen in einem Kompetenzcheck angesprochenen Teilkompetenzen zu betrachten. Doch nur deren Betrachtung zeigt die Ansatzpunkte für erfolgreiches Weiterlernen.

Wenn also mit formalisierten Systemen Leistungsbewertung betrieben wird, so sollte das System hinreichend differenzierungsfähig, aber nicht zu kompliziert sein. Ich plädiere in diesem Fall dafür, dass Schulen bei jedem Kompetenzcheck oder bei jeder umfassenden Leistungsbewertung (z.B. die Leistung einer Schülergruppe in einem Projekt) mit 100 Punkten als Maximalgröße arbeiten.[2]

Generell jedoch bin ich der Ansicht, dass eine adäquate Leistungsbewertung in einem selbst gesteuerten Unterricht nur qualitativ erfolgen kann. Ausgangspunkt müssten die von den Lernenden sich (im Rahmen des nach den curricularen unterrichtlichen Vorgaben) selbst gesteckten Zielsetzungen sein. Darauf würden sich die Selbsteinschätzungen der Lernenden und danach die Fremdeinschätzung der Lehrkraft (d.h. die ‚Leistungsbewertung‘) beziehen. Nur bei einem so konstruierten Bewertungssystem könnten die im vorigen Abschnitt skizzierten Ergebnisse bei „nachhaltigen" Klassenarbeiten angemessen gewürdigt werden. Anmerken muss ich allerdings, dass es dazu unter der Bedingung von Alltagstauglichkeit hinlänglich einfacher Formen der Verschriftlichung von Leistungsrückmeldungen bedarf, an denen noch zu arbeiten ist.

---

2   Vgl. hierzu die Beiträge Wildt, M. (2010). Zensieren und Bewerten – Überlegung zur Leistungsrückmeldung im schülerzentrierten Unterricht. Und: Leistungsbewertung mit Zensuren im kooperativen Kontext – Kooperation zwischen Schülern, Lerngruppe und Lehrkraft. *Lernchancen 74*, 26–29. bzw. 40–45.

Angela Köhler

Schulische Feedback-Kultur

1. Einleitung

Die Leistungsbeurteilung an Schulen ist heute gleich in zwei Richtungen dabei, sich grundlegend zu verändern. Einerseits wird in vielfältiger Weise darüber reflektiert, wie Schülerleistungen angemessener beurteilt werden können. An die Stelle traditioneller Klassenarbeiten und Zensuren, die dem Lernfortschritt vor allem schwächerer Schülerinnen und Schüler oft nicht angemessen Rechnung tragen, treten zunehmend Lernentwicklungsberichte, Portfolios, Selbsteinschätzungen und Bewertungen anhand von Kompetenzrastern, wie gerade die Münsterschen Gesprächen zur Pädagogik in diesem Jahr auf eindrucksvolle Weise belegt haben. Andererseits erkennen inzwischen viele Schulen an, dass die Lernerfolge stark von der Qualität des Unterrichts abhängen und dass Schülerinnen und Schüler durchaus in der Lage sind, die Stärken und Schwächen von Unterricht realistisch einzuschätzen und ihre Bedürfnisse zu formulieren. In diesem Zusammenhang haben Schulen sich auf den Weg gemacht, das regelmäßige Einholen von Feedback durch die unterrichtenden Lehrkräfte als selbstverständliches Element guten Unterrichts systematisch einzuführen. Hierzu gibt es vielfältige Ansätze, die zum Teil die positiven Erfahrungen aus anderen Ländern nutzen, so zum Beispiel aus Schottland (siehe z.B. Stern & Döbrich, 1999) und aus der Schweiz. Außerdem gibt es inzwischen verschiedene internetgestützte Systeme, die das Einholen von Feedback online ermöglichen und automatisierte Auswertungen vornehmen. Hier seien als Beispiele das Projekt SEfU – Schüler als Experten für Unterricht von der Universität Jena und die Internetplattform IQES online genannt.

2. Das Schulzentrum Walle und seine Qualitätsentwicklung nach dem Modell Q2E

Das Schulzentrum Walle in Bremen ist ein Schulzentrum der Sekundarstufe II mit verschiedenen beruflichen Bildungsgängen und einer gymnasialen Oberstufe. Das Kollegium des Schulzentrums Walle hat im Rahmen des EU-Modellprojekts „Regionales Bildungszentrum" (ReBiZ 2003-2008) positive Erfahrungen mit schulischer Qualitätsentwicklung gemacht und sich in mehreren Konferenzbeschlüssen darauf geeinigt, seine Qualitätsentwicklung nach dem Schweizer Modell Q2E von Norbert Landwehr und Peter Steiner zu gestalten (Landwehr, 2003). Die Abkürzung Q2E steht hierbei für „Qualität durch Evaluation und Entwicklung". Dieses Modell ist nicht so stark produktorientiert wie die Qualitätssicherungsverfahren aus der Wirtschaft, sondern berücksichtigt flexibel die sozialen Prozesse in der Schule.

Danach besteht die Qualitätsentwicklung aus drei wesentlichen Komponenten:

– Aufbau einer Feedbackkultur, die vom Kollegium und der Schulleitung getragen wird,
– systematische interne Evaluationen schulischer Prozesse,
– externe Evaluationen in größeren zeitlichen Abständen.

3. Aufbau einer Feedbackkultur

Der Aufbau einer Feedbackkultur basiert auf der Annahme, dass das Unterrichten eine Kunst ist, die sich durch Beobachtung, Feedback und Reflexion verbessern und weiterentwickeln lässt. Alle Lehrenden sollen sich deshalb an diesem Verfahren beteiligen. Das Einholen von Feedback ist ein fortlaufender Prozess, der in den von Professionalität gekennzeichneten Rhythmus des Unterrichtens gehört und von vielen Lehrkräften am Schulzentrum Walle schon lange vor der Einführung einer Verpflichtung praktiziert wurde. In diesem Sinne ist das systematische Einholen von Feedback kein isolierter Arbeitsschritt, der zu unangemessener Mehrarbeit führt, sondern ein Beitrag zur Verbesserung des Unterrichts und des Arbeitsklimas sowohl in den Klassen und Kursen als auch im Kollegium. Der Sinn von individuellem Feedback liegt darin,

– allen Lehrkräften eine regelmäßige Außenperspektive auf die eigene Arbeit und Anregungen zur Weiterentwicklung ihres Unterrichts zu geben,
– den kollegialen Dialog über Fragen des Lehrens und Lernens in der ganzen Schule zu stärken,
– das professionelle Wirken des Kollegiums in der Schule zu dokumentieren.

In der Praxis des Schulzentrums Walle werden zwei Ebenen des Feedbacks mit mehreren unterschiedlichen Instrumenten wahrgenommen:

a) Kollegiales Feedback (Kollegiale Unterrichtshospitation, Vorbereitungsgruppen, Beraterkreise)
b) Schülerfeedback (Fragebogen, Rating-Konferenzen, Kartenabfrage, stummes Schreibgespräch etc.)

Im Rahmen der Qualitätsentwicklung sind alle Lehrkräfte verpflichtet, mindestens einmal pro Schulhalbjahr mit einer der oben genannten Methoden Feedback über die eigene Arbeit einzuholen – entweder im Kollegium oder von den Schülerinnen und Schülern. In den Feedback-Ordnern im Lehrerzimmer jeder Dependance findet sich dazu eine Materialsammlung mit genaueren Beschreibungen der einzelnen Instrumente, Beispielen von Fragebögen u.Ä. und Kommentaren zu den mit ihnen gemachten Erfahrungen. Empfohlen wird, die Methode der Feedbackgewinnung regelmäßig zu wechseln. Über die Durchführung wird eine Dokumentation erstellt, die die Schulleitung verwaltet und die von der Q-Steuergruppe am Ende jedes Schuljahres ausgewertet wird. Allerdings wird hier nur überprüft, ob alle Lehrkräfte der Schule ein Feedback durchgeführt haben und welche Methode angewandt wurde. Die Daten und Ergebnisse der Feedbacks unterliegen der Vertraulichkeit und bleiben in den Händen des Feedbackempfängers, d.h. die Schulleitung und die Schulaufsicht bekommen die Daten nicht zu sehen. Man geht hier davon aus, dass Lehrkräfte nur dann offene Fragen stellen und ehrliche Antworten zulassen können, wenn sie bei eventuell geäußerter Kritik keine persönlichen Nachteile befürchten müssen.

4. Bewährte Instrumente der Feedbackgewinnung

4.1 Kollegiale Feedback-Instrumente

4.1.1 Unterrichtshospitation

Kollegen besuchen einander im Unterricht zur gegenseitigen Unterstützung und geben sich im Anschluss Feedback zu einem vorher gemeinsam festgelegten Beobachtungsschwerpunkt. Solche Hospitationen eignen sich vor allem für Gruppen von Kollegen, die im Unterricht ähnliche Pläne umsetzen wollen, z.B. die gleiche alternative Unterrichtsform, Unterricht im gleichen Profil, fächerübergreifender Unterricht in derselben Klasse oder im selben Kurs, Methodentraining in verschiedenen parallelen Klassen. Vor der Hospitation wird eine Vertraulichkeitsvereinbarung geschlossen, die gewährleisten soll, dass in der Hospitation gesehene Einzelheiten nicht in die Öffentlichkeit getragen werden.

4.1.2 Kollegiale Vorbereitungsgruppen

Unterrichtmaterialien werden gemeinsam entworfen, dann im Unterricht aller beteiligten Kollegen ausprobiert und gemeinsam evaluiert. Diese Methode eignet sich gut beim Entwickeln von neuen Unterrichtseinheiten oder von Projekten, wie sie im Rahmen der gymnasialen Oberstufe durchgeführt werden müssen.

Im Rahmen des Lernfeld-Unterrichts der dualen beruflichen Bildungsgänge geschieht diese Form der Kooperation am Schulzentrum Walle schon seit Jahren.

4.1.3 Fallbesprechungen in kollegialen Beraterkreisen (Intervision)

In einer kleinen Gruppe mit längerfristig gleich bleibenden Mitgliedern bringt jeweils eine Lehrkraft einen Problemfall ein, der nach genau festgelegten Regeln besprochen wird. Die eingebrachte Frage kann sich um Schwierigkeiten im Unterricht, im Kollegium oder mit der Schulleitung drehen. Der Fallgeber bekommt dabei Rat von den anderen Gruppenmitgliedern, den er umsetzen kann, aber natürlich nicht muss. Diese Methode der Feedbackgewinnung ist sehr wirkungsvoll, erfordert aber viel Offenheit und Vertrauen und unterliegt dementsprechend der absoluten Vertraulichkeit.

4.2 Instrumente des Schülerfeedbacks

4.2.1 Fragebögen

Mit Fragebögen erfährt man die Schülerperspektive auf das alltägliche Unterrichtsgeschehen, auf bestimmte eingegrenzte Themen oder auch auf soziale Prozesse. Fragebögen erfordern einen gewissen Zeitaufwand für die Erstellung und Auswertung, aber Lehrkräfte haben die Möglichkeit, die Auswertung in Ruhe vorzunehmen und die Ergebnisse in zeitlichem Abstand der Gruppe vorzustellen.

4.2.2 Rating-Konferenz

Die Schüler beantworten vom Lehrer gestellte Fragen durch das Platzieren von Klebepunkten auf einer öffentlich ausgehängten Skala (bzw. Zielscheibe o.Ä.), oder entwickeln selbst Kriterien für ein Rating. Dieses Verfahren hat den Vorteil (und auch das damit verbundene Risiko), dass die Meinung der ganzen Klasse visuell unmittelbar erkennbar ist und man sie mit den Schülern sofort diskutieren kann. Mögliche Konsequenzen aus der Befragung lassen sich direkt besprechen, und danach muss keine weitere Zeit in die Auswertung investiert werden.

4.2.3 Kartenabfrage

Ähnlich wie beim Fragebogen-Feedback werden bei der Kartenabfrage in knapper Form inhaltliche Fragen gestellt. In diesem Fall kann die Auswertung entweder sofort oder zu einem späteren Zeitpunkt erfolgen. Diese Methode lässt sich für Fragen der Unterrichtsorganisation genauso gut einsetzen wie für die Strukturierung von Fachinhalten.

4.2.4 Stummes Schreibgespräch

In diesem Verfahren schreiben die Mitglieder einer Gruppe zu Fragen oder Satzanfängen individuell und ohne miteinander zu sprechen ihre Gedanken auf Plakate. Die anschließende Auswertung erfolgt in einer Gruppendiskussion. Das Besondere dieser Methode ist die Einbindung der stilleren Schüler.

5. Konkrete Schritte der Umsetzung am Schulzentrum Walle

Die Implementierung einer systematischen Qualitätsentwicklung begann am SZ Walle mit einem Tag, an dem sich alle ca. 100 Lehrerinnen und Lehrer in einem dezentral strukturierten Prozess auf ein gemeinsames Qualitätsleitbild verständigten. Dieses Leitbild wurde in Form von Ansprüchen formuliert, also in Sätzen von der Art „Alle am Schulleben beteiligten gehen respektvoll miteinander um." Ein solcher Anspruch trifft zunächst keine Aussage über die Realität, sondern formuliert eine gemeinsame Zielsetzung des Kollegiums. Das Leitbild liegt allen weiteren Fragen zur Schulqualität zugrunde, denn erst wenn sich die Beteiligen darüber einig sind, was sie unter einer „guten Schule" verstehen, können geeignete Evaluationsinstrumente und Feedbackverfahren genutzt werden, um den Grad der Erreichung solcher Qualitätsansprüche zu messen und daraus Maßnahmen zur Verbesserung abzuleiten. Im Gegensatz zu anderen Modellen der Qualitätsentwicklung geht das System Q2E davon aus, dass Schulen solche Ansprüche selbst formulieren und dass diese von Schule zu Schule abweichen können, wie es z.B. der Vergleich einer kirchlichen mit einer staatlichen Schule nahe legt.

Zum Ausprobieren der verschiedenen Feedbackverfahren startete im gleichen Zeitraum eine freiwillige Pilotgruppe, die die in der Literatur beschriebenen Feedbackverfahren in zahlreichen Klassen bzw. Kursen anwendete. Diese Erprobungsphase mündete in einer Materialsammlung mit Beispielfragebögen, diversen Methoden des Ratings (also Zielscheiben und Skalen zum Punktekleben u.Ä.) und Empfehlungen für die Anwendung der Verfahren. Ebenfalls in dieser Zeit startete ein Beraterkreis, der sich seither etwa dreimal im Jahr für kollegiale Fallbesprechungen trifft. Für den Rest des Kollegiums wurden Fortbildungen durchgeführt, die von der Auswahl geeigneter Fragestellungen bis hin zur elektronischen Auswertung der Daten viele Aspekte erfolgreicher Feedbackgewinnung aufzeigten.

Die positiven Erfahrungen der Pilotgruppe wurden in Konferenzen vorgestellt und führten letztendlich zu einer Einführung der Feedbackverpflichtung auf der Basis von Konferenzbeschlüssen. Seither sind alle Kolleginnen und Kollegen verpflichtet, wenigstens einmal pro Halbjahr in einer Klasse mit einer der oben genannten Methoden Feedback einzuholen. Bei den Konferenzen zeigten sich allerdings trotz einer klaren Mehrheit für die Beschlüsse auch erhebliche Widerstände im Kollegium, da es eine Gruppe von Kollegen gab, die eine unangemessene Mehrarbeit oder eine zu starke behördliche Kontrolle ihres Unterrichts befürchteten. Manche waren auch einfach der Meinung, Schüler könnten gar nicht beurteilen, was gut für sie sei. Bremen war hier in der besonderen Situation, dass die Einführung eines Qualitätsmanagementsystems für die beruflichen Schulen von behördlicher Seite verbindlich vorgegeben war. Letztendlich gab es daher keine Möglichkeit, sich mit Qualitätsentwicklung gar nicht zu befassen, und im Vergleich zu anderen Systemen überzeugte Q2E als besonders gut zu unserer Schule passendes Instrument. Zudem war wegen der erfolgreichen Pilotphase die Zustimmung im Kollegium recht hoch. An Schulen, an denen diese Voraussetzungen nicht gegeben sind, müssen Schulleitungen abwägen, ob sie die Verpflichtung zu Feedbackverfahren auch gegen den Willen von Widerständlern anordnen wollen oder ob sie es bei einem freiwilligen Verfahren belassen. Am Schulzentrum Walle verebbte der Widerstand mit der Zeit, und man hörte selbst von den einstigen Verweigerern das freudige Erstaunen darüber, dass die Schüler ihren Unterricht viel positiver sähen, als sie selbst je gedacht hätten.

6. Bewertung und Ausblick

Nach einigen Jahren der Qualitätsentwicklung am Schulzentrum Walle ist festzustellen, dass sich die Verpflichtung zu Feedbacks im Wesentlichen bewährt hat. Gerade jetzt, da die Leitbilderstellung und die Diskussionen in den Konferenzen ein paar Jahre zurückliegen, hätten der Nutzen und die positive Wirkung von Feedback leicht wieder in Vergessenheit geraten können. Nun aber ist die Verpflichtung im Kollegium verankert, und die meisten Lehrkräfte führen Feedbacks regelmäßig durch. Gelegentlich versäumen es Kollegen, ihre Dokumentation des durchgeführten Feedbacks bei der Schulleitung abzugeben, und die Schulleitung muss mahnen, aber Feedbacks sind inzwischen Teil der Kultur an unserer Schule geworden und sind akzeptiert. Neue Mitglieder des Kollegiums erfahren gleich bei ihrer Einführung an der Schule, dass das regelmäßige Einholen von unterrichtlichem Feedback eine Selbstverständlichkeit ist, die neben der Verpflichtung zu Fortbildungen und Fachkonferenzen fest zum Berufsbild des professionell arbeitenden Lehrers gehört. Zudem kommt uns zugute, dass die Referendare schon in ihrer Ausbildung viel mit (vor allem kollegialem) Feedback in Berührung kommen und dies später als nichts Ungewöhnliches empfinden. Für die Schulleitung bleibt allerdings angesichts der Vertraulichkeit der eingeholten Daten die Frage, wie wirksam die durchgeführten Feedbacks auf den Unterricht sind.

Literatur

Landwehr, N. (2003). *Grundlagen zum Aufbau einer Feedback-Kultur.* Hrsg.: Nordwestschweizerische Erziehungsdirektorenkonferenz, Bern: h.e.p.verlag.

Stern, C. & Döbrich, P (1999). *Wie gut ist unsere Schule?* Gütersloh: Bertelsmann-Stiftung.

Christian Fischer

Öffentliche Leistungspräsentation in der schulischen Projektarbeit
Aufgezeigt am Beispiel der Feedbackkultur im Forder-Förder-Projekt[1]

> Traue jemanden etwas zu,
> und er wird sich darum bemühen,
> diesem Vertrauen zu entsprechen.
> (Giovanni Don Bosco, 1815–1888)

1. Zusammenfassung

In der schulischen Projektarbeit gewinnen alternative Formen der unterrichtlichen Leistungsbeurteilung zunehmend an Bedeutung. Hinsichtlich einer adäquaten Leistungsfeststellung gerät der zumeist produktorientierte Projektabschluss (Frey, 2007) in den Fokus. Hierbei erweist sich die öffentliche Leistungspräsentation als alternative Beurteilungsform, welche aufgezeigt am Beispiel des schulischen Forder-Förder-Projekts zum selbst gesteuerten Lernen einem Praxistest unterzogen werden soll. Ziel des Forder-Förder-Projektes ist es, zunächst Schülerinnen und Schüler mittels Erstellung einer schriftlichen Dokumentation (Expertenarbeit) und mündlichen Präsentation (Expertenvortrag) zu einem selbst gewählten Themengebiet in ihren individuellen Begabungen und Interessen herauszufordern. Überdies sollen die Projektteilnehmerinnen und Projektteilnehmer durch Erwerb der dafür notwendigen Strategien des selbst gesteuerten Lernens in ihren persönlichen Lernkompetenzen gefördert werden. Die Teilnehmerinnen und Teilnehmer erarbeiten dazu in einer Projektgruppe eigenständig ihr Projektthema und werden dabei von speziell geschulten Mentoren unterstützt. Die Projektergebnisse werden in Form der schriftlichen Expertenarbeiten sowie der mündlichen Expertenvorträge im Rahmen einer speziellen Tagung für Kinder (Expertentagung) einem erweiterten Publikum öffentlich präsentiert, so dass der Lernkompetenzerwerb zusätzliche persönliche Bedeutung für die Schülerinnen und Schüler gewinnt.

---

1 Diese Ausarbeitung bezieht sich auf den im Rahmen des 28. Münsterschen Gesprächs 2011 vorgestellten Workshop von Kathrin Fels und Helga Möllenbrink vom Annette-Gymnasium in Münster zu der entsprechenden Thematik. Ausführlichere Informationen zum Forder-Förder-Projekt finden sich in dem Text von Christian Fischer, Monika Kaiser-Haas und Monika Konrad im Rahmen der Handreichung: „Individuelle Förderung – Begabtenförderung, Beispiele aus der Praxis" (2007).

2. Zur Zielsetzung des Forder-Förder-Projekts

Ausgangspunkt für das Forder-Förder-Projekt ist die konkrete Zielsetzung, nach der die Projektteilnehmerinnen und Projektteilnehmer einerseits ihre persönlichen Interessen entdecken und entfalten sowie in ihren individuellen Begabungen herausgefordert werden sollen. Anderseits sollen die Schülerinnen und Schüler in ihren Strategien des selbst gesteuerten Lernens gefördert werden. Dazu gehören insbesondere Strategien der Informationsverarbeitung (z.B. Lesestrategien, Schreibstrategien), Strategien der Selbststeuerung (z.B. Zeitplanung, Selbstkontrolle) sowie Strategien der Leistungsmotivierung (z.B. Zielbildung, Interessensorientierung). Für ältere Projektteilnehmerinnen und Projektteilnehmer sind zudem Strategien des forschenden Lernens (Strategien der Untersuchungsplanung, -durchführung, und -auswertung) relevant. Zielgruppen sind insbesondere Schülerinnen und Schüler der Klassen 3 bis 9, wobei das Projekt für einzelne Kinder auch schon früher oder für spezielle Gruppen auch noch später geeignet ist.

3. Zu den Rahmenbedingungen des Forder-Förder-Projekts

Der Fachbezug ist hinsichtlich der Strategien der Informationsverarbeitung methodisch zunächst zum Unterrichtsfach Deutsch gegeben, während inhaltlich prinzipiell Bezüge zu allen Schulfächern möglich sind. Für erfahrene Projektteilnehmerinnen und Projektteilnehmer ist der Fachbezug mit den Strategien des wissenschaftlichen Arbeitens auch methodisch zu allen geistes- und naturwissenschaftlichen Fächern möglich. Im Hinblick auf die Voraussetzungen für die Umsetzung des Forder-Förder-Projekts sind als personelle Ressourcen eine Lehrkraft und mehrere Begleiter (z.B. Lehramtsstudierende, Schülermentoren) notwendig. Bei den sachlichen Ressourcen sind ein Klassenraum, ein Computerraum mit Internetverbindung und ggf. ein Raum mit Laborarbeitsplätzen erforderlich. Hinsichtlich der Lehrerressourcen werden zwei Unterrichtsstunden pro Gruppe benötigt, wobei im Hinblick auf die Projektdauer die Vorbereitung im ersten Schulhalbjahr und die Durchführung bis hin zur Expertentagung im zweiten Schulhalbjahr erfolgt.

4. Zur Grundhaltung im Forder-Förder-Projekt

Das Motto Don Boscos fasst die Grundidee des Forder-Förder-Projekts zusammen. Grundvertrauen in die Fähigkeiten des Kindes zu setzen, ist der Leitgedanke für das Forder-Förder-Projekt. Dabei fungieren die Lehrpersonen vor allem als Lernberater bzw. Lernbegleiter und regen das Kind an, selbstständig zu lernen. Das erfordert eine entsprechende Grundhaltung der Lehrkräfte, verbunden mit der Bereitschaft, einen Rollenwechsel vom einseitigen Wissensvermittler hin zum vielseitigen Lernberater zu vollziehen. Lehrkräfte nehmen im Sinne selbst gesteuerter Lernprozesse vor allem eine Fragehaltung ein (z.B. Was möchtest du erreichen? Welche Schritte sind dazu erforderlich?). Das bedeutet konkret, sich auf Ziele und Wege der Schülerinnen und Schüler einzulassen und ihnen zunehmend mehr Freiheit und Verantwortung im Projekt zu überlassen. Zudem erfordert die Leitidee des Forder-Förder-Projekts von Lehrpersonen detaillierte Fachkenntnisse in der individuellen Begabungsförderung und im Lernkompetenzerwerb.

5. Zu Selbststeuerung im Forder-Förder-Projekt

In Anlehnung an Montessori ist das Zusammenwirken von Freiheit und Bindung der Schlüssel zum Gelingen des Forder-Förder-Projekts. Die Schülerinnen und Schüler haben in diesem Projekt viele ungewohnte Entscheidungsfreiheiten: Sie können ihr Thema frei wählen, ihre Informationsquellen selbst suchen, den Umfang und die Gestaltung ihrer Expertenarbeit festlegen, über ihre Zeit und ihre Ziele bis zum abschließenden Expertenvortrag eigenständig bestimmen. Solche Freiheiten sind der entscheidende Schlüssel zur Motivation für das einzelne Kind in der gesamten Projektarbeit. Um diese Freiheiten sinnvoll nutzen zu können, bedarf es der Bindungen an Strategien des selbst gesteuerten Lernens. Die Kinder lernen bei der Bearbeitung ihres Themas konkrete Strategien des Zeitmanagements mittels eines Lerntagebuchs kennen. Zudem erwerben die Schülerinnen und Schüler Strategien des sinnentnehmenden Lesens und des wissenschaftlichen Schreibens, die sie bei der Bearbeitung und Erstellung von Texten nutzen können. Außerdem lernen sie Strategien des Präsentierens zur Vorstellung von Ergebnissen kennen.

6. Zur Begleitung im Forder-Förder-Projekt

Grundsätzlich arbeiten die Kinder im Forder-Förder-Projekt für eine wöchentliche Doppelstunde in (Teil-)Gruppen von sechs bis acht Schülern, möglichst in einem Raum, der mit internetfähigen Computern und ggf. einem Raum, der mit Laborausrüstung ausgestattet ist. In den Gruppen unterstützen sich die Kinder gegenseitig in ihrem Lernprozess (Peer-Coaching). Die Kinder werden in den Gruppen aber auch durch die Lehrpersonen und von zwei bis drei Studierenden als Begleiterin und Begleiter (Lerncoaching) unterstützt. Als Lernberaterinnen und Lernberater können auch Referendare oder erfahrene ältere Schülerinnen und Schüler in das Projekt einbezogen werden.

Begleitung bedeutet zum Beispiel: Unterstützung der jungen Expertinnen und Experten bei der Vermittlung und Anwendung von Strategien des selbst gesteuerten Lernens, d.h. bei der Zeitplanung, und Selbstkontrolle, bei der Recherche in Büchereien und im Internet, bei der Vorbereitung und Durchführung von Experteninterviews oder Schülerbefragungen und ggf. Experimenten, beim Schreiben der Expertenarbeiten sowie bei der Vorbereitung der Präsentationen, etwa mit PowerPoint und Plakaten.

7. Zu den Formen des Forder-Förder-Projekts

Das Forder-Förder-Projekt wird in vier Formen angeboten, wobei die jeweilige Passung von der Altersstufe und Zielgruppe der Teilnehmenden abhängt:

a) Forder-Förder-Projekt im Drehtürmodell (FFP-D): Diese Projektform richtet sich an besonders begabte Schülerinnen und Schüler insbesondere der Jahrgangsstufen 3 bis 6, die den Regelunterricht verlassen, um stattdessen an der Projektgruppe teilzunehmen.

b) Forder-Förder-Projekt im Regelunterricht (FFP-R): Diese Projektform dient der individuellen Förderung von Schülerinnen und Schülern vor allem der Jahrgangsstufen 4 bis 5, die im Klassenverband während der regulären Unterrichtszeit die Projektthemen bearbeiten.

c) Forder-Förder-Projekt Advanced (FFP-A): Diese Projektform richtet sich an besonders begabte Schülerinnen und Schüler der Jahrgangsstufen 8 bis 9, die den Regelunterricht verlassen und zu einer Forschungsfrage eine Untersuchung planen, durchführen und auswerten.

d) Forder-Förder-Projekt Basic (FFP-B): Diese Projektform richtet sich an Kinder mit Entwicklungsvorsprüngen im Übergang von Kindertagestätten und der Eingangsphase in Grundschulen, die mit den jeweils bereits beherrschten Kulturtechniken eigene Projektthemen ausarbeiten.

8. Zu den Phasen des Forder-Förder-Projekts

Das Forder-Förder-Projekt beinhaltet folgende sechs Phasen, die jeweils adaptiv auf die Projektformen und Teilnehmenden ausgerichtet werden (vgl. Abb. 1):

1. Förderdiagnostik: Neben der Projektinformation für alle Beteiligten findet als Grundlage der individuellen Förderung eine pädagogische Diagnostik zum jeweiligen Forder-Förder-Bedarf bei den Kindern mittels Testverfahren und Fragebögen statt.

2. Themenwahl: Die Kinder entscheiden sich auf der Basis ihrer individuellen Interessensgebiete für ein persönliches Spezialthema. Erfahrene Teilnehmende entwickeln dazu eine relevante Forschungsfrage mit einem realisierbaren Forschungsdesign.

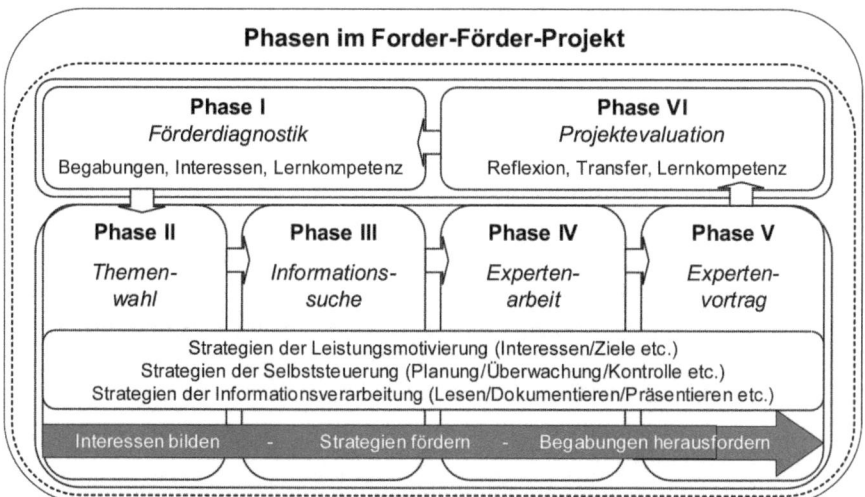

Abbildung 1: Phasenmodell zum Forder-Förder-Projekt

3. Informationssuche: Die Kinder unternehmen themenorientierte Bibliotheksbesuche, Internetrecherchen und Experteninterviews. Erfahrene Teilnehmende realisieren dabei eine systematische Untersuchungsplanung, -durchführung und -auswertung.

4. Expertenarbeit: Die Kinder verfassen ihre schriftliche Dokumentation nach Regeln wissenschaftlichen Schreibens. Erfahrende Teilnehmende orientieren sich am forschungslogischen Prozess zur Untersuchungsplanung, -durchführung und -auswertung.

5. Expertenvortrag: Die Kinder bereiten ihre mündliche Präsentation unter Einsatz rhetorischer und visueller Mittel vor, wobei die Teilnehmenden ihren abschließenden Vortrag im Rahmen einer öffentlichen Tagung für alle Projektbeteiligten vorstellen.

6. Projektevaluation: Mittels Testverfahren und Fragebögen findet während der Nachbereitung neben der systematischen Projektevaluation zu den Forder- und Fördereffekten bei den Kindern eine gemeinsame Projektreflexion aller Projektbeteiligten über die Transfermöglichkeiten der Projekterfahrungen aus dem Forder-Förder-Projekt statt.

9. Zur Effektivität des Forder-Förder-Projekts

Das Forder-Förder-Projekt im Drehtürmodell (FFP-D) wird seit 2002 für die Klassen 3 bis 6 wissenschaftlich begleitet (Fischer, 2006). Im Regelunterricht wird das Forder-Förder-Projekt (FFP-R) seit 2005 genauer erforscht (Bayer, 2009). Für das Drehtürprojekt ergeben sich signifikante Verbesserungen der

Projektgruppen vor allem in den Schulnoten im Unterrichtsfach Deutsch. Zudem zeigen sich im Kontrollgruppenvergleich deutliche Steigerungen in den Testresultaten der Projektgruppen der Klassen 3 bis 4 im Leseverständnis und der Klassen 5 bis 6 in der Stressbewältigung, den Lerntechniken und im Arbeitsverhalten. Die Befragungen der Projektbeteiligten belegen, dass die Projektgruppen nachhaltig mehr Selbstständigkeit und Selbstvertrauen zeigen. Insgesamt resultiert daraus, dass die Ziele des Forder-Förder-Projekts, Strategien selbst gesteuerten Lernens zu fördern und Begabungen und Interessen herauszufordern, erreicht werden. Erweiterte Ergebnisanalysen im Hinblick auf den Vergleich der beiden Projektgrundformen deuten darauf hin, dass diese Ziele mit differenziellen Effekten ebenfalls im Regelprojekt erreicht werden.

10. Zur Lehrerbildung im Forder-Förder-Projekt

Um das Forder-Förder-Projekt zum selbst gesteuerten Lernen im schulischen Unterricht erfolgreich realisieren zu können, sind adäquate Lehrkompetenzen in Form kognitiver, metakognitiver sowie motivational-volitionaler Strategien erforderlich. Dies erfordert eine erweiterte Lehrerrolle vom einseitigen Wissensvermittler hin zum vielseitigen Lernprozessbegleiter. Weinert (2000) stellt fest, dass Lehrkräfte neben Sachkompetenzen und Klassenführungskompetenzen vor allem diagnostischer und didaktischer Kompetenzen bedürfen. Diagnostische Kompetenzen erweisen sich als bedeutsam, um den individuellen Forder- und Förderbedarf des Kindes erkennen zu können. Um diesem mit adaptiven Forder- und Förderangeboten im Unterricht entsprechen zu können, sind didaktische Kompetenzen relevant. Daher werden im Forder-Förder-Projekt neben Lehrpersonen auch Lehramtsstudierende konsequent eingebunden, wobei letztere im Forschungspraktikum mit diagnostischen, didaktischen und kommunikativen Kompetenzen mit an die Projektphasen jeweils angepassten Praktikumsmodulen systematisch qualifiziert werden (vgl. Abb. 2).

11. Zur Feedbackkultur im Forder-Förder-Projekt

Die veränderte Lernkultur im Forder-Förder-Projekt erfordert ebenso eine alternative Leistungsrückmeldung an die Projektteilnehmerinnen und Projektteilnehmer. Mit der erweiterten Lehrerrolle als Begleiter des individuellen Lernprozesses von Schülerinnen und Schülern erweist sich hierbei die Feedbackkultur als adäquat. Zentrales Instrument ist dabei das Lern- bzw. Forschertagebuch, das der persönlichen Planung, Überwachung und Kontrolle des eigenen Lernprozesses dient. Die darin fixierten individuellen Projektwochenziele

Abbildung 2: Leistungspräsentation im Forder-Förder-Projekt[2]

und -resultate werden in den einzelnen Projektsitzungen jeweils in Anfangs- und Endrunden gemeinsam reflektiert. In diesem Kontext geben die Mitschülerinnen und Mitschüler auf Basis der Selbstreflexion ein mündliches Peer-Feedback, orientiert an ressourcenorientierten Feedbackregeln. Unterstützt wird der Feedbackprozess durch ein schriftliches Mentorenfeedback, das am Ende jeder Projektphase im Lern- bzw. Forschertagebuch von den begleitenden Lehrpersonen fixiert wird. Diese erhalten dann eine Rückmeldung von den Kindern zur Effektivität der Lernprozessbegleitung (Hattie, 2010).

12. Zur Leistungspräsentation im Förder-Förder-Projekt

Neben dem persönlichen Lernprozess in den einzelnen Projektphasen ist das individuelle Leistungsprodukt ein wichtiger Anlass zur Leistungsrückmeldung. Dies zeigt sich im Forder-Förder-Projekt in Form der Expertenarbeit und des Expertenvortrags im Rahmen der öffentlichen Expertentagung. Dabei er-

---

2   Im Rahmen der öffentlichen Leistungspräsentation wird neben den Vorträgen auch eine Ausstellung mit den Plakaten und den Arbeiten der Kinder umgesetzt (Filmbeispiel: Servicepunkt Film, 2011). Im Anschluss erfolgt im Kontext der Tagung die öffentliche Leistungswürdigung mit der Verleihung von Urkunden an die jungen Expertinnen und Experten, die beim Forder-Förder-Projekt im Drehtürmodell im Schloss der Universität Münster realisiert wird (Fotoserie: Schübel Pictures, 2010).

folgt die Leistungsbeurteilung nicht in Form der Benotung von Endprodukten im Sinne einer Leistungssituation auf Basis der kriterialen Bezugsnorm orientiert an allgemeinen Standards, auch um eine Wettbewerbssituation mit ungewollter Außenhilfe zu vermeiden. Mit curricularen Kriterien sind die vielfältigen Leistungsprodukte mit den unterschiedlichen Lernvoraussetzungen der Kinder ohnehin kaum erfassbar. Mit dem Feedback zum Lernprozess im Sinne einer Lernsituation erscheint vielmehr die individuelle Bezugsnorm geeignet, orientiert an persönlichen Standards. Die öffentliche Leistungspräsentation der Endprodukte dient hingegen der Wertschätzung des großen Einsatzes der Kinder – dokumentiert mit entsprechenden Urkunden (vgl. Abb. 2) – und hat für das selbst gesteuerte Lernen einen hohen Stellenwert (Winter, 2009).

Literatur

Bayer, A. (2009). *Individuelle Förderung von Strategien selbstgesteuerten Lernens im Regelunterricht.* (Dissertation). Münster.

Fels, K. & Möllenbrink, H. (2011). *Öffentliche Leistungspräsentation im Rahmen des Forder-Förder-Projekts.* Vortrag gehalten anlässlich der 28. Münsterschen Gespräche zur Pädagogik, 12. April 2011. Münster.

Fischer, C. (2006). *Lernstrategien in der Begabtenförderung – Eine empirische Untersuchung zu Strategien Selbstgesteuerten Lernens in der individuellen Begabungsförderung.* Habilitationsschrift. Münster.

Fischer, C., Kaiser-Haas, M. & Konrad, M. (2007). Forder-Förder-Projekt zur Begabtenförderung im Drehtürmodell und zur individuellen Förderung im Regelunterricht. In Internationales Centrum für Begabungsforschung und Landeskompetenzzentrum für Individuelle Förderung NRW (Hrsg.), *Individuelle Förderung – Begabtenförderung: Beispiele aus der Praxis.* (S. 74-78). Münster. (Online: www.icbf.de/images/stories/Publikationen/Handreichungen/leitfaden. pdf. Abgerufen am 06.02.2012)

Frey, K. (2007). *Die Projektmethode. Der Weg zum bildenden Tun.* Weinheim.

Hattie, J. (2010). *Visible learning. A synthesis of over 800 meta-analyses relating to achievement.* London u.a.

Schübel Pictures (2010). Fotodokumentation zum Forder-Förder-Projekt. Münster.

Servicepunkt Film (2011). Forder-Förder-Projekt des Internationalen Centrums für Begabungsforschung. Münster. (Online: http://www.youtube.com/watch?v=5vh EonzSjvA, abgerufen am 06.02.2012)

Weinert, F.E. (2000). Lehren und Lernen für die Zukunft – Ansprüche an das Lernen in der Schule. *Pädagogische Nachrichten Rheinland-Pfalz* 2/2000, 1-16.

Winter, F. (2009). *Selbst organisiertes Lernen SOL. Leistungsbeurteilung in Projekten des selbst organisierten Lernens. Eine Handreichung für Lehrpersonen an den Gymnasien des Kantons Zürich.* (Online: http://www.mba.zh.ch/downloads/Projekt stellen/Handreichung%20Leistungsbeurteilung.pdf, Abgerufen am 06.02.2012)

Karsten Patzer

Kompetenzraster und Checklisten im Mathematikunterricht als Möglichkeit einer alternativen Kompetenzrückmeldung

1. Umgang mit Heterogenität als prioritäres Thema

Heterogene Lerngruppen stellen heutzutage für viele Lehrpersonen eine große Herausforderung bei der Gestaltung des Unterrichts dar. So hat sich der „Umgang mit Heterogenität" in den letzten Jahren als ein prioritäres Thema in der Schul- und Unterrichtsentwicklung etabliert. Um alle Schülerinnen und Schüler – sowohl leistungsschwächere als auch leistungsstärkere – gleichermaßen zu fördern, wird eine Individualisierung des Unterrichts propagiert. Also ein Unterricht, in dem Schülerinnen und Schüler unterschiedliche Lösungswege gehen und auf unterschiedlichen Anspruchsebenen arbeiten, was ihnen einen individuellen Kompetenzaufbau ermöglicht.

Im Folgenden soll ein System für den Mathematikunterricht vorgestellt werden, das sich den oben genannten Herausforderungen stellt. Zentrale Elemente dieses Systems sind ein Kompetenzraster und dazugehörige Checklisten. Erfolgt eine Individualisierung des Unterrichts, so sind auch differenzierte, individuelle Rückmeldungen bezüglich des Kompetenzzuwachses erforderlich. Diese Rückmeldungen können auch mit Hilfe des Kompetenzrasters erfolgen.

Schon an dieser Stelle soll auf eine Gefahr und ein mögliches Missverständnis hingewiesen werden. Der Einsatz von Kompetenzraster und Checklisten darf nicht zu einem unreflektierten, automatisierten Abarbeiten von mehr oder weniger guten Aufgabenblättern führen. Insbesondere die Qualität der Lernaufgaben entscheidet über den Kompetenzzuwachs. Bei der Gestaltung des (Mathematik-)Unterrichts sollten immer alle Unterrichtsformen gleichermaßen Berücksichtigung finden, die Hilbert Meyer beeindruckend in seinem „Ei des Kolumbus" dargestellt hat (Meyer, 2001, S. 189).

2. Aufbau des Kompetenzrasters und der dazugehörigen Checklisten

In vielen Bereichen arbeiteten Hamburger Mathematiklehrerinnen und -lehrer mit Checklisten, Selbstdiagnosebögen und Kompetenzrastern. Es entstand die Idee, in einem Arbeitskreis ein gemeinsames Kompetenzraster zu erstellen, das für die gesamte Sekundarstufe I gültig ist. Dies kann dann von vielen Schulen genutzt werden. Zwischen den Schulen könnte dann ein Austausch von Materialien erfolgen, sodass nicht jede Schule „das Rad neu erfinden muss" und somit

Synergieeffekte entstehen. Realisiert wurde dieses Vorhaben auch im Rahmen des Hamburger SINUS-Projektes. Grundlagen bildeten die KMK-Standards und die Rahmenpläne, Anregungen bot der europäische Referenzrahmen für Fremdsprachen. Die Gestaltung dieses neuen Kompetenzrasters orientierte sich an einem Kompetenzmodell, das Grundlage für die Entwicklung der Bildungsstandards Mathematik war. In diesem Modell werden drei Dimensionen unterschieden:

1. Die allgemeinen mathematischen Kompetenzen
2. Die inhaltsbezogenen Kompetenzen – geordnet nach Leitideen
3. Die Anforderungsbereiche (I: Reproduzieren, II: Zusammenhänge herstellen, III: Verallgemeinern und Reflektieren)

Das Kompetenzraster berücksichtigt insbesondere die inhaltsbezogenen Kompetenzen. In den Checklisten werden die allgemeinen mathematischen Kompetenzen und die Anforderungsbereiche angesprochen. Das gesamte System wird in Abbildung 2 dargestellt.

In der ersten Spalte des Kompetenzrasters werden die mathematischen Leitideen genannt, wie sie in den KMK-Bildungsstandards formuliert sind. Horizontal wird, bezogen auf die jeweilige Leitidee, ein möglicher Kompetenzaufbau über die Schuljahre der Sekundarstufe I hinweg dargestellt. Die Bezeichnung der Spalten orientiert sich an dem europäischen Referenzrahmen für Fremdsprachen (z.B. A 1; A 2; B 2). Zwei Zäsuren wurden berücksichtigt. Bis zur Spalte A 2.2 werden die inhaltsbezogenen Kompetenzen bezogen auf die Leitideen genannt, die die Schülerinnen und Schüler zum Erwerb des ersten Schulabschlusses entwickelt haben sollten. Die Kompetenzen, die bis zur Spalte B 1.2 genannt werden, spiegeln die Kompetenzerwartung des mittleren Bildungsabschlusses wider. So bildet das Kompetenzraster einen Orientierungsrahmen Mathematik für die Sekundarstufe I, indem der fachliche Entwicklungshorizont verbindlich dargestellt wird. Um eine große Schüler/innenorientierung zu erzielen, wurde eine Sprache gewählt, die für die Schülerinnen und Schüler verständlich ist. So wurden für die Teilkompetenzen immer *Ich-kann*-Formulierungen benutzt.

Das Kompetenzraster stellt eine Lernlandschaft dar. Die in den einzelnen Kompetenzfeldern beschriebenen Kompetenzen sind noch recht allgemein formuliert und müssen konkretisiert werden. Dies erfolgt für jedes Kompetenzfeld in einer zugehörigen Checkliste. Hier wird detaillierter beschrieben, welche Teilkompetenzen die Schülerinnen und Schüler bezogen auf das jeweilige Kompetenzfeld im Kompetenzraster erwerben können. Auch in den Checklisten werden „Ich kann …"-Formulierungen benutzt. Die Checklisten ermöglichen außerdem eine gestufte Selbsteinschätzung (z.B. mit Hilfe von Smileys oder mit folgenden Formulierungen „sicher – fast sicher – etwas unsicher – sehr unsicher"), bieten eine Selbstkontrolle der eigenen Stärken und Schwächen an und

Leitidee	A 1.1	A 1.2	A 1.3	A 2.1	A 2.2	B 1.1	B 1.2
Zahl	a) Ich kann natürliche Zahlen darstellen und nach bestimmten Eigenschaften vergleichen. b) Ich kann mit natürlichen Zahlen rechnen.	a) Ich kann Bruchteile darstellen und vergleichen. b) Ich kann Bruchzahlen und Dezimalzahlen darstellen und vergleichen.	a) Ich kann Bruchzahlen und Dezimalzahlen addieren und subtrahieren. b) Ich kann Bruchzahlen und Dezimalzahlen multiplizieren und dividieren.	Ich kann rationale Zahlen darstellen, vergleichen und mit ihnen rechnen.	Ich kann Zahlen der Situation angemessen darstellen, auch mit Zehnerpotenzen. Ich kann Quadratwurzeln in Sachzusammenhängen nutzen.	Ich kann rationale und irrationale Zahlen unterscheiden und mit ihnen rechnen.	Ich kann an Beispielen den Zusammenhang zwischen Rechenoperationen (z. B. Potenzieren) und deren Umkehrungen erklären und nutzen.
Messen	a) Ich kann Längen und Gewichte messen und die Einheiten situationsgerecht auswählen. b) Ich kann mit den Größen Geld und Zeit umgehen und Einheiten situationsgerecht auswählen.	Ich kann Winkel messen, zeichnen und nach bestimmten Eigenschaften unterscheiden.	a) Ich kann den Flächeninhalt und den Umfang von einfachen Figuren bestimmen. Ich kann die Einheiten situationsgerecht auswählen. b) Ich kann das Volumen und den Oberflächeninhalt von einfachen Körpern bestimmen. Ich kann die Einheiten situationsgerecht auswählen.	a) Ich kann den Flächeninhalt und den Umfang von Dreiecken, Parallelogrammen und Trapezen bestimmen. b) Ich kann das Volumen und den Oberflächeninhalt von Prismen sowie daraus zusammengesetzten Körpern bestimmen.	a) Ich kann mit dem Satz des Pythagoras Berechnungen an rechtwinkligen Dreiecken durchführen. b) Ich kann Berechnungen am Kreis durchführen. Ich kann das Volumen und den Oberflächeninhalt von Zylindern bestimmen.	Ich kann an Körpern (wie Zylinder, Pyramide, Kegel und Kugel) Berechnungen von geometrischen Größen durchführen.	Ich kann trigonometrische Beziehungen zum Lösen von Problemen und zum Bestimmen von geometrischen Größen nutzen.
Raum und Form	a) Ich kann geometrische Figuren und Körper in der Umwelt erkennen, benennen und beschreiben. b) Ich kann Körpernetze von Quadern entwerfen und diese Körper herstellen.	Ich kann symmetrische Figuren und Muster erkennen und erstellen.	a) Ich kann ebene Figuren zeichnen und nach bestimmten Eigenschaften unterscheiden und ordnen. b) Ich kann Körper nach bestimmten Eigenschaften beschreiben und unterscheiden.	Ich kann Körpernetze und Schrägbilder von Prismen zeichnen und Körpermodelle herstellen.	a) Ich kann Dreiecke konstruieren und nach bestimmten Eigenschaften unterscheiden. b) Ich kann Vierecke konstruieren und nach bestimmten Eigenschaften unterscheiden.	Ich kann Eigenschaften und Beziehungen zwischen geometrischen Objekten (wie Symmetrie, Kongruenz, Ähnlichkeit) beschreiben und begründen.	Ich kann Eigenschaften und Beziehungen zwischen geometrischen Objekten (wie Symmetrie, Kongruenz, Ähnlichkeit) zum Problemlösen nutzen.
Funktionaler Zusammenhang	a) Ich kann Tabellen und Diagramme lesen und dabei Beziehungen beschreiben. b) Ich kann Gleichungen durch (systematisches) Probieren lösen.	a) Ich kann einfache Beziehungen in Koordinatensystem erkennen, darstellen und beschreiben. b) Ich kann mit situationsgerecht arbeiten.	a) Ich kann Situationen und Vorgänge tabellarisch, grafisch und sprachlich darstellen und untersuchen. b) Ich kann Situationen und Vorgänge mit Hilfe von Gleichungen und Termen beschreiben.	a) Ich kann Dreisatzaufgaben lösen und dabei proportionale und antiproportionale Zuordnungen erkennen und unterscheiden. b) Ich kann die Prozentrechnung sachgerecht anwenden.	a) Ich kann Geraden im Koordinatensystem darstellen, beschreiben und unterscheiden, auch bezogen auf Sachsituationen. b) Ich kann lineare Gleichungen lösen.	a) Ich kann funktionale Zusammenhänge analysieren, interpretieren und unterschiedlich darstellen. Ich kann lineare und quadratische Funktionen auch in Anwendungssituationen untersuchen. b) Ich kann quadratische Gleichungen und lineare Gleichungssysteme mit zwei Variablen lösen.	a) Ich kann mit exponentiellen Funktionen umgehen und sie bei der Beschreibung und der Bearbeitung von Problemen anwenden. b) Ich kann zur Beschreibung von periodischen Vorgängen die Sinusfunktion nutzen.
Daten und Zufall	Ich kann Daten aus meiner Lebenswelt sammeln, darstellen und auswerten sowie Grafiken aus meiner Lebenswelt auswerten.	a) Ich kann die Wahrscheinlichkeit bei einstufigen Zufallsversuchen bestimmen. b) Ich kann mit systematischen Zählen die Anzahl von Möglichkeiten bestimmen.	Ich kann absolute und relative Häufigkeiten im Umgang mit Daten und Zufallsversuchen nutzen.	Ich kann Datenerhebungen planen, durchführen und auswerten und amtliche statistische Kennwerte verwenden. Ich kann vorgegebene Datenerhebungen unter verschiedenen Gesichtspunkten auswerten.	Ich kann Aussagen über den Ausgang einfacher Zufallsexperimente machen und diese Aussagen überprüfen. Ich kann zweistufige Zufallsversuche mit Hilfe von Baumdiagrammen darstellen.	Ich kann Wahrscheinlichkeiten von Zufallsexperimenten experimentell und rechnerisch bestimmen. Ich kann die Pfadregeln zur Problembeschreibung und -lösung verwenden, auch mehrstufigen (mehr als zweistufigen) Zufallsexperimenten.	Ich kann statistische Darstellungen analysieren und Manipulationen erkennen.

Abbildung 1: Kompetenzraster Mathematik – inhaltsbezogene mathematische Kompetenzen Sek 1

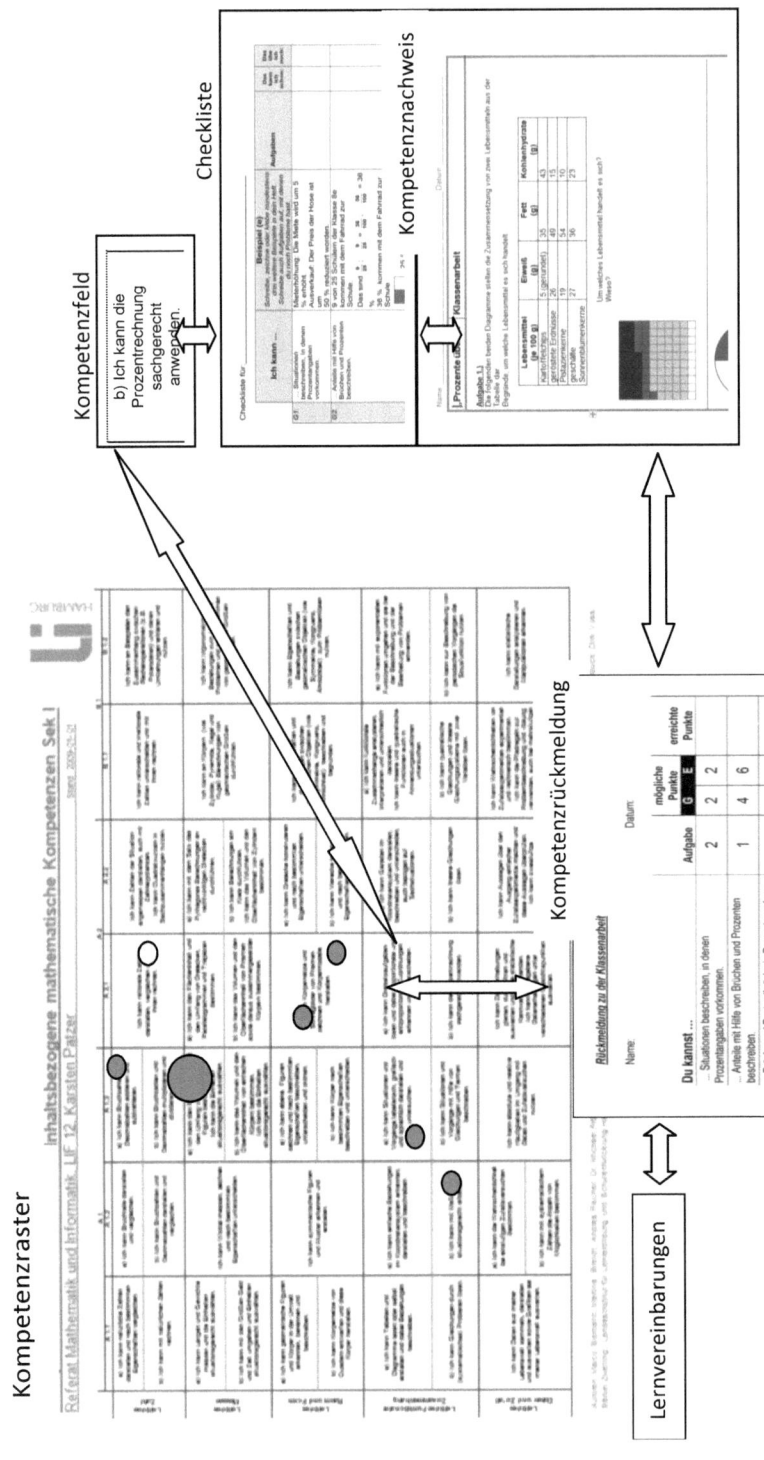

Abbildung 2

nennen Aufgaben, mit denen die Schülerin/der Schüler selbstständig (weiter-) arbeiten kann. Die Checklisten nehmen auch intensiv die allgemeinen mathematischen Kompetenzen und die Anforderungsbereiche des mathematischen Kompetenzmodells in den Blick. Durch die Wahl der Operatoren, wie z.B. „ich kann begründen" oder „ich kann erklären", werden die Schülerinnen und Schüler besonders für diesen Bereich sensibilisiert.

3. Kompetenzraster und Checklisten eröffnen individuelle Lernwege

Es gibt vielfältige Möglichkeiten, im Unterricht mit dem Kompetenzraster und den dazugehörigen Checklisten zu arbeiten. Im Folgenden wird ein Modell vorgestellt, wie Lehrerinnen und Lehrer im Rahmen eines Unterrichtsvorhabens mit Kompetenzraster und Checklisten erfolgreich arbeiten können (siehe Abb. 3). Anschließend wird beschrieben, wie man während individueller Arbeitszeiten mit Hilfe des Kompetenzrasters Lücken schließen und das Basiswissen sichern kann.

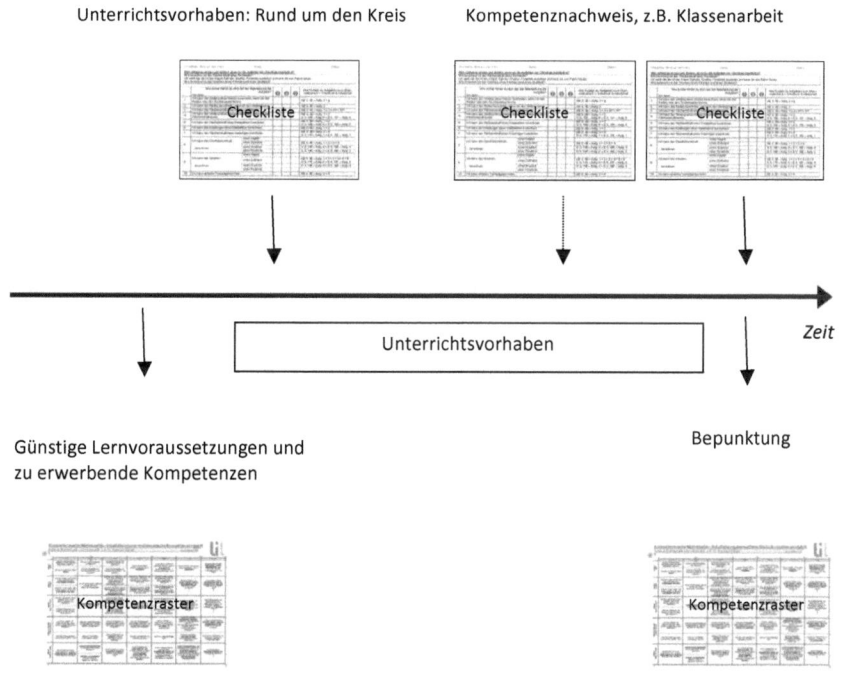

Abbildung 3

Anhand des Kompetenzrasters werden die günstigen Lernvoraussetzungen geklärt, die erforderlich sind, um erfolgreich neue Kompetenzen im Unterrichtsvorhaben zu erwerben. Mit Hilfe der Checkliste erhalten die Schülerinnen und Schüler bereits am Anfang eines Unterrichtsvorhabens einen Überblick über die neuen Inhalte und Kompetenzen, die im Rahmen dieses Unterrichtsvorhabens angesprochen werden. Den Schülerinnen und Schülern werden somit die Ziele verdeutlicht, die mit diesem Unterrichtsvorhaben verbunden sind. Die gesamte Unterrichtsgestaltung wird transparenter, die Schülerinnen und Schüler erfahren über die Checkliste genauer, was sie lernen können.

Da es am Anfang eines Unterrichtsvorhabens für die Schülerinnen und Schüler evtl. noch schwierig ist, die Teilkompetenzen der Checkliste zu verstehen, ist es eine Alternative, die Checkliste den Schülerinnen und Schülern erst im Verlauf des Unterrichtsvorhabens zu präsentieren und zu erklären (in der Grafik gestrichelter Pfeil). Während des Unterrichtsvorhabens können die Schülerinnen und Schüler mit Hilfe der Checkliste ihren individuellen Leistungsstand reflektieren und dann eigenverantwortlicher ihren Lernweg planen und gehen. Vor dem Abschluss des Unterrichtsvorhabens, z.B. mit einer Klassenarbeit, erhalten die Schülerinnen und Schüler ein oder zwei Wochen Zeit, intensiv individuell zu üben. Die Checkliste stellt dafür die Grundlage dar, indem sie einerseits, wie beschrieben, die geforderten Kompetenzen nennt und andererseits auf entsprechende Aufgaben und Übungen hinweist.

Weiterhin setzen die Lehrerinnen und Lehrer das Kompetenzraster mit den dazugehörigen Checklisten auch ein, um den Schülerinnen und Schülern eine Möglichkeit zu geben, vorhandene Lücken zu schließen, ihr Basiswissen zu sichern oder in bestimmten Bereichen vertiefte Kompetenzen zu entwickeln. Dies kann in so genannten „Lernbüros", „Lernateliers", „individuellen Lernzeiten", „Freiarbeitsphasen" oder „Mathematik-Werkstätten" erfolgen. Neben dem „normalen" guten, kompetenzorientierten Unterricht gibt es für die Schülerinnen und Schüler so Raum und Zeit in einer anderen Weise individuell zu arbeiten. Logbücher oder Portfolios können ihre Arbeit strukturieren und unterstützen.

Wenn man mit Kompetenzraster und Checklisten arbeitet, werden die Ziele und Anforderungen des Unterrichts transparent und explizit genannt. Die Schülerinnen und Schüler können ihren individuellen Kompetenzstand mit diesen Anforderungen in Beziehung setzen. Daraus entwickeln sie individuelle Ziele, und individuelle Lernwege werden eröffnet.

4. Kompetenzraster und Checklisten ermöglichen alternative Kompetenzrückmeldungen

Am Ende eines Unterrichtsvorhabens erfolgt ein Kompetenznachweis (dies könnte z.b. auch eine differenzierte Klassenarbeit sein). Dieser Kompetenznachweis zeigt natürlich eine hohe Übereinstimmung mit den in der Checkliste genannten Kompetenzen. Den Schülerinnen und Schülern wird auch eine Kompetenzrückmeldung gegeben. Diese Liste entspricht inhaltlich der Checkliste, nur wird hier die „Du kannst ..."-Formulierung gewählt. Die Schülerinnen und Schüler erhalten mit dieser Kompetenzrückmeldung differenzierte Informationen über ihren aktuellen Kompetenzstand. Mit der Lehrperson können Lernvereinbarungen getroffen werden, die z.b. beschreiben, wie vorhandene Lücken im künftigen Unterricht geschlossen werden können. Eine Möglichkeit wäre hier z.b. die Arbeit in einem Lernbüro.

Neben der ausführlichen Kompetenzrückmeldung bezogen auf das Unterrichtsvorhaben werden die erworbenen Kompetenzen zusätzlich im Kompetenzraster markiert (z.b. mit einer differenzierten Bepunktung, vgl. Abb. 2). Mit der Schülerin/mit dem Schüler wird eine Lernvereinbarung für die weitere Arbeit abgeschlossen. Eine Differenzierung in der Bepunktung ermöglicht es, den Schülerinnen und Schülern eine detaillierte Rückmeldung zu geben. Ein kleiner grüner Punkt bescheinigt das Erreichen von grundlegenden Kompetenzen in diesem Bereich, ein großer grüner Punkt weist auf erweiterte Kompetenzen hin. Die Lehrerinnen und Lehrer können auf den Punkten auch Nummern hinzufügen. Diese Nummern verweisen auf Produkte (z.B. Klassenarbeit, Modelle, Referate), die auf die bescheinigten Kompetenzen schließen lassen. Diese Produkte werden z.B. im Portfolio aufbewahrt. Bei einem roten Punkt sind grundlegende Kompetenzen nicht erreicht worden. Die Schülerin/ der Schüler kann das Thema wiederholen und erneut einen Kompetenznachweis (z.B. Test) erbringen. Diese Wiederholungsmöglichkeiten können sich unterschiedlich gestalten. Die Schülerinnen und Schüler können in einem Lernbüro, einem Lernatelier, während Freiarbeitsphasen oder während individueller Lernzeiten versuchen, ihre Lücken zu schließen und/oder ihre Kompetenzen zu erweitern.

Diese Form der Dokumentation darf nicht zu einer bloßen Jagd nach Punkten werden. Vielmehr sollte sie eine Grundlage für detaillierte Lernentwicklungsgespräche und Vereinbarungen bzgl. weiterer Lernwege bieten.

Durch die Bepunktung im Kompetenzraster entwickelt sich bezogen auf die inhaltsbezogenen mathematischen Kompetenzen ein individuelles Kompetenzprofil. Außerdem kann ein Profil erstellt werden, das Anforderungen illustriert, die zu Beginn einer bestimmten Berufsausbildung von den Schülerinnen und Schülern erfüllt sein sollten. Der Vergleich des individuellen Profils mit dem

Profil eines Berufes bezogen auf das Fach Mathematik wird dann auch zur individuellen Förderung und zur weiteren Organisation des Lernens genutzt. In dieser Weise werden auch in der Schweiz Kompetenzraster eingesetzt (siehe: Gewerblich Industrielle Berufsfachschule Thun: http://www.gibthun.ch).

5. Fazit

Es hat sich gezeigt, dass die Arbeit mit diesem Kompetenzraster und den dazugehörigen Checklisten zu einer permanenten Reflexion anregt und systematisches Feedback ermöglicht. Es bietet eine detaillierte Grundlage für die Verständigung zwischen Lehrperson und Schülerin/Schüler. Die Schülerinnen und Schüler erhalten differenzierte Kompetenzrückmeldungen über ihre Stärken und Lücken. Das Kompetenzraster fördert somit die Eigenverantwortung der Schülerin/des Schülers und ermöglicht individuelle Lernwege.

Auch in Bezug auf die Unterrichtsentwicklung an einer Schule wurde deutlich, dass die permanente Diskussion und Reflexion der Lehrpersonen in Bezug auf die Arbeit mit Kompetenzraster und Checklisten sowie die damit verbundenen Zielklärungen die Kooperation und Kommunikation im Fachkollegium intensiviert.

Literatur

Meyer, Hilbert (2001). *Türklinkendidaktik: Aufsätze zur Didaktik, Methodik und Schulentwicklung.* Berlin: Cornelsen.

Mario ten Venne

Einsatz von Schülerfeedback

1. Überblick über den Workshop „Einsatz von Schülerfeedback"

Im Februar 2010 wurde das Online-Befragungsinstrument „Schüler als Experten für Unterricht" (SEfU) in Nordrhein-Westfalen erstmals öffentlich vorgestellt. Seitdem ist dessen Nutzung für Lehrkräfte kostenfrei möglich und soll diese mit fundierter datengestützter Evaluation des Unterrichts in dessen Entwicklung unterstützen.

Der derzeit weit verbreitete Schulalltag ist durch Diagnostik und Leistungsbeurteilung der Lernenden durch die Lehrer gekennzeichnet. Ein bisher zu wenig genutztes Mittel ist, die Schülerinnen und Schüler um ihre Einschätzung des Unterrichts zu bitten und somit die Entwicklung des Unterrichts für die Lernenden einzuleiten.

Im Rahmen des Workshops wurde der Einsatz von Schülerfeedback erläutert und diskutiert. Am Beispiel von SEfU wurde gezeigt und gemeinsam besprochen, wie Lernende in die Gestaltung des Unterrichtsprozesses einbezogen werden können und welche Chancen sich durch die eingeholten Einschätzungen der Schülerinnen und Schüler ergeben.

2. Entwicklung und Einordnung

Ein Hauptziel von Schülern als Experten für Unterricht ist die Eröffnung einer neuen Perspektive auf den eigenen Unterricht. Obwohl die Gestaltung des Unterrichts den Lernenden gewidmet ist, wurden diese bis zur Entwicklung von SEfU selten um ihre Einschätzung gebeten. Zu Beginn der Entwicklungen von SEfU im Jahre 1999 war die Idee der gemeinsamen Betrachtung des Unterrichts ein nationales Novum. Obgleich die Selbstevaluation in vielen Bundesländern als verpflichtendes Element der Schulpraxis eingeführt wurde, ist die Wahl der Methode frei, wenn auch Vorschläge für Evaluationsinstrumente durchaus den Bildungsministerien vorliegen. Da der Nutzen der Selbstevaluation durch eine freiwillige Teilnahme maximiert wird (ten Venne et al., 2010), wurde der Anonymität ein großer Stellenwert eingeräumt. Sowohl die Lehrkraft selbst ist durch die Befragungsplattform anonym, aber auch die Lernenden in Ihrer Rückmeldung bleiben unerkannt. So kann ermöglicht werden, dass ehrliche Meinungen konsequenzlos mitgeteilt werden und die Lehrperson eine objektive Rückmeldung über den eigenen Unterricht erhält (über die Gültigkeit von

Schülerrückmeldungen kann in Clausen (2002) Näheres erfahren werden). Um ein möglichst nutzbringendes Instrument für Lehrkräfte zur Verfügung zu stellen, wurde bei der Entwicklung von SEfU darauf geachtet, dass es zeitökonomisch verwendbar, flexibel gestaltbar, anspruchsvoll aber leicht anwendbar ist und der Lehrkraft Informationen bietet, die ohne die Nutzung des Instrumentes nicht oder nur schwer zugänglich wären. So wurde an der Universität Jena bis 2005 eine Onlinebefragung entwickelt, die seitdem in Thüringen und Sachsen für Lehrkräfte kostenfrei zur Verfügung steht. Aus den Erfahrungen dieser beiden Bundesländer konnte das Evaluationsinstrument zu einer anwenderfreundlichen Plattform weiterentwickelt werden, die seit Februar 2010 ebenfalls an allen nordrhein-westfälischen Schulen kostenfrei genutzt werden kann. Seitdem wurde die Möglichkeit geschaffen, eigene Fragebögen zu erstellen, womit flexibel auf die Bedürfnisse des individuellen Unterrichtsgeschehens eingegangen werden kann.

Durch die Nutzung multiperspektivischer Selbstevaluationsinstrumente können Lernende als wesentliche Empfänger schulischer Bildung in die Unterrichtsgestaltung einbezogen werden und es kann eine Grundlage zu lernförderlichem Klassenklima geschaffen werden (Meyer, 2005). Die Ergebnisse, welche mit SEfU gewonnen werden, können Anstoß und datengestützte Grundlage zur Verbesserung des eigenen Unterrichts sein. Die Lehrkraft kann eigene Stärken bestätigt und Entwicklungspotenziale aufgezeigt bekommen.

3. Der Beitrag von Schülerurteilen zur Qualität und Entwicklung von Unterricht

Den Ausgangspunkt zur Unterrichtsentwicklung stellt nach Rolff (2007) die Lehrkraft selbst dar, wobei der Erfolg maßgeblich von der eigenen Entwicklung abhängt. Als zentrales Element gilt dabei die datengestützte, systematische Befragung der Lernenden zu lernrelevanten Inhalten. Viele Lehrkräfte geben bei Umfragen an, dass ein gemeinsamer Austausch über Unterrichtsaspekte stattfindet (vgl. Kämpfe, 2009a). Die aktuellen Teilnehmerzahlen bei SEfU zeichnen jedoch das Bild, dass ein Austausch oftmals nicht datengestützt, sondern informell stattfindet. Selbst Rückmeldepraktiken, welche bislang nicht durch eine solide Datenbasis untermauert sind, können durch die systematische Verwendung diverser Befragungsinstrumente nutzbringend ergänzt werden.

Heutzutage zählt eine gesetzlich verankerte Evaluationspflicht zum schulischen Alltag. Gerade aufgrund dieses, nach den ersten PISA-Ergebnissen entstandenen, Druckes auf die Lehrkräfte, könnte der Begriff Evaluation eher zu einem Reizwort geworden sein (Kämpfe, 2009a). Obwohl das Evaluieren, was auch als Bewerten und Beurteilen bezeichnet werden kann, eine der Hauptaufgaben in der täglichen Schulpraxis der Lehrkräfte darstellt, wird die Möglichkeit zur Selbstevaluation bislang eher untergeordnet wahrgenommen. Spätestens seit PISA ist in der schulischen Beurteilungspraxis eine Wende von reiner Leistungsevaluation hin zur Untersuchung einer Vielfalt an schulischen Qualitätsaspekten (vgl. Helmke, 2010). Konform zu dieser Tendenz des Umdenkens wurde SEfU nicht entwickelt, um einen „Leistungsstand" einer Lehrkraft zu ermitteln, vielmehr um diese im Unterrichtsprozess durch Informationen zu unterstützen.

3.1 Prozessrückmeldung mittels Unterrichtsmerkmalen

Die empirische Schulforschung brachte eine Vielzahl unterrichtsbezogener Qualitätsmerkmale hervor. Meyer veröffentlichte 2005 eine der in Schulen bekanntesten Zusammenfassungen, in der er klare Strukturierung, Anteil von Lernziel, lernförderliches Klima, inhaltliche Klarheit, sinnstiftendes Kommunizieren, Methodenvielfalt, individuelles Fördern, individuelles Fordern, intelligentes Üben, transparente Leistungserwartungen und eine vorbereitete Umgebung als zentrale Punkte herausstellt. Es zeigte sich in diversen Studien, dass ein relativ großer Teil der Schülerleistung durch Aspekte des Unterrichts erklärt werden kann (Kämpfe, 2009; Wang, Haertel & Walberg, 1993), was die Wichtigkeit der Beachtung dieser Merkmale unterstreicht.

Jedoch sei an dieser Stelle der Hinweis gegeben, dass der Unterricht einzigartig ist. Es gibt eine Vielzahl an Möglichkeiten, wie die Lehrkraft mit deren Persönlichkeit und Fach mit der speziellen Klassenzusammensetzung und der sich daraus ergebenden Eigenschaftszusammensetzung in verschiedenen Kombinationen vorfindbar ist. Aus diesem Grund ist ein Vergleich mit anderen Lehrern in deren Unterricht nicht zulässig und wird bei SEfU auch nicht angeboten. Die Rückmeldung über den Unterricht und das Unterrichtsgeschehen muss individuell sein, weshalb auch Diskussionen darüber vorerst mit den Mitakteuren, den Schülerinnen und Schülern, stattfinden sollte. Deshalb wird im Folgenden auf die Lernenden als eine der wichtigsten Informationsquellen zur Einschätzung der Unterrichtsqualität näher eingegangen.

3.2 Schülerurteile

Neben der fachlichen Unterstützung für die Lehrkraft verbessert das Einholen von Schülerrückmeldung das Lehrer-Schüler-Verhältnis. Durch die erhöhte Übernahme von Eigenverantwortung der Lernenden in der Unterrichtsgestaltung wird die Selbstwirksamkeitserfahrung gestärkt, was gleichfalls zu einer besseren Lernmotivation beiträgt.

Eine Grundfrage, die sich bei Befragungen von Schülern stellt ist, ob diese Urteile notwendig sind und eine neue Informationsquelle für die Lehrkraft darstellen. Im Laufe der Beschulung sammeln Lernende eine Vielzahl an Erfahrungen mit Lernmethoden, Lehrmethoden sowie lernförderlichen und -hinderlichen Bedingungen. Wie Clausen (2002) und Ditton (2002) bestätigen konnten, sind Schülereinschätzungen durchaus gültige Urteile und im Klassenmittel mit objektiven Beobachtungsdaten vergleichbar (Gruehn, 2000). Es lassen sich beim Vergleich der Lehrer- mit der Schülerperspektive lediglich geringe Übereinstimmungen finden, was weniger die Gültigkeit der Schülerurteile anzweifelt, als eine neue Informationsquelle für die Lehrkraft offenbart. Diese Quelle zu nutzen obliegt dem eigenverantwortlichen Umgang mit den verfügbaren Evaluationsmethoden und -instrumenten, sei es auf informeller oder datengestützter systematischer Grundlage. Der Erfolg hängt maßgeblich davon ab, „ob und wie es dem Lehrer gelingt, eine besondere Beziehung zu den Schülern herzustellen" (Gordon, 2004, S. 18). Als bedeutendere Komponente als Inhalte oder Methoden des Unterrichts erachtet Gordon dabei die Schüler-Lehrer-Beziehung, wobei der gegenseitige und respektvolle Austausch zwischen Schülern und Lehrern die Verbindung zwischen den Unterrichtsakteuren sicherstellt (Kämpfe, 2009b).

Eine erfolgreiche Entwicklung des Unterrichts setzt demnach eine gemeinsame Arbeit am Unterrichtsgeschehen voraus. Die Schülerinnen und Schüler sollten aus der rein rezipierenden Rolle heraus in eine partizipierende Position gelangen. Das bedeutet gleichfalls die Lernenden als Partner des Unterrichts zu betrachten als auch eine geteilte Verantwortung im Unterricht zu realisieren. Auf diesen Überzeugungen und theoretischen Grundlagen basiert das Selbstevaluationsinstrument Schüler als Experten für Unterricht (SEfU), was wie oben beschrieben in Nordrhein-Westfalen, Thüringen und Sachsen allen Lehrkräften kostenfrei zur Verfügung steht. Dieses soll im Folgenden kurz vorgestellt werden.

4. Selbstevaluation mit SEfU

SEfU ist ein webbasiertes Befragungsinstrument (erreichbar unter www.sefu-online.de), welches der Lehrkraft wissenschaftlich fundierte Fragebögen mit automatisiert erstellter Rückmeldung der eigenen Schülerbefragung liefert. Die Befragung kann vollkommen anonym für Schüler und Lehrkräfte durchgeführt werden, wobei die Plattformpflege, die Datenerhebung und die wissenschaftliche Begleitung des Instrumentes durch die Universität Jena im Projekt kompetenztest.de realisiert wird. Der Grundfragebogen besteht aus 41 Fragen, welche sowohl die Lehrkraft als auch die Schüler beantworten. Zudem erhalten die Lernenden Fragen zur eigenen Schullust, zum Klassenklima, dem wahrgenommenen Interesse der Lehrkraft am Unterrichtsfach, der eigenen Leistung, einem Vergleich der eigenen Leistung mit den Mitschülern und dem Arbeitsaufwand für das Fach. Zudem sind zwei Fragen implementiert, in denen die Schüler gebeten werden anzugeben, was ihnen besonders im Unterricht gefällt und welche Verbesserungsvorschläge sie haben. Für die Beantwortung innerhalb einer Lehreinheit sollten etwa 20 Minuten eingeplant werden. Obwohl die Beantwortung grundsätzlich ortsungebunden ist, wird empfohlen, die Befragung innerhalb des Fachunterrichts durchzuführen, da damit die Wichtigkeit, die die Lehrkraft der Befragung einräumt, unterstrichen wird, aber auch fehlende Schülermeinungen durch verlorene Befragungsausweise vermieden werden.

Ein oft genannter Wunsch sind selbst einzugebende Fragen und eine Auswahl vorhandener Befragungsschwerpunkte durch die Lehrkraft. Diese wurden im Instrument realisiert und werden nach Auswertung der aktuellen Nutzerbefragungen und Prüfung im Schulministerium für alle Nutzer freigeschaltet. Aktuell besteht diese Möglichkeit lediglich für Lehrkräfte aus Thüringen und Sachsen.

Die Durchführung einer Evaluation mit SEfU lässt sich in fünf Schritte unterteilen. Als erstes ist es notwendig, sich an der Plattform zu registrieren, wozu eine gültige E-Mail-Adresse notwendig ist. Nach erfolgter Validierung über eine automatisch versendete E-Mail wird man durch das Anlegen einer Befragung geführt. Bevor die Befragung mit den Schülern durchgeführt wird, sollten diese über das Anliegen und den Grund der Befragung informiert werden, um die gemeinsame Arbeit einzuleiten. Nach abgeschlossener Befragung der Schüler und dem selbst auszufüllenden Lehrerfragebogen kann sofort ein Bericht abgerufen werden, der als datengestützte Grundlage zur Unterrichtsentwicklung dient. Die gemeinsame Diskussion und die Arbeit am Unterricht stellen den Abschluss des ersten Evaluationszyklus dar und bieten gleichzeitig die Grundlage weiterer zukünftiger Entwicklungen des Unterrichts.

5. Zusammenfassung und Ausblick

Durch gemeinsames Reflektieren des Unterrichtsgeschehens mit den Lernenden wird der Lehrkraft die Möglichkeit eröffnet, eigene Potenziale zu erkennen und diese für die Entwicklung zu nutzen. Die Einbeziehung der Lernenden in die Unterrichtsgestaltung stärkt einen Aspekt guten Unterrichts, das lernförderliche Unterrichtsklima, hat allerdings noch mehr positive Nebeneffekte, die nicht unbeachtet bleiben sollten.

Mit SEfU steht vielen Lehrkräften ein kostenfrei nutzbares Befragungsinstrument zur Verfügung, welches wissenschaftlich fundiert die Erforschung des eigenen Unterrichts unterstützt und somit einen Beitrag zu dessen Verbesserung beitragen kann. Für eine erfolgreiche Verbesserung der Unterrichtsqualität ist ein offener Austausch über die Bedürfnisse der Lernenden, des Methodenrepertoires, der Möglichkeiten und der Fachkompetenz des Lehrenden möglich.

SEfU als eine Möglichkeit zur Unterrichtsevaluation wurde während des Workshops besprochen und als zeitökonomischer und einfacher Einstieg in eine systematische Unterrichtsarbeit zur Diskussion gestellt. Viele der Teilnehmenden der Veranstaltung berichteten von positiven Erfahrungen mit dem Instrument und konnten somit Interesse bei allen wecken, für die dieses bisher unbekannt war. Zudem wurden andere systematische Methoden zur Befragung der Schüler besprochen, wobei stets festgestellt wurde, dass der gemeinsame Austausch mit den Lernenden den Unterricht und den Unterrichtserfolg positiv beeinflussten. Aufgrund dieser Rückmeldungen soll an dieser Stelle nochmals appelliert werden, der eigenen Professionalität durch eine konsequente und systematische Evaluation des eigenen Unterrichts Ausdruck zu verleihen, indem verfügbare Ressourcen und Möglichkeiten dafür genutzt werden.

Literatur

Clausen, C. (2002). *Unterrichtsqualität, eine Frage der Perspektive.* Münster: Waxmann.

Ditton, H. (2002). Lehrkräfte und Unterricht aus Schülersicht. *Zeitschrift für Pädagogik, 48,* 262–286.

Gordon, T. (2004). *Lehrer-Schüler-Konferenz.* 17. Auflage. München: Wilhelm Heyne.

Gruehn, S. (2000). *Unterricht und schulisches Lernen. Schüler als Quellen der Unterrichtsbeschreibung.* Münster: Waxmann.

Helmke, A. (2010). *Unterrichtsqualität und Lehrerprofessionalität – Diagnose, Evaluation und Verbesserung des Unterrichts.* 3. Auflage. Seelze-Velber: Klett-Kallmeyer.

Kämpfe, N. (2009a). Schülerinnen und Schüler als Experten für Unterricht. *Die Deutsche Schule, 101* (2), 149–163.

Kämpfe, N. (2009b). SEfU – Schüler als Experten für Unterricht: Selbstevaluation als Mittel eigener Unterrichtsentwicklung, Schulleitung und Schulentwicklung. Erfahrungen – Konzepte – Strategien. *Neue Praxis der Schulleitung, 72,* E 4.9, 1–18.

Meyer, H. (2005). *Was ist guter Unterricht.* 2. Auflage. Berlin: Cornelsen.

Rolff, H.-G. (2007). *Studien zu einer Theorie der Schulentwicklung.* Beltz: Weinheim.

ten Venne, M., Nachtigall, C. & Kämpfe-Hargrave, N. (2010). SEfU – Schüler als Experten für Unterricht. *Recht & Bildung, 7,* 17–22.

Wang, M. C., Haertel, G. D. & Walberg, H. J. (1993). Toward a knowledge base for school learning. *Review of Educational Research 63* (3), 249–294.

Karin Volkwein

Was macht ein Portfolio zu einem Portfolio? Eine alte Frage neu gestellt

1. Einleitung

Vor genau zwanzig Jahren ist in den USA ein Artikel mit dem Titel „What Makes a Portfolio a Portfolio?" erschienen. Diese Frage ist immer noch brandaktuell für Lehrerinnen und Lehrer, die Portfolios in ihrem Unterricht oder in ihrer Schule einführen wollen. Denn so einfach die Frage auch gestellt ist, scheint es angesichts einer verwirrenden Vielzahl von Portfoliobegriffen, Konzepten und Rezepten fast leichter zu sein zu sagen, was ein Portfolio *nicht* ist, als verlässliche Merkmale der Portfolioarbeit beschreiben zu können. Grund genug also, einmal einen Blick zurück auf eine der Wurzeln der Portfolioarbeit zu werfen.[1]

2. Portfolio – ein Medium des Lernens

Die Definition von Paulson, Paulson und Meyer, Autor/inn/en des genannten Artikels, kann dabei helfen, einige Grundlinien der Portfolioarbeit zu skizzieren. Demnach ist ein Portfolio „eine gezielte Sammlung von Arbeiten, die die Bemühungen, den Fortschritt und die Leistungen des Schülers/der Schülerin in einem oder mehreren Bereichen zeigt. Der Schüler/die Schülerin muss bei dieser Sammlung an der Auswahl der Inhalte, den Kriterien für die Auswahl und die Beurteilung der Leistungen beteiligt sein. Sie enthält Belege für die Selbstreflexion der Schülerin/des Schülers." (Paulson et al., 1991, S. 60, Übersetzung K.V.)

Wenn sich diese Definition auch etwas sperrig liest, so beinhaltet sie doch einen sehr folgenreichen Perspektivwechsel in der Betrachtungsweise und Gestaltung von Lernen und Unterrichten.

In erster Linie nämlich ist das Portfolio ein Medium oder Werkzeug in der Hand der Schülerinnen und Schüler, mit dem sie ihr eigenes Lernen verstehen, darstellen und gestalten können. Mit Blick auf ihr Lernen in der Schule, in den einzelnen Fächern und Unterrichtsarten sammeln und wählen sie für ihr Portfolio eigene Arbeiten und Produkte, die sie selbst als bedeutsam für ihr Lernen und aussagekräftig für ihre erbrachten Leistungen erachten. Im Portfolio gewinnen diese Arbeiten den Charakter von Dokumenten und

---

1 Erstveröffentlichung in: Lernchancen, Nr. 80, © 2011 Friedrich Verlag GmbH, Seelze.

Belegen. Die Schülerinnen und Schüler gelangen so zu einer Selbstdarstellung ihrer Lernprozesse und Leistungen. Aus diesem Grund spielt nicht nur die Auswahl, sondern auch die Reflexion eine große Rolle in der Portfolioarbeit. Denn die Dokumente sprechen nicht für sich selbst, sondern ihre Auswahl soll ja zielgerichtet sein und ihre Aussagekraft und Bedeutsamkeit muss bewusst gemacht und auch für andere nachvollziehbar dargestellt werden. Dies geschieht nicht im freien Fall, sondern mit Bezug auf gemeinsam entwickelte Kriterien für die Auswahl und die Beurteilung der Leistung sowie mit Blick auf den Lerngegenstand selbst.

Auch heute besteht das Einzigartige und Neue des Portfolios gerade in der Selbstdarstellung der Lernprozesse und -ergebnisse durch die Dokumentation der Lernprodukte und ihre Reflexion, indem die einzelnen Bestandteile der Sammlung im Portfolio auf persönliche Weise zueinander in Beziehung gesetzt und miteinander verknüpft werden. So entsteht das, was Paulson, Paulson und Meyer als „Eigentümerschaft" der Lernenden (Paulson et al., 1991, S. 61), andere als Prozess der zunehmenden Verantwortungsübernahme für das eigene Lernen (Brunner/Schmidinger, 2001, S. 18) und wieder andere als Gewinn einer wertschätzenden Haltung gegenüber dem eigenen Lernen (Volkwein, 2008, S. 15) bezeichnen.

3. Portfolio – ein Medium des Unterrichtens

Doch das Portfolio ist nicht nur ein Instrument in der Hand der Lernenden. Wenn Schülerinnen und Schüler aussagekräftige Portfolios erstellen können sollen, die nützlich für ihr weiteres Lernen sind, dann müssen die Prozesse, die zu diesen Portfolios führen, von den Lehrpersonen oder den zuständigen Personen in einer Schule einen geeigneten Rahmen erhalten und intensiv und kontinuierlich begleitet werden. Die schwedischen Portfolioexperten R. Ellmin und P. Ellmin gehen sehr weit, wenn sie sagen, dass „die Arbeit mit dem Portfolio von der Lehrkraft – in Zusammenarbeit mit dem aktiven Schüler geleitet wird, … um Lernprozesse der Schüler anzuleiten" (Ellmin & Ellmin, 2010, S. 16).

Der nahe liegende Ort dafür ist der Unterricht selbst. In dieser Perspektive rückt das Portfolio als Instrument der Unterrichtsgestaltung in den Blick. Dort, wo das Portfolio zum Dreh- und Angelpunkt des Unterrichts wird, spricht man im deutschen Sprachraum von „Portfolioarbeit" und in einer Parallele zum Projektunterricht von „Portfoliounterricht" und meint damit eine Unterrichtsstrategie (Schmiedinger, 2009, S. 67ff) und noch umfassender eine Unterrichtsform (Winter et al., 2008, S. 21ff.; Volkwein, 2010b, S. 39ff.).

4. Der Portfoliounterricht als Rahmen für selbstständiges Lernen

Das große Potenzial der Portfolioarbeit wird darin gesehen, dass Schülerinnen und Schüler befähigt werden, zu Steuerleuten ihres eigenen Lernens zu werden. Dies können sie jedoch nur, wenn der Unterricht sich weit öffnet und Räume für die Selbsttätigkeit der Schülerinnen und Schüler frei gibt und sie so ihre Selbstständigkeit beim Lernen entwickeln können. Der Bielefelder Erziehungswissenschaftler Ludwig Huber formuliert, dass „selbstständiges Lernen (...) nur dann und dadurch sich entwickelt, dass man schon so lernt" (Huber, 2000, S. 6). Partizipation, Gestaltungsfreiheit, Selbsttätigkeit und Dialog sind die tragenden Säulen eines solchen Unterrichts. Sie beziehen sich sowohl darauf, was gelernt wird (Lerngegenstände), wie gelernt wird (Lernprozesse und Lernformen) und in welchem Zeitraum gelernt wird (Lernzeit).

Für die Planung und Gestaltung eines offenen, selbstständigkeitsfördernden Unterrichts ist es hilfreich, die Grade und Bezüge der Selbstständigkeit zu klären und so den Schülerinnen und Schülern einen Orientierungsrahmen für ihre Selbtätigkeit und ihre Suchbewegungen auf ihren Lernwegen zu geben (Winter, 2010, S. 10ff.).

Einen solchen Orientierungsrahmen für selbstständiges Lernen bietet der Portfoliounterricht. Seine pädagogische Kernidee (Ruf & Gallin, 2003, S. 49) besteht darin, dass die Lernenden einen persönlichen Dialog mit einer Sache, einem Thema oder einer Frage aufnehmen und in der Auseinandersetzung mit ihr einen eigenen Weg gehen können. Meist geschieht dies im Zusammenhang eines Rahmenthemas eines Kurses, einer Epoche oder einer Unterrichtseinheit, in der die Schülerinnen und Schüler ein eigenes Thema wählen und über einen längeren Zeitraum bearbeiten. Es entstehen dann Kurs- oder Themenportfolios (Winter, Schwarz & Volkwein, 2008).

Es gibt auch Portfoliovarianten, die sich nicht auf die Sachthemen des Unterrichts beziehen, sondern mit denen fachübergreifend zu anstehenden Fragen und Aufgaben des schulischen Lernens gearbeitet wird. Zu dieser Art von Portfolios kann man z.B. Talentportfolios (Eisenbarth, Schelbert & Storkar, 2010) oder Bewerbungsportfolios zählen (Winter & Keller, 2010).

Für alle Portfoliovarianten gilt: Für ihre Auseinandersetzung mit der Sache setzen sich die Schülerinnen und Schüler individuelle Ziele und steuern ihre Zeit- und Arbeitsprozesse, so gut sie können, selbst. Orientierung gewinnen sie in der kontinuierlichen Begleitung, Beratung und Rückmeldung durch die Lehrperson und durch transparente Anforderungen, Vorgaben und Qualitätskriterien für das Portfolio.

Das Portfolio spielt dabei die Rolle eines Begleitmediums, in dem die Lernenden diesen Weg der persönlichen Auseinandersetzung mit den Sachen in Form von Produkten und Reflexionen dokumentieren. Kurz gesagt meint

Reflexion, dass die Schülerinnen und Schüler anhand ihrer Produkte über ihre Erfahrungen im Lern- und Arbeitsprozess nachdenken können. Sie machen sich bewusst, was für ihre Arbeit förderlich oder hinderlich ist, welche Herausforderungen für sie in den Lernaufgaben liegen, welche Fähigkeiten und Stärken sie zu ihrer Bewältigung einbringen können, welche persönliche Bedeutung sie dem Lernen an dieser speziellen Sache beimessen, was sie aus ihrer Sicht geschafft und geleistet haben.

Die Portfolioarbeit stellt die Schülerinnen und Schüler vor eine doppelte Herausforderung: Auf der einen Seite arbeiten sie an einer Sache und sollen sich ja in sie vertiefen und in einen Arbeitsfluss kommen, auf der anderen Seite müssen sie ihr Tun selbst beobachten und bewerten, um es beschreiben und Schlüsse für ihr weiteres Lernen daraus ziehen zu können (Winter, 2004). Dies kann nur gelingen, wenn die Lehrperson die Lern- und Arbeitsprozesse eng und kontinuierlich begleitet. Anhand des wachsenden Portfolios regt sie nicht nur von Zeit zu Zeit dazu an, einen Schritt zurück zu machen, um den Stand der Arbeit wahrzunehmen und auf das Bisherige zurückzublicken (Bräuer, 2000, S. 11). Sie diagnostiziert und deutet darüber hinaus auf der Grundlage ihrer fachlichen und pädagogischen Kompetenz im Dialog mit den Einzelnen die individuellen Lernspuren und -prozesse, sie bewertet sie im Hinblick auf die Weiterarbeit und gibt dazu Empfehlungen.

Das Portfolio wächst und entsteht also nach und nach in diesem Prozess des kontinuierlichen Dialogs mit und über die Sache und macht die Spuren des Lernens und schließlich seinen Weg auch für andere sichtbar und nachvollziehbar.

5. Orientierungspunkte für die Portfolioarbeit

Felix Winter hat einige Orientierungspunkte für eine solch offene Form des Portfoliounterrichts aufgeschrieben, die das „Internationale Netzwerk Portfolio" entwickelt hat (Winter, 2007). Sie können die Planung und Gestaltung des Unterrichts unterstützen und bieten einen Rahmen für die weitgehenden mit dem Portfoliounterricht verbundenen didaktischen und pädagogischen Entscheidungen, nämlich den Unterricht so zu verändern und zu entwickeln, dass er

– mit den Lernenden und nicht nur für sie gemacht wird,
– den Interessen und individuellen Lernwegen der Schülerinnen und Schüler Raum gibt und deren Lernentwicklung in den Mittelpunkt stellt,
– den Lehrpersonen erlaubt, „für die Interessen, Talente und Stilvorlieben der Schülerinnen und Schüler zu interessieren und offen auf ihre Leistungen zuzugehen" (Winter et al., 2008, S. 24).

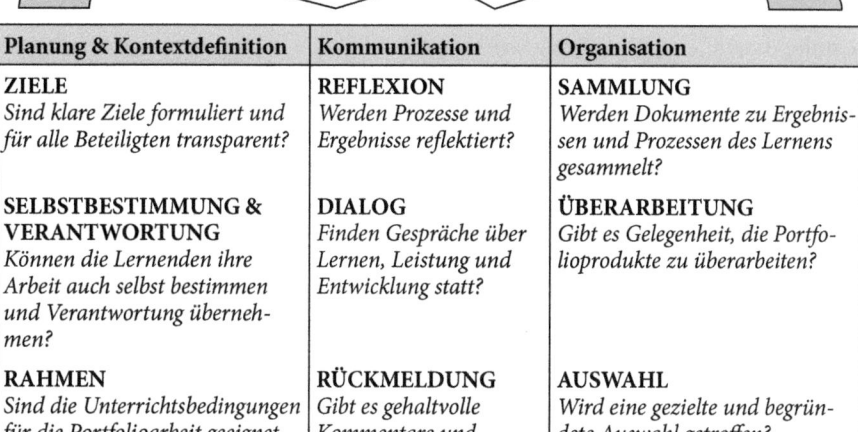

Planung & Kontextdefinition	Kommunikation	Organisation
ZIELE *Sind klare Ziele formuliert und für alle Beteiligten transparent?*	**REFLEXION** *Werden Prozesse und Ergebnisse reflektiert?*	**SAMMLUNG** *Werden Dokumente zu Ergebnissen und Prozessen des Lernens gesammelt?*
SELBSTBESTIMMUNG & VERANTWORTUNG *Können die Lernenden ihre Arbeit auch selbst bestimmen und Verantwortung übernehmen?*	**DIALOG** *Finden Gespräche über Lernen, Leistung und Entwicklung statt?*	**ÜBERARBEITUNG** *Gibt es Gelegenheit, die Portfolioprodukte zu überarbeiten?*
RAHMEN *Sind die Unterrichtsbedingungen für die Portfolioarbeit geeignet bzw. herstellbar?* **EINSATZ** *Sind der beabsichtigte Einsatz und Zweck des Portfolios für alle Beteiligten klar?*	**RÜCKMELDUNG** *Gibt es gehaltvolle Kommentare und Einschätzungen zur Qualität der Ergebnisse und Prozesse?*	**AUSWAHL** *Wird eine gezielte und begründete Auswahl getroffen?* **STRUKTURIERUNG & GESTALTUNG** *Sind die Portfolios strukturiert und individuell gestaltet?* **ÖFFENTLICHKEIT & WAHRNEHMUNG** *Werden die Portfolios in geeignetem Rahmen veröffentlicht und wahrgenommen?* **AUSWERTUNG** *Werden Schlussfolgerungen für die weitere Lernarbeit gezogen?*

Abbildung 1:
Übersicht: Orientierungspunkte und Kriterien für die Portfolioarbeit (Winter, 2007, S. 36)

Man kann also sagen, dass nur dort gute Portfolios entstehen, wo die Prozesse des Unterrichtens und die Prozesse des Lernens in einem fortdauernden Kommunikationsprozess zwischen Lernenden und Lehrenden transparent, direkt und produktiv aufeinander bezogen werden. Wo dies nicht geschieht und die Schülerinnen und Schüler mit den Portfolios allein gelassen werden, wo das Lernen nur aus einer Defizitperspektive und nicht aus einer Entwicklungsperspektive heraus thematisiert wird, läuft die Portfolioarbeit ins

Leere und wird sowohl den Lehrenden und vor allem den Lernenden selbst schnell lästig, und ist tatsächlich auch überflüssig. Ebenso wenig kann man von Portfolioarbeit sprechen, wenn sich die Tätigkeit der Schülerinnen und Schüler darin erschöpft, eine vorgegebene Liste von Aufgaben abzuarbeiten und deren Erledigung mit Hilfe von Kompetenzrastern zu bestätigen und abzurechnen (Winter, 2010, S. 29). Dies sind keine Formen des selbstständigen Arbeitens, in denen Schülerinnen und Schüler tragfähige und persönlich fördernde Lernerfahrungen machen können. Sie dienen dann vor allem der fremdbestimmten Kontrolle und nicht dem selbstständigen Lernen. Leider ist dieser Umgang mit Portfolios dennoch weit verbreitet.

6.   Schulische Lernkultur und Portfolioarbeit

Der fachliche Einzelunterricht ist ein guter Ausgangspunkt, um mit einer qualitätsvollen Portfolioarbeit zu beginnen. Doch mit ihr sind, wie wir gesehen haben, weit reichende pädagogische Entscheidungen im Umgang mit dem Lernen und den Leistungen der Schülerinnen und Schüler verbunden, die die einzelnen Lehrpersonen nur im Kontext einer gemeinsam getragenen und gelebten schulischen Lernkultur treffen und weiter entwickeln können. Wo dies nicht der Fall ist, überfordern sich die Lehrerinnen und Lehrer schnell und die Portfolios müssen eine schöne, aber seltene und vor allem anstrengende Ausnahme bleiben. Denn Portfolios machen Arbeit. Mit ihnen ist eine hohe Individualisierung des Unterrichts verbunden, die ohne Entlastung an anderer Stelle nicht zu realisieren ist. Portfolioarbeiten müssen z.B. als vollwertige Leistungen anerkannt werden. In einem schulischen Rhythmus, der vor allem von vierwöchig stattfindenden Klassenarbeiten und Tests bestimmt ist, kann sich keine qualitätsvolle Portfolioarbeit entwickeln.

Diese Räume für die Gestaltung der Portfolioarbeit frei zu geben, ist die Angelegenheit des ganzen Kollegiums und der Schulleitung. Sie dafür zu nutzen, dass Schülerinnen und Schüler darin unterstützt werden, unabhängig und selbstständig zu lernen, ist dann die Sache der einzelnen Lehrenden und der Schülerinnen und Schüler selbst. Dann können Portfolios entstehen, die den Namen auch verdienen.

Auf der materialen Ebene fällt es leicht zu sagen, was ein Portfolio ausmacht. Es besteht aus vier Typen von Dokumenten:
- Lern- und Arbeitsprodukte, die im direkten Zusammenhang des Unterrichts entstehen,
- Produkte, die außerhalb des Unterrichts im Bereich des informellen Lernens entstehen,
- Reflexionen der Lernenden zu diesen Produkten,
- Rückmeldungen und Bewertungen von anderen – Lehrenden, Mitschülerinnen, -schülern, Eltern etc.

Abbildung 2:
Bestandteile eines Portfolios (Brunner & Schmiedinger, 2001, S. 18).

Verschiedene Portfoliovarianten und ihre Funktion:
1. Portfolios als Leistungsmappe oder Bildungsdokumentation
   - werden angelegt, um den Lernstand und die Leistungsentwicklung der Schülerinnen und Schüler exemplarisch anhand ausgewählter Arbeiten abzubilden
   - erstrecken sich über einen längeren Zeitraum bis hin zum gesamten Bildungsbereich für einzelne Fächer, Kompetenzbereiche oder die ganze Bandbreite schulischer Leistungen
   - stellen eine Alternative oder Ergänzung zu Zeugnissen dar
   - Beispiele: Europäisches Portfolio der Sprachen, Leseportfolio

2. Portfolios im Einzelunterricht als Themen- und Rechercheportfolios
   - Schülerinnen und Schüler arbeiten unter einem Rahmenthema zu einem Thema ihres Interesses
   - erstrecken sich auf eine Unterrichtseinheit, Epoche oder ein Halbjahr im Fachunterricht
   - enthalten Zwischenergebnisse und Produkte
   - die Arbeiten werden reflektiert, bewertet und präsentiert
   - der Unterricht ist auf die Portfolioarbeit ausgerichtet
   - Themen- und Rechercheportfolios können Teil einer Bildungsmappe werden

Abbildung 3:
Einsatzmöglichkeiten von Portfolios (Winter et al., 2008, S. 22; Winter et al., 2009, S. 11ff.)

Literatur

Biermann, C. & Volkwein, K. (2008) (Hrsg.). *Portfolio-Perspektiven. Schule und Unterricht mit Portfolios gestalten.* Weinheim/Basel: Beltz.

Bräuer, G. (2000). *Schreiben als reflexive Praxis. Tagebuch, Arbeitsjournal, Portfolio.* Freiburg i. Breisgau: Fillibach.

Brunner, I. & Schmidinger, E. (2001). *Leistungsbewertung in der Praxis. Der Einsatz von Portfolios im Unterricht der Sekundarstufe I.* Linz, Veritas.

Eisenbart, U., Schelbert, B. & Stockar, E. (2010). *Stärken entdecken – erfassen – entwickeln = e³. Das Talentportfolio in der Schule.* Bern: Schulverlag plus.

Ellmin, R. & Ellmin, P. (2010). Lernprozesse sichtbar und einsichtig machen. Über die Arbeit mit Portfolios. *Pädagogik 62* (12), 16–20.

Huber, L. (2000). Selbständiges Lernen als Weg und Ziel. Begriff, Gründe und Formen Selbstständigen Lernens und ihre Schwierigkeiten. In Landesinstitut für Schule und Weiterbildung (Hrsg.), *Förderung selbständigen Lernens in der Gymnasialen Oberstufe.* Soest. Verfügbar unter: http://www.learn-line.nrw.de/angebote/selma/medio/grundlegendes/vortraegeaufsaetze/huber/01b_vortrhuber.htm [12.02.2011].

Paulson, L. E., Paulson, P. R. & Meyer, C. A. (1991). What Makes a Portfolio a Portfolio? Eight thoughtful guidelines will help educators encourage self-directed learning. *Educational Leadership,* February 1991, 60–63. Verfügbar unter: faculty.milkenschool.org/sperloff/edtech/portfolioarticle2.pdf [12.02.2011].

Ruf, Urs & Gallin, Peter (2003). *Dialogisches Lernen in Sprache und Mathematik.* Band 1: Austausch unter Ungleichen. Grundzüge einer interaktiven und fächerübergreifenden Didaktik. Seelze-Velber: Kallmayer bei Friedrich.

Schmidinger, E. (2009). Das Portfolio als Unterrichtsstrategie. Portfolios und Unterricht, ein wechselseitiges Verhältnis. In Brunner, I., Häcker, T. & Winter, F. (Hrsg.), *Das Handbuch Portfolioarbeit. Konzepte, Anregungen, Erfahrungen aus Schule und Lehrerbildung* (S. 67–72). Seelze-Velber: Klett-Kallmeyer.

Volkwein, K. (2008). Lernend lehren, Perspektivenwechsel mit dem Portfolio. In Schwarz, J., Volkwein, K. & Winter, F. (Hrsg.), *Portfolio im Unterricht. 13 Unterrichtseinheiten mit Portfolio.* Seelze-Velber: Klett-Kallmeier.

Volkwein, K. (2010a). Portfolio. In Boller, S. & Lau, R. (Hrsg.), *Innere Differenzierung in der Sekundarstufe II. Ein Praxishandbuch für Lehrer/innen* (S. 133–146). Weinheim/Basel: Beltz.

Volkwein, K. (2010b). Der Portfoliounterricht. Konturen einer neuen Unterrichtsform. In Biermann, C. & Volkwein, K. (Hrsg.), *Portfolio-Perspektiven. Schule und Unterricht mit Portfolios gestalten* (S. 39–51). Weinheim/Basel: Beltz.

Winter, F. (2004). *Leistungsbewertung. Eine neue Lernkultur braucht einen anderen Umgang mit den Schülerleistungen.* Baltmannsweiler: Schneider.

Winter, F. (2007). Portfolioarbeit im Unterricht. Orientierungspunkte und Indikatoren. *Pädagogik 59* (7-8), 34–39.

Winter, F. (2008). *Leistungsbewertung in Projekten Selbstorganisierten Lernens. Handreichung für Lehrpersonen an den Gymnasien des Kantons Zürich.* Zürich.

Winter, F. (2010). Perspektiven der Portfolioarbeit für die Gestaltung des schulischen Lernens. In Biermann, C. & Volkwein, K. (Hrsg.), *Portfolio-Perspektiven. Schule und Unterricht mit Portfolios gestalten* (S. 10–28). Weinheim/Basel: Beltz.

Winter, F. & Keller, M. (2010). *Stärken zeigen bei der Berufswahl – Berufswahl-Bewerbungs- und Abschlussportfolio für die Sekundarstufe I.* Zürich.

Winter, F., Michalsen-Burkhardt, U. & Witte, C. (2009). Selbständig lernen mit dem Portfolio. In Cwik, G. (Hrsg.), *Selbstständiges Lernen unterstützen* (S. 10–26*).* Berlin: Cornelsen.

Winter, F., Schwarz, J. & Volkwein, K. (2008). Unterricht mit Portfolio. Überlegungen zur Didaktik der Portfolioarbeit. In Schwarz, J., Volkwein, K. & Winter, F. (Hrsg.), *Portfolio im Unterricht. 13 Unterrichtseinheiten mit Portfolio* (S. 21–56). Seelze-Velber: Klett-Kallmeyer.

Autorinnen und Autoren

Dr. Silvia-Iris Beutel
Professorin für Schulpädagogik und Allgemeine Didaktik an der Technischen Universität Dortmund, Schwerpunkt Lehr-/Lernprozesse und empirische Unterrichtsforschung
E-Mail: silvia-iris.beutel@fk12.tu-dortmund.de

Dr. Christian Fischer
Professor für Erziehungswissenschaft mit dem Schwerpunkt Schulpädagogik: Begabungsforschung und Individuelle Förderung an der Universität Münster sowie wissenschaftlicher Leiter des Landeskompetenzzentrums für Individuelle Förderung NRW
E-Mail: fiscchr@uni-muenster.de

Gisela Gravelaar
Schulleiterin der Wartburg Grundschule Münster
E-Mail: gravelaar@stadt-muenster.de

Dr. Eiko Jürgens
Professor für Theorie der Schule und des Unterrichts an der Fakultät für Erziehungswissenschaft der Universität Bielefeld
E-Mail: eiko.juergens@uni-bielefeld.de

Dr. Angela Köhler
Studiendirektorin an der gymnasialen Oberstufe des Schulzentrums Walle, Bremen, Oberstufenkoordinatorin; Koordinatorin für Qualitätsentwicklung
E-Mail: angela.koehler@schulverwaltung.bremen.de

Dr. William Middendorf
Leiter der Hauptabteilung Schule und Erziehung im Bischöflichen Generalvikariat Münster, Lehrbeauftragter am Institut für Erziehungswissenschaft der Universität Münster
E-Mail: W.Middendorf@uni-muenster.de

Karsten Patzer
Leiter des Referates Mathematik/Informatik am Landesinstitut für Lehrerbildung und Schulentwicklung, Hamburg
E-Mail: karsten.patzer@li-hamburg.de

Dr. Katrin Rakoczy
Wissenschaftliche Mitarbeiterin in der Arbeitseinheit „Bildungsqualität und Evaluation" am Deutschen Institut für Internationale Pädagogische Forschung
E-Mail: rakoczy@dipf.de

Barbara Riekmann
Schulleiterin der Max-Brauer-Schule, Hamburg
E-Mail: barbara.riekmann@bsb.hamburg.de

Hansjörg Scheerer, Ph. D.
em. Professor für Erziehungswissenschaft mit dem Schwerpunkt empirische und statistische Methoden an der Universität Münster. Gegenwärtig wissenschaftlicher Leiter des Zentrums für Lehrerbildung der WWU
E-Mail: scheere@uni-muenster.de

Mario ten Venne
Dipl.-Psych., Dipl.-Ing. (BA); technische und inhaltliche Betreuung der Website „sefu-online.de" (Schüler als Experten für Unterricht). Referent für Schulpsychologie am Schulamt Ostthürigen
E-Mail: mario.ten.venne@googlemail.com

Dr. Karin Volkwein
Lehrerin für Deutsch und Ev. Theologie und Wissenschaftlerin am Oberstufen-Kolleg Bielefeld, Projektleiterin des Forschungsprojektes „Das Portfolio in Lern-, Unterichts- und Schulentwicklungsprozessen der Sekundarstufe 2", Mitglied der Gemeinsamen Leitung von Versuchsschule und Wissenschaftlicher Einrichtung des Oberstufen-Kollegs
E-Mail: karin.volkwein@uni-bielefeld.de

Dr. Michael Wildt
Gesamtschullehrer (Fächer Mathematik, Pädagogik, Informatik und praktische Philosophie, Kardinal-von-Galen-Gesamtschule Nordwalde), praktischer Lehrerausbilder (Fachleiter am Zentrum für schulpraktische Lehrerausbildung Münster), Moderator für Unterrichtsentwicklung (Mitglied des Kompetenzteams Steinfurt), Vorstandsmitglied des Systemischen Forums Niedersachsen
E-Mail: michael.wildt@kt.nrw.de

Dr. Felix Winter
Wissenschaftlicher Abteilungsleiter am Institut für Gymnasial- und Berufspädagogik der Universität Zürich
E-Mail: felix.winter@igb.uzh.ch